国家出版基金项目

主　编　钱乘旦
本卷作者　姜守明

A HISTORY OF THE BRITISH EMPIRE

The Burgeoning of the British Empire

第一卷 英帝国的启动

英帝国史

江苏人民出版社

图书在版编目(CIP)数据

英帝国史.第一卷,英帝国的启动/姜守明著.--南京:江苏人民出版社,2019.10
ISBN 978-7-214-23285-4

Ⅰ.①英… Ⅱ.①姜… Ⅲ.①英国-历史 Ⅳ.①K561.0

中国版本图书馆 CIP 数据核字(2019)第 043202 号

书　　　名	英帝国史·第一卷　英帝国的启动
主　　　编	钱乘旦
著　　　者	姜守明
策　　　划	王保顶
责 任 编 辑	李　洁
装 帧 设 计	周伟伟
责 任 监 印	王列丹
出 版 发 行	江苏人民出版社
出版社地址	南京市湖南路 1 号 A 楼,邮编:210009
出版社网址	http://www.jspph.com
照　　　排	江苏凤凰制版有限公司
印　　　刷	江苏凤凰新华印务有限公司
开　　　本	880 毫米×1 230 毫米　1/32
印　　　张	91.375　插页 32
字　　　数	2 040 千字
版　　　次	2019 年 10 月第 1 版　2019 年 10 月第 1 次印刷
标 准 书 号	ISBN 978-7-214-23285-4
定　　　价	580.00 元(全 8 卷)

(江苏人民出版社图书凡印装错误可向承印厂调换)

本书获国家哲学社会科学基金经费资助,项目名称:
"英帝国的形成、发展及其在20世纪的崩溃"
项目号 11ASS001

谨此致谢

总　序

钱乘旦

在所有关于西方的概念中,"英帝国"大概是中国人最早熟悉的。19世纪中叶,英国凭借强大的工业与军事实力,强行打开中国大门,把中国带进了近代世界,同时也带进一个屈辱的时代。从那时候起,中国人就开始关注英帝国,介绍与议论英帝国,时至今日,几乎没有中国人不知道英帝国的(相比之下知道法帝国或比利时帝国的人就很少)。但奇怪的是,对英帝国的研究却迟迟没有起步,其中的原因当然很多,但无非有两方面重要原因,一是一百多年中,中国人把主要精力用于恢复国家和振兴民族,为此经历了长期的战争,战争之后又投入艰苦的经济建设,因而延后了学术的跟进;二是国人的知识储备不够,研究条件也不够,对外界了解不深,没有能力进行细致的研究。现在情况不同了,中国已进入一个高速发展的时代,了解世界和研究世界与国家的发展紧密相连,关系到国家今后的前途。所以,国人越来越关心世界上的事,也越来越重视研究世界、包括研究世界史。在这样的大背景下我们写《英帝国史》,是要把英帝国介绍给读者,让读者知道什么是英帝国。

英帝国这个现象非常特殊,可以说前无古人、后无来者。一个小国(英国)在几百年时间里建立并统治一个世界帝国,其最高峰时土地面积是英国本土的125倍,人口占世界总人口的四分之一。有人说这个现象只在古罗马帝国时期出现过,但古罗马只是一个地中海国家,远不是一个世界帝国。近代世界帝国是在西方崛起的过程中通过暴力和征服建立起来的,远在葡萄牙、西班牙发动"地理大发现"之后,近代殖民帝国就开始出现,这个过程充满了火和血。英国不是最早抢占帝国的国家,但它取得最大的胜利,其中的原因,除了其他西方国家也具有的那些优势外,它还有两个优势:最早发动工业革命而获得的强大的经济力量,以及巧妙的外交手段和老练的管理技巧。所以,研究和解读英帝国史,可以知道许多知识,明白许多道理。

首先,和其他殖民帝国一样,英帝国是用火和血建立的。英国的扩张从一开始就带有暴力,并且不惜使用暴力。英国人在美洲站住脚之前,就依靠暴力和抢劫进行海盗活动,为英国的重商主义抢得第一桶金。后来,随着国力增强,英国人越来越多地使用暴力,不仅用暴力抢占殖民地,而且用暴力抢占世界市场,发动战争与其他欧洲国家争夺利益。在19世纪,英国人使用暴力的场合更多了,不仅发动大规模的战争(拿破仑战争、克里米亚战争、南非战争等等),而且挑起大大小小的"惩罚行动",其中包括鸦片战争。第一次世界大战也是由争夺殖民霸权而引起的,英国是其中一个主角。把帝国说成是"文明的使者"、"传播现代文明",显然是为暴力作掩饰,除非把暴力等同于"文明"。

其次,英帝国的历史和英国资本主义的阶段性变化几乎同步。英国资本主义是世界资本主义的典型代表,它经历过重商主义、自由资本主义、垄断资本主义以及20世纪国家资本主义的多个阶段,而英帝国在这些阶段分别表现出不同的特点,具有那个时期资本主义的基本特征。因此,正如资本主义是一个变动的概念,英帝国也是一个变动的概念,尽管其殖民主义的本质不变,但形式和方法却不断在变,在不同时期表现出不同的面相。由此我们看到了"重商主义帝国"、"自由主义帝国"、"无形帝国"、"有形帝国"这些概念,而不会对英国人此一时的帝国狂热和彼一时的"反帝国主义"感到意外。

第三,正因为帝国是不断变动的,因此英帝国(或者毋宁说英国统治集团)一个重要的特征就表现出来了,就是它不断变化,使自己适应变化的时代以及变化的需要。我们看到不同时代的帝国统治方式和策略是不同的,并且在同一个时代、在不同地区也采用不同的做法。但所有这些变化都围绕一个基本的目标,就是为英国服务:为它的经济利益服务,为它的政治需要服务,为它的世界霸权服务,为它的战略目标服务。英帝国在历史上有时表现狰狞,有时显露仁慈,有时如火如荼,有时又似水温柔,但它的目标是确定的,那就是最好地维护英国的统治。

由此就看到了第四个方面:英帝国的统治手腕极其巧妙,英国人很擅长殖民统治。英国派驻到帝国各地的殖民官员都有相当的治理才能,他们在国内也许只是普通的政务员,到了殖民地却能够独当一面,单独处理各种复杂局面。我们常说英国人老谋深算、手法老到,这在殖民统治中表现得很充分。比如,英国在印度使用"分而治之",因此少数英国人就能统治几亿印度人;英国在非洲采用"间接统治",因此在有些地方十几个英国人就能掌管一个国家。20世纪殖民统治不能维持了,帝国瓦解已成定局,但英国人在撤离之前一般都能找到最合适的代理人,把权力"和平地"交给他们,让他们看守英国的利益。结果,当世界上其他殖民帝国烟消云散、再也不见踪影时,英帝国却留下一个影子——英联邦。

总之，在英帝国的历史上我们看到了很多东西，让我们必须写好《英帝国史》。我们不仅在描述殖民主义的侵略与压榨的本质，对其进行道德的批判；也要让读者和我们一起观察，知道什么是英帝国，它如何产生，为什么产生，怎样发展，如何运作，怎样进行统治，如何为英国服务；帝国的悖论是什么，为什么它不能避免崩溃的命运；等等。我们希望读者在读完之后有所思考，了解一些知识，明白更多的道理。

英帝国史是英国史研究中一个特殊的领域，英国学者做过长期而有效的研究。尽管这些研究难免带有偏见，毕竟连最公正的学者也很难避免；但我们仍然看重他们的成果，将其视为我们的出发点。英国学者的研究越来越深、越来越细了，需要我们认真学习和仔细参考。在我国，虽说关于英国历史的研究一直很活跃，成果也不少；但英帝国史的研究却很薄弱，甚至可以说尚未起步。尽管出现过一些专题性的作品，但系统的研究与著作都未出现。我们这部《英帝国史》可以说是一个开端，为中国读者展示一个新的领域。

为写这部《英帝国史》，我们花了20年时间。鉴于国内英帝国史研究领域的滞后，我在20多年前就有意识地引导学生向这个方向发展，每一个学生都在英帝国的某一个阶段上做研究，为今后写一部完整的《英帝国史》打下基础。2011年项目启动后，我们又用6年时间写出书稿，现在可以交付出版了。可喜的是，当年的研究生现在已经是各单位的专业骨干，成长为副教授、教授、甚至博士生导师了。20年的艰苦是不言而喻的，所幸的是，我们一直坚持了下来。

作为长期研究的结果，我们这部《英帝国史》有自己的体系，不同于国外的同类著作。中国人写英帝国史需要有自己的视角、提出自己的观点，这是写作的基本要求，也是写作成功的标识。作者对英帝国的基本性质需要有判断,对每一个阶段的特征也要有掌控,在清晰梳理历史的基础上,说清楚英帝国的来龙去脉。

为此,我们把英帝国史分为八个阶段,每一段各写成一卷书。第一卷写英帝国的萌生,在这个阶段,"英帝国"是英国民族国家的投影,所谓"英格兰是一个帝国"就是这个意思。英国民族国家的出现为其海外扩张提供了前提,没有早期英格兰民族国家,就不可能有后来的英帝国,因此,英帝国是英国民族国家的派生物。民族国家与英帝国萌生的关系是本卷讨论的基本问题,由此而解释帝国萌发的动力。

第二卷写英帝国的形成。尽管人们说,早期英帝国是民间开发的结果,但我们指出:国家是其支撑的力量。17世纪英国经历了政治大动荡,多种政体走马灯似地轮换。但所有政权在帝国问题上却高度一致,而不管论其政治理念如何不同。这个现象非常值得注意,其背后是这样一个事实,即英国从民族国家形成起,就已成为重商主义国家。重商主义是资本主义的早期阶段,而英帝国正是重商主义的产物。重商主义要求殖民地,因此无论英国政体如何变动,英国对殖民地的追求却是不变的。

18世纪英帝国进入第三个阶段,这是重商主义充分展示的阶段。在这个阶段,英帝国迅速扩大,而重商主义的本色更加突出。重商主义究竟是怎样的,第三卷即从多个角度来表现重商主义帝国的基本特征,包括其理论、形制、移民、奴隶劳动、管理制度、统治方式等等,具体描述重商主义英帝国的整体相貌。重商主义不是一个空洞的概念,它存在于帝国的各个层面。

第四卷写重商主义帝国如何向新帝国转变,商业战争是这个时期的特点。英国与其他殖民国家争夺殖民地,由此触发遍及海洋与陆地的一次又一次战争。但就在英国打败所有对手、几乎控制殖民霸权的时刻,美国革命却冲垮了第一英帝国。这是殖民帝国内在危机的第一次大暴露,它说明宗主国与殖民地之间必定要对抗,结局一定是帝国解体。不过在那个时代人们却不这么想,相反,英国政府从美国革命中吸取教训,调整了殖民政策,以致短短30年间又炮制出一个崭新的"第二英帝国"。这是新旧帝国交替的阶段,在这个阶段上,重商主义渐次退出,新理念和新地域构成了新帝国。

新帝国的基础是工业革命,其巨大的生产力和廉价的工业品成为新帝国的力量源泉。英国在实现自由贸易的过程中夺取了商业霸权,它打着"自由贸易"的旗帜,将触角伸向全世界。在这"自由主义"盛行的时代,"自由帝国主义"理论应运而生,它提倡"无形帝国",认为英国不需要占领殖民地,只需要"自由贸易"。一个老牌的殖民国家却突然"不要殖民地"了,原因就在于英国有强大的工业力量,它可以霸占世界市场。"只要贸易,不要殖民地"的说法就是这样出现的,英帝国进入"自由帝国"阶段。这也是英国的自由资本主义时代,第五卷就是写这个时代的英帝国。

然而,就在帝国的旗帜高高飘扬、大英帝国如日中天时,19世纪下半叶英国却开始走下坡路了。其他欧洲国家追赶工业化,打破了英国的工业垄断权,从而也打破了它的殖民霸权。英国再一次调整殖民理念,投入与列强争夺殖民地的斗争中。"无形帝国"再次变成了"有形帝国",英国抢到了"狮子的一份",英帝国也真正成为"日不落"。可是,帝国不可克服的内在规律仍然在起作用:就在英帝国看似最辉煌时,新的危机却悄然而至。这是英帝国的第六阶段,第六卷写这个阶段。

在第七卷中,帝国的危机转变成衰落,英国从一战走向二战。为拯救帝国,英国政治家和帝国主义理论家再一次使尽解数,新的思路和新的方法纷纷出场。其中最突出的,是自治领的出现和"帝国联邦制"的设想,试图以"联邦共同体"来拯救帝国,维护英国的"大国"优势。但挥之不去的帝国情结却一再阻挠"共同体"的出现,而帝国的内在逻辑又不断强化殖民地的离心力,及至内外交困无法解决,而"英联邦"真正出现时,英帝国已气数殆尽、迅速呈现没落走势了,虽然在表面上它仍旧很强大。

第八卷写帝国的解体。二战结束后,英帝国迅速瓦解,其速度令人惊异。尽管有英国政治家构想出"第三帝国"的方案,试图在苏伊士以西维持英帝国,但帝国还是解体了。有些人说:是英国的主动撤离完成了"非殖民化"。这种说法显然是有偏见的。面对着反帝反殖的时代大潮流,英帝国的解体是必然的。然而,英帝国的解体和其他帝国相比确实有不同,英国人在多数殖民地和平地转让政权,从而更好地保护了英国。但也有使用战争手段的地方,而这些战争往往以失败告终。不同的方式是为相同的目标服务的,即维护英国的政治经济利益与大国地位。但英国的幻想还是破灭了,英帝国终于寿终正寝。

以上就是本书的结构和基本观点,读者可以看出,本书确实有许多亮点。尽管如此,我们仍然谦卑地认识到:我们的研究只是开始。英帝国是世界上最大的殖民帝国,发展时间长,涉及内容广,它存在的时期世界发生着巨大的变化,因此对其准确把握、正确阐述、全面分析、深刻理解不是一件容易的事。尽管我们尽了最大的努力,但不足之处在所难免。祈盼读者和我们共同努力,把英帝国史的研究向前推进。

2018年2月于北京

目 录

前言 ………… *1*

第一章 英帝国启动与民族国家 ………… *1*
一、殖民、殖民运动与帝国 ………… *2*
二、现代民族和民族国家 ………… *7*
三、"英吉利王国是一个帝国" ………… *14*

第二章 早期殖民扩张理论 ………… *26*
一、托马斯·莫尔的"人口过剩"论 ………… *27*
二、哈克卢伊特的"向西殖民"论 ………… *43*
三、培根的"海上帝国"殖民论 ………… *59*
四、重商主义者的"商业扩张"殖民论 ………… *69*

第三章 跨出国门的动因 ………… *83*
一、英吉利的海洋民族传统 ………… *84*
二、原始积累时期的扩张欲望 ………… *94*
三、布里斯托尔的民间海外冒险 ………… *106*
四、"商人国王"的谋利行为 ………… *114*

第四章　都铎王权的政治保障 ………… 125
一、都铎初期商人的冒险活动 ………… 125
二、卡波特探险北美新大陆 ………… 139
三、反对汉萨特权的斗争 ………… 156

第五章　民族国家的海洋事业 ………… 167
一、英国海军力量的快速发展 ………… 168
二、私人贸易公司的殖民活动 ………… 178
三、英国海盗的海上殖民冒险 ………… 193
四、从环球航行到海上大决战 ………… 208

第六章　从英吉利国家走向英帝国 ………… 223
一、创建北美殖民地的初步尝试 ………… 224
二、殖民扩张的动力和社会阶层 ………… 236
三、殖民扩张的民间性和盲目性 ………… 242

结语：正在形成的英帝国 ………… 258

附录 ………… 263
一、地图 ………… 263
二、大事年表 ………… 266
三、参考文献 ………… 269
四、译名对照表 ………… 280

后记 ………… 301

前　言

本卷讨论英帝国的"前史",所谓"前史",是指英帝国正式形成之前,它孕育与启动的过程,这个过程与英国民族国家的形成同步而行。

"大航海"(也称"地理大发现")时代的西方殖民扩张是近代西方殖民帝国的肇始。15世纪摆脱摩尔人统治以后,葡萄牙人和西班牙人建立起了以新君主制为核心的民族国家,从此走上了对外殖民扩张的帝国之路。此后,荷兰人、法国人、英国人等也不甘落后,他们步葡萄牙人和西班牙人的后尘,迅速把殖民主义和帝国主义联系起来,将整个世界推向了殖民争霸的时代。

海外扩张的前提是民族国家的形成,民族国家为15—17世纪的大航海提供了政治与物质力量的保障。在殖民扩张方面,英国虽然错失了领头的机会,但它后来居上,击败了所有的竞争对手,造就了一个空前绝后的世界性殖民大帝国。如此的结局是如何来的,它如何以及在什么时候开始启动,这是本卷需要回答的问题。

英国位于欧洲西北一隅的不列颠群岛(British Isles),是北大西洋东北部的一个文明古国。因英吉利海峡(English Channel)和多佛海峡(Dover Strait)的缘故,它成为一个既从属于欧洲、又在欧洲之外的离岛国家,与欧洲大陆长期保持着若即若离的关系。这种微妙的关系可以使它置身于欧洲事务之外,又不妨碍它接受来自大陆的影响。所以在历史上,常有入侵者凭借海道而来,登堂入室,每每成为不列颠的统治者,如公元前数世纪克尔特人、公元前后罗马人,公元3世纪以后盎格鲁-撒克逊人(Anglo-Saxons),1066年诺曼人(Northman,Norman)的入侵便是如此。可见,横亘在英国和大陆之间的海峡,从未真正成为阻隔彼此沟通、相互交往的屏障。15世纪后期,当地理大发现的消息传来后,刚刚建立起新君主制(New Monarchy)的英国都铎王朝(Tudor Dynasty),在结束了兰开斯特家族(House of Lancaster)和约克家族(House of York)内讧的基础上,作出了既谨慎又积极的反应,像葡萄牙人和西班牙人一样,英国人加入了殖民竞争和创建帝国的行列。

英国人有记录的第一次海外冒险活动,发生在15世纪50年代中期,当时英法"百年战争"已接近尾声。布里斯托尔(Bristol)有个商人,做过市长和治安法官的罗伯特·斯特米(Robert Sturmy),在1445年资助了赴圣地亚哥(Santiago de Compostela)[①]开展航行活动的200名朝圣者;1457—1458年,他又亲自率领一支商船队,闯入了茫然不知深浅的地中海。当时船上除了朝圣客之外,还装载着布匹和锡等货物,他们换回了本国所需的香料,但在返航途中遭到热那亚(Genoa)海盗的袭击。由于热那亚人担心新的贸易竞争对手的威胁,他们就在萨丁岛(Sardaigne)附近拦劫了贸然闯入意大利商业活动传统范围的这些不速之客,使英国损失了128人,包括随船沉入大海的斯特米。这次事件发生在英国民族国家形成之前,说明在没有

---

① 位于西班牙西北端的加利西亚(Galicia)。天主教第三大圣城,地位仅次于耶路撒冷和梵蒂冈。

民族国家强大的政治和军事力量支持的情况下，海外经商与探险有多么困难。1480年7月，为了寻找黄金和传说中的圣布兰丹岛(Saint Brendan's Isle)①与七城岛(Island of Seven Cities)，托马斯·劳埃德(Thomas Lloyd)②船长驾船航行到爱尔兰以西那片水域，这是英国人首次驶入大西洋作探险航行。中世纪古董商、编年史家兼旅行家伍斯特的威廉(William de Worcester)曾留下一部编年史体例的《旅行日记》(Itinerarium)，其中把劳埃德称为"整个英国最有航海技术的人"。约克朝出现，英国新君主制开始构建，其开国之君爱德华四世(Edward IV)试图利用海外贸易活动来增加王室收入，目的是摆脱对贵族的财政依赖，建立区别于中世纪等级君主制的强大王权。他不仅鼓励本国商人参加海外探险和寻找新的贸易市场，还依靠来自意大利的代理商，让他们直接为英国王室从事进出口贸易业务。③ 这是英国君主参与海外商业活动的起点，不过仍具有民间海外贸易活动的性质。

从英国民间对殖民活动的兴趣来看，"近期研究正在揭示早到15世纪晚期英国商人参与早期探险航行的程度，在该时期，布里斯托尔的渔民看来已经是纽芬兰岛沿岸的常客。"④在意大利航海家克

---

① 虚构的海岛，据说位于北非西边的大西洋水域，得名于"爱尔兰十二圣徒"之一的布兰丹。传说，布兰丹是克伦福特修道院(Clonfert Monastery)及附属学校的创建者，他曾探寻位于北非西面大西洋某处的"幸福岛"，或称"圣布兰丹岛"，并获得"航海家"称号。参见本书第三章第二目。
② 或为约翰·劳埃德(John Lloyd)之误。他是商人和船主，1461到1480年间离开布里斯托尔从事贸易活动。威尔士姓氏Lloyd的发音，听起来很像英语中的Thloyde，上述文献中所及，也可能是指Th[omas] Loyde。
③ 参见 Stephen Leacock, *Our British Empire: Its structure, its history, its strength*, London: John Lane, 1941, pp. 17 - 20.
④ 引自钱乘旦、高岱主编《英国史新探》，北京大学出版社2011年版，第58页。

里斯托弗·哥伦布(Christopher Columbus)为西班牙王室发现新大陆的前几年,英国大概又有几支远征队离开布里斯托尔,前往大西洋海域,去探寻传闻中的一些岛屿。① 几年以后,哥伦布第一次踏上新大陆的消息从海外传来,还有葡萄牙海员正在进行航行发现的传闻。1497年,当葡萄牙贵族航海家达·伽马绕航非洲大陆、成功向东探索印度新航路时,威尼斯航海家约翰·卡波特(John Cabot)在几经周折后来到英国,获得都铎王朝开国之君亨利七世(Henry VII)的信任,还得到布里斯托尔市民的帮助。这使他得以率领一支船队朝北方而去探险,并为英王室率先发现北美新大陆,从而激发了英国人投身于海外殖民扩张和发展帝国事业的巨大热情。固然帝国制度不是英国人的首创,但是,都铎君主为王室利益而推行重商主义,客观上鼓励英国臣民投身于海外殖民扩张,有力地促进了英国稳步走上帝国创建之路。

  英帝国前史,也即英国早期的殖民扩张活动,不仅表现出民间性特点,也呈现出资本所固有的流动性和逐利性的特征。这就决定了西方国家在经济起飞、实现社会转型中的扩张性和侵略性。当代著名史家斯塔夫里阿诺斯教授指出:"资本主义的本质是通过私人占有资本和私人投资追求利润,它决定着生产什么产品以及如何进行分配。这个制度的独特之处不在于它使用货币,而在于它有史以来第一次将货币当作资本来牟取利润。"② 这一时期英国的殖民扩张,同古代的腓尼基、希腊和罗马的"强迫移民"型殖民活动相比,在解决国内"人口过剩"等社会问题上有一些共性,但是古今之间的差

---

① A. L. Rowse, *The Spirit of English History*, London: Jonathan Cape, 1943, p. 46.
② 斯塔夫里阿诺斯:《全球分裂》上册,迟越等译,商务印书馆1995年版,第11页。

别却非常明显。总的来看,古代世界殖民扩张的主要动因,源于人口过多对土地承载量的压力等客观因素的影响。当时,人们不得不为克服种种自然因素的挑战、为了摆脱生存危机而奔赴海外,地中海东岸的腓尼基(Phoenicia)和希腊世界诸多城邦的殖民,就属此类情形。①

历史有其内在的规律可循,一定意义上,历史规律就是后世史家,或史学爱好者,在追溯既往或研究过去后得出的结论。民族国家形成时期,也即资本的原始积累时期,促使西欧各国开展海外殖民活动的动力,主要来自资本的流动和扩张,以及民族国家间的竞争等因素的相互作用。不论是葡萄牙和西班牙,还是荷兰和法国,抑或是英国等国家参与殖民扩张,都是为了追求富民强国和对世界财富的掠夺。通过殖民扩张,掠取大量的黄金、白银以及其他财富,既缓解了诸国政府日益增长的财政负担,又满足了本国人民的日常生活需要,客观上促进母国的资本原始积累。正是在这个阶段,英国的商人、廷臣(Courtiers)、乡绅(squires, gentry)、约曼农(Yeoman),还有贵族,在重商主义政策的引导下,日益把经商逐利当作人生理想,并借助海上掠夺、海外贸易、探险和移民等不同方式,参与海外殖民活动,从而奠定了建立英帝国的初步基础。

英帝国前史,起步于 15 世纪后期,止于 17 世纪早期。英国民族国家正形成于这一阶段,但这个新生的民族国家还面临着许多不稳定性、不确定性,尤其在对外发展上,它必须直面来自罗马教廷和伊比利亚(Iberia)国家的束缚。为了争取对外发展权、实现经济起飞和

---

① 参见 J. Holland Rose, A. P. Newton, and E. A. Benians (eds.), *The Cambridge History of British Empire*, I, Cambridge University Press, 1929, Introduction.

走上强国之路,英国人无视教皇禁令,通过地理探险、发现和开辟新的海外贸易市场,通过海上骚扰、海盗劫掠、建立贸易前哨站等殖民活动,打破葡萄牙和西班牙的殖民垄断权,推动本国的资本原始积累和英帝国的形成。都铎朝君主借助于国内民族主义力量的支持,突破以教权主义和普世主义为核心的基督教世界体系的束缚,使英国脱离了天主教大世界,开启了民族国家独立发展的新时代。以此为前提,英国民间以商人、贵族、廷臣和新教徒为先锋和主体,积极涌向海外,加紧追赶伊比利亚人的殖民活动和拓展海上帝国的脚步。

长期以来,人们对英帝国史的关注多把重点放在帝国的构成与演变上,而很少重视帝国前史的研究。英帝国究竟是怎样启动的,这个问题不好简单回答但又的确无法回避。要想弄清楚,我们必须花较大的气力去研究,只有这样我们才能在帝国史研究方面有所收获、有所突破。民族国家形成时期,英国开始对海上利益发生兴趣,进而走上海外探险、地理发现与殖民扩张之路,除了欲求因素或经济原因发生作用外,从国家和民族的角度看,起推动作用的政治动因究竟是什么?英国民族国家与英帝国的联系究竟是偶然性还是必然性在发生作用?在民族国家、殖民运动与英帝国之间,存在着怎样的互动关系?本卷通过对15—16世纪英国海外殖民扩张与英帝国启动关系的剖析,来揭示英国从民族国家走向殖民贸易帝国之谜。指出:第一,原始积累时期,在重商主义原则的引导下,资本充分彰显了天然的扩张本性,不仅表现为对内驱使广大农民脱离他们世代耕种的土地,而且表现为对外渗透到大航海时代创建帝国的过程,诸如地理探险发现、海上劫掠航行、建立殖民地等。第二,以民族意识和民族观念为主要内涵的民族主义,是推动英国早期海外殖民扩张,进而成为建立海外殖民贸易帝国的重要精神力量。第三,英帝国启动的历史轨迹可以清晰地描述为:从盲目、无序地奔赴海外探险、发现,寻找新的贸易市场,到自觉、有意识地设立贸易商站、移民和开拓殖民地,也就是从私人性、民间性的单纯商业冒险活动,走向政府力量与民间力量相结合的全民族性殖民扩张。

对这个时代的研究,由于传统史学的影响和历史资料的限制,学者们多注重这一时期英国国内宗教改革和宪政历史的变化,而忽视对英帝国前史的关注。不过,都铎时期的知识界,一些忧国忧民的基督教人文主义者,如托马斯·莫尔爵士,对海外殖民扩张表现出极大兴趣,甚至带有某种狂热的殖民主义者和帝国主义者,都留下了许多重要著述,为后人研究当时人对待海外殖民活动的态度,以及英帝国启动的背景,提供了极其宝贵的第一手资料。

约翰·卡波特是第一个为都铎王室效力的外来航海家和探险家,不过关于卡波特父子的航海经历,却没有留下什么翔实的材料。亨利七世去世以后,英国的海外探险活动几乎停顿下来。新式君王亨利八世(Henry VIII)即位之初,追逐嬉戏享乐,疏于国务管理,此时圈地运动兴起,引发所谓的"人口过剩"危机和激烈的阶级对立。针对道德沦丧和社会失序的弊端,托马斯·莫尔发表《乌托邦》一文,提出建立海外殖民地以缓解人口对生产力压力的大胆设想。这是都铎时期最早直接涉及英国殖民扩张的作品。

16世纪70—80年代,英国的海外殖民活动在经历了一段沉寂之后,又迎来了新转机。伊丽莎白一世(Elizabeth I)统治后期,在海外贸易、殖民扩张和建立新帝国呼声高涨的背景下,涌现出一大批殖民主义和帝国主义的鼓动家,如约翰·迪博士(Dr. John Dee)、马丁·弗罗比歇爵士(Sir Martin Frobisher)①、汉弗莱·吉尔伯特爵士(Sir Humphrey Gilbert)、沃尔特·雷利爵士(Sir Walter Raleigh)②、理查德·哈克卢伊特(Richard Hakluyt)兄弟、弗朗西斯·培根(Francis Bacon)等。著名的地理学家和航行探险史家、传教士哈克卢伊特于 1582 年和 1584 年相继发表《关于美洲发现的几次航行》(*Divers Voyages Touching the Discoverie of America and the Ilands Adjacent unto the Same, Made First of all by our Englishmen and Afterwards by the Frenchmen and Britons*)和《向西殖民论》(*A Discourse Concerning Westerne Planting Written in the Year 1584*)等重要论文,系统阐述了英国对外殖民扩张的必要性和可能性,为英帝国的建构出谋划策,制造舆论。1588 年,当西班牙"无敌舰队"在英吉利海峡大战中被击败时,英国人因第一次战胜世界霸主而扬眉吐气。在民族自信心倍增这个值得纪念的日子里,哈克卢伊特完成了三卷对开本《英吉利民族的主要航海、航行、贸易和发现》(*The Principall Navigations, Voiages, Traffiques and Discoveries of the English Nation*)。这部重要的探险史著作再版时,改为 12 卷本,并由沃尔特·雷利爵士作序。16、17 世纪之交,培根作为英帝国狂热的鼓动者,根据人类早期航海活动异常活跃的事实,认为"一个国家若能成为海上底主人就等于成了一个帝国"③。雷利从民族国家的利益出发,认为英国的海上事业拥有传统基础,建立帝国有助于促进英国的社会进步。其实,这是他在为未来的英帝国寻找历史

---

① 水手、探险家和大英帝国的早期开拓者,第一个探测北冰洋的英国航海家。
② 军人、廷臣、诗人、探险家和大英帝国的早期开拓者,汉弗莱·吉尔伯特爵士的姨表兄弟。
③ 弗朗西斯·培根:《培根论说文集》,水天同译,商务印书馆 1996 年版,第 114 页。

依据。

20世纪以来,当代学者在英国的海外贸易、殖民探险、巡航私掠和海上劫掠(pirates robbed)等问题上开展的研究取得了许多重要成果,其中以爱尔兰历史学家奎因(David B. Quinn,1909—2002)较具代表性,他出版的许多著述涉及航行发现、北美殖民活动。除了《从最早发现到最初殖民的北美:挪威人航行到1612年》[1]详细介绍了欧洲的发现、探索和殖民北美的尝试外,《建立公平的罗阿诺克》[2]是奎因近几十年间关于英国早期探险与北美殖民扩张研究的最重要成果,主要依据是他编纂的《1584—1590年罗阿诺克航行》。[3] 这是一部原始材料集,内容涉及英国史上第一个成功的殖民地罗阿诺克(Roanoke)、探险家雷利爵士发现北美大陆的弗吉尼亚(Virginia),以及拉尔夫·莱恩爵士(Sir Ralph Lane)、弗朗西斯·德雷克爵士(Sir Francis Drake)、托马斯·哈里奥特(Thomas Hariot)、约翰·怀特(John White)等在北美的探险活动。

关于英帝国史,迄今最具权威性的研究成果,主要有J. 荷兰·罗斯、A. P. 牛顿和E. A. 本尼安斯主编的八卷本《剑桥英帝国史》,还有美国的德克萨斯大学历史学教授威廉·罗杰·路易斯主编的五卷本《牛津英帝国史》。其中,前者的涉及范围广泛,第一卷

---

[1] D. B. Quinn, *North America from Earliest Discovery to First Settlements: The Norse voyages to 1612*, New York: Harpercollins, 1977.

[2] D. B. Quinn, *Set Fair for Roanoke: Voyages and colonies, 1584—1606*, Chapel Hill: University of North Carolina Press, 1985.

[3] D. B. Quinn (ed.), *The Roanoke Voyages, 1584—1590: Documents to illustrate the English voyages to north America under the patent granted to Walter Raleigh*, V. I & II, London: for the Hakluyt Society, 1955.

(从开端到1783年的旧帝国)①涵盖16—17世纪的英国从事越洋航行、贸易和殖民等若干问题,系统阐述了第一帝国形成的过程;后者是1929年以来英帝国史领域最重要、最新的研究成果,第一卷《帝国的起源:至17世纪末的英国海外事业》②以专题形式呈现,着重分析了16—17世纪英国逐渐走向殖民贸易帝国的成因。

其他的研究著述,如英国赫尔大学历史学教授K. R. 安德鲁的《伊丽莎白时代的海盗活动》③和美国普林斯顿大学荣誉教授希欧多尔·K. 拉布的《冒险事业与帝国:1575—1630年商人和绅士在英国扩张中的投资》④集中阐述了帝国启动阶段英国的商人、绅士及海盗所从事的海外贸易、海上劫掠等活动。美国学者M. C. 富勒在《英国人的美洲探航(1576—1624)》⑤一书中,深入探讨了汉弗莱·吉尔伯特爵士、沃尔特·雷利爵士、约翰·史密斯(John Smith)及理查德·哈克卢伊特等人的探险活动和殖民思想,充分肯定了以哈克卢伊特为代表的殖民理论家所强调的民族主义和新教思想在推动英帝国启动中的重要作用。

---

① J. Holland Rose, A. P. Newton, and E. A. Benians, *The Cambridge History of British Empire*, vol. 1 (*Old Empire from the Beginnings to 1783*), Cambridge: Cambridge University Press, 1929.
② William Roger Louis (ed.), *The Oxford History of the British Empire*, vol. 1 (*The Origins of Empire: British overseas enterprise to the close of the seventeenth century*), Oxford: Oxford University Press, 1998.
③ K. R. Andrew, *Elizabethan Privateering: English privateering during the Spanish War, 1585—1603*, Cambridge: Cambridge University Press, 1964.
④ Theodore K. Rabb, *Enterprise and Empire: Merchant and gentry investment in the expansion of England, 1575—1630*, Cambridge, Mass.: Harvard University Press, 1967.
⑤ M. C. Fuller, *Voyages in Print: English travel to America, 1576—1624*, Cambridge: Cambridge University Press, 1995.

此外，关于英国早期殖民扩张史的研究著作还有：H. V. 鲍恩、伊丽莎白·曼克和 J. G. 里德编著的《不列颠的海洋帝国：大西洋与印度洋世界(1550—1850)》[1]，肯尼思·摩根撰写的《奴隶制与英帝国》[2]，彼得·马歇尔和格林·威廉斯编著的《美国革命前的不列颠大西洋帝国》[3]，J. E. 庞弗雷特和 F. M. 沙姆韦的《创建美洲殖民地(1583—1660)》[4]，以及 J. A. 威廉森的《英国历史上的大西洋》、《大不列颠与英帝国》和《英国扩张简史》[5]，塞缪尔·艾略特·莫里森的《欧洲人的美洲发现》[6]，菲利普·吉布斯的《帝国传奇》[7]，欧内斯特·巴克爵士的《英帝国的理想》[8]，以及玛丽·富尔布鲁克的《民族史与欧洲史》[9]，艾伦·G. R. 史密斯的《一个民族国家的兴起》[10]，

---

[1] H. V. Bowen, Elizabeth Mancke and J. G. Reid, *Britain's Oceanic Empire: Atlantic and Indian Ocean worlds, 1550—1850*, Cambridge: Cambridge University Press, 2012.

[2] Kenneth Morgan, *Slavery and the British Empire: From Africa to America*, Oxford: Oxford University Press, 2007.

[3] Peter Marshall & Glyn Williams, *The British Atlantic Empire before the American Revolution*, London: Routledge, 1980.

[4] J. E. Pomfret & F. M. Shumway, *Founding the American Colonies, 1583—1660*, New York, Evanston and London: Harper and Row, 1970.

[5] J. A. Williamson, *The Ocean in English History: Being the Ford Lectures*, Oxford: Oxford University Press, 1941; *Great Britain and the Empire: a discursive history*, London: A. & C. Black, 1944; *A Short History of British Expansion*, London: Macmillan & Co., 1947.

[6] Samuel Eliot Morison, *The European Discovery of America: The northern voyages, A. D. 500—1600*, New York: Oxford University Press, 1971.

[7] Philip Gibbs, *The Romance of Empire*, London: Selwyn and Blount, Ltd., 1920.

[8] Sir Ernest Barker, *The Ideas and Ideals of the British Empire*, Cambridge: Cambridge University Press, 1946.

[9] Mary Fulbrook (ed.), *National History and European History*, London: UCL Press, 1993.

[10] Alan G. R. Smith, *The Emergence of a Nation State: the Commonwealth of England, 1529—1660*, New York: Longman, 1984.

A. L. 罗斯的《英国历史之魂》和《伊丽莎白统治时期英国的扩张》①等。

关于民族国家、殖民主义和帝国主义的相关理论研究，哥伦比亚大学学者大卫·阿米蒂奇（David Armitage）出版的《英帝国意识形态的起源》②一书，系统阐述了民族国家形成时期英国海外殖民扩张的思想渊源，深入探讨了新教思想、自由主义和重商主义等思潮对英帝国的启动与早期发展的重要影响。英国学者萨拉·欧文在《自然科学与英帝国的起源》③一文中从自然哲学的视角考察了英帝国思想的起源，剖析了弗朗西斯·培根、约翰·洛克（John Locke）等人的帝国主义思想。布林登·布莱德肖和彼得·罗伯茨编著的《不列颠的民族意识与身份认同：不列颠的形成（1533—1707）》④一书从民族主义、宗教、宪政和文化等不同视角，解析了威尔士人、爱尔兰人、苏格兰人的不列颠人意识的发展与身份认同，探讨了民族国家形成时期英国民族主义的建构与整合。格拉斯哥大学教授科林·基德的《民族主义之前的不列颠人的身份认同：大西洋世界的种族与国家（1600—1800）》⑤从宗教角度阐述了英国民族主义的渊源及民族国家形成时期不列颠民族主义的发展。美国学者华莱士·诺

---

① A. L. Rowse, *The Spirit of English History*, London: Jonathan Cape, 1943; *The Expansion of Elizabethan England*, London: Macmillan, 1955.
② David Armitage, *The Ideological Origins of the British Empire*, Cambridge: Cambridge University Press, 2004.
③ Sarah Irving, *Natural Science and the Origins of the British Empire*, London: Pickering & Chatto, 2008.
④ Breendan Bradshaw & Peter Roberts, *British Consciousness and Identity: The making of Britain, 1533—1707*, Cambridge: Cambridge University Press, 2003.
⑤ Colin Kidd, *British Identities before Nationalism, Ethnicity and Nationhommd in the Atlantic World, 1600—1800*, Cambridge: Cambridge University Press, 2004.

特斯坦的著述《大殖民时代前夕的英国人》①讨论了17世纪早期大殖民时代到来前英国人的民族性格、社会各阶层的发展状况,强调了社会结构的变革对早期英国海外殖民扩张的重要影响。其他相关研究成果,如克劳斯·E. 诺尔的《英国殖民理论》②、奥雷斯特·拉卢姆的《现代早期欧洲的民族意识、历史与政治文化》③、迈克尔·赫克特尔的《国内殖民主义》④、约翰·哈钦森和安东尼·D. 史密斯的《民族主义》⑤,对于本专题讨论都有重要的启发意义。

此外,还有涉及15—16世纪英国海外殖民扩张或英帝国启动的原始资料,对我们研究这一时期英国的海外贸易和殖民扩张十分有帮助。剑桥大学和牛津大学诺曼史教授D. C. 道格拉斯主编的12卷本《英国历史文献》⑥,从20世纪50年代初开始出版,历时半个世纪之久方告完成。不仅收录的资料相当广泛,道格拉斯在编辑时,还按照自己对文献内容的理解,对资料进行了分门别类的编排。每卷都有总揽概述,还有大量的评论,其中第4—6卷与本书直接相关。剑桥大学宪政史教授J. R. 坦纳在其编纂的《都铎宪法文献(1485—

---

① Wallace Notestein, *The English People on the Eve of Colonization, 1603—1630*, New York: Harper & Brothers, 1954.
② Klaus E. Knorr (ed.), *British Colonial Theories, 1570—1850*, London: Frank Cass, 1963.
③ Orest Ranum (ed.), *National Consciousness, History, and Political Culture in Early-Modern Europe*, Baltimore: John Hopkins University Press, 1975.
④ Michael Hechter, *Internal Colonialism*, Berkeley: California University Press, 1975.
⑤ John Hutchinson & Anthony D. Smith (eds.), *Nationalism*, Oxford: Oxford University Press, 1994.
⑥ D. C. Douglas (ed.), *English Historical Documents*, IV (1327—1485), London: Routledge, 1969; V. (1485—1558), London: Eyre & Spottiswoode, 1967; VI. (1558—1603), London: Routledge, 2006.

1603)及其历史评论》①,是都铎朝文献资料的汇编与评论。战后新一代历史学家、剑桥大学宪政史教授G. R. 埃尔顿的《都铎宪政》②,沿用坦纳的文献编辑方法,但收录的资料更丰富。美国学者H. S. 康马杰和弥尔顿·康托编辑有两卷本《美国历史文献》③,其中第一卷(1492—1898)收录的许多资料涉及英国人在北美大陆的殖民活动。19世纪英国著名学者J. F. 弗思编纂的《来自企业记录和公司文书的历史备忘录、特许状、文献和摘录(1396—1848)》④,收录了英国商业冒险公司的大量资料。

英、美学者涉及英帝国前史的成果,基本上属于概要性描述,就是一般阐述大航海时代英国人的海上冒险、海外发现与殖民活动的情况,而对这一时期英国海外殖民扩张作系统、深入考察者不多,从民族国家形成与发展的角度来剖析英帝国启动原因者则更少。有关英帝国史的著述,往往把帝国形成以后的发展作为研究的重点;至于英帝国前史,即民族国家形成时期英国开展探险发现、海盗活动、殖民扩张等建构帝国活动的动机,读者只能从所见到的零星散落的历史文献和相关著述中去寻找,从中筛选出一些有价值的东西,以弥补帝国前史研究之缺憾。有些英国学者的著述,竭力渲染英帝国曾经的辉煌,反映了浓重的民族情绪或帝国情结;也有不少

---

① J. R. Tanner, *Tudor Constitutional Documents, A. D. 1485—1603, with a historical commentary*, Cambridge: Cambridge University Press, 1951.
② G. R. Elton (ed.), *The Tudor Constitution: Documents and Commentary*, Cambridge: Cambridge University Press, 1982.
③ H. S. Commager, & Milton Cantor (eds.), *Documents of American History*, I & II, Englewood Cliffs, N.J.: Prentice-Hall, 1988.
④ J. F. Firth (ed.), *Historical Memoranda, Charters, Documents, and Extracts, from the Records of the Corporation and the Books of the Company, 1396—1848*, London: [s.n.], 1848.

研究者，紧紧抱住欧洲中心论或民族主义不放，自觉、不自觉地回避殖民扩张和英帝国统治给广大亚非拉地区人民带来的消极后果。虽然这些细枝末节不是本书讨论的重点，对此，无论是笔者还是读者，都应当引起足够的重视。

客观地说，中国的世界史研究经过几十年的发展，已取得了长足进步，这是令人欣喜的事情。尤其涉及一些重要大国的研究，博学者云集，后来者居上，热点颇多，成果丰硕。但是，由于学者多遵从"厚今薄古"的治史传统，长期以来关注较多的是近现代史，而对古代史、甚至现代转型时期的世界史着力不够，见诸文字的成果较少。就英国史研究状况来看，中国学界的兴奋点不是启动阶段的英帝国前史，而是形成以后的英帝国。民族国家形成时期英国的海外探险与扩张活动，这方面的题目鲜有人问津，令人遗憾。南京大学历史系是中国英国史研究的发祥地，从这里走出来的蒋孟引和王绳祖，均起步于英国的殖民侵华史研究，分别奠定了我国的英国史和国际关系史研究的基础。1939年，蒋先生完成《中英关系：1856—1860年》一文，获得伦敦大学博士学位；1938年，王先生在牛津大学完成硕士论文《马嘉里案和〈烟台条约〉》。[①] 后来南京大学的英国史研究，主要集中于17世纪革命及其以后的英国近现代史。北京大学、武汉大学、首都师范大学也都是国内英国史研究的重地，他们多聚焦于经济史、宪政史、教会史，却很少关注英帝国史。

尽管如此，自改革开放以来，涉及英帝国史的研究，国内学界仍不断有成果刊出，此处不一一列举。

[①] 参见钱乘旦《思考中的历史：当代史学视野下的现代社会转型》，北京师范大学出版社2013年版，第175页。

我们知道，史学界一般把1500年看作是中世纪和现代之间的分水岭，都铎朝是英国现代史的开端，或是向现代转型的起点。虽然这些早已成为中国世界史学界的共识，但是囿于习惯，学者们在触及英帝国史的相关问题时，还是从17世纪开始，或者至多向前稍作延伸，去探讨伊丽莎白女王时代的海外贸易、海上劫掠、奴隶贸易和探险扩张等殖民行为，而把英国早期的殖民扩张放到民族国家形成这个宏观背景下来考察者不多，探讨英吉利民族意识与英国的殖民思想及帝国思想之间、殖民扩张与英帝国启动之间的内在联系者则更少。如此一来，关于英帝国前史，即民族国家形成时期英国的海外殖民扩张，不仅有许多待解之谜，也是英帝国史乃至英国现当代史研究中绕不开的话题。英国以一个弱小的蕞尔岛国，依靠海外拓殖活动，寻求国家崛起之路，进而从欧洲列强中脱颖而出，并迅速发展成为全球性的大帝国，其内在机制究竟是什么？我们认为有四个因素值得思考，那就是持续稳定的君主立宪政体、影响深远的农业革命、创新的科学技术突破，以及远渡重洋的殖民扩张。除此之外，有一个更重要的因素在起作用，就是从15世纪后期起，英国觉醒的民族意识与帝国的形成之间存在着某种必然的联系，从而使他们不失时机地跨出国门，走向海洋，加入了现代民族国家形成时期海外殖民扩张的行列。今天，虽然大英帝国已经走进历史，英联邦只是它的幻影，可是，英帝国的历史仍旧值得探讨，它给人类留下了太多的思考，而英帝国的前史就是这部历史的起点。

第一章　英帝国启动与民族国家

十五、六世纪,欧洲开始走出墨守成规、故步自封的传统社会,迎来了敢想敢为、勇于创新的所谓"人的发现和世界的发现"①的新时代。在好奇心、物欲和人文精神的召唤下,西方人不仅从思想意识上去冲破中世纪神学教条的禁锢,还依靠文艺复兴时代形成的新君主制和民族国家的伟大力量,避开被奥斯曼帝国封锁的传统地中海贸易通道,驾驶着探险船,闯入了他们以前很少涉足的大西洋,并沿着西非海岸向南或向西,作冒险航行,去寻找直达东方亚洲的贸易新航路。这种以探险发现、海外贸易和建立商站为主要特征的殖民扩张活动,西方人称之为"大航海"或"地理大发现"(Discovery or Exploration)。大航海时代的欧洲,正值从中世纪到现代的社会转型时期。在政治上,以教权主义(clericalism)和普世主义(universalism)观念为精神支柱的基督教世界开始解体,以人文主义和民族主义为理论依据的民族国家开始形成;在经济上,自给自足的自然经济体系逐渐走向解体,以雇佣劳动为基础的资本主义关系正在萌芽,而资本的原始积累过程在重商主义

---

① 参见雅各布·布克哈特《意大利文艺复兴时期的文化》,何新译,商务印书馆1979年版,第四编。

(mercantilism)的推动下,大大加快了发展步伐。按照马克思的经典假设,在资本积累以前,有一个原始积累阶段,他把这个资本主义生产方式的历史起点,所谓资本的前史,称作是"为资本主义生产方式奠定基础的变革的序幕"①。资本的原始积累,除了"羊吃人"圈地运动外,还有国债制度、现代课税制度、保护关税制度、价格革命、殖民扩张等不同方式,它们都是借助国家权力,采取暴力手段,促进封建经济瓦解和资本主义生产方式形成的重大事件。其中,随大航海而来的海外殖民扩张,包含了探险发现、海上贸易、海盗劫掠、建立商站、奴隶贸易、商业战争、殖民掠夺与征服等多种不同形式。如果说资本原始积累是西方迈向现代的重要转折,那么,这一时期的殖民扩张就是西方通向现代帝国的历史起点。

一、殖民、殖民运动与帝国

人类历史上的殖民活动,可溯及上古时期,是同劫掠、探险和霸权等拓殖行为联系在一起的。从词源上考察,英文动词"殖民"(colonize)源于拉丁文 colo,意为耕种、培育、居住;相应地,英文名词 colony 来自拉丁文 colonia,既指殖民地,也指移民区。② 这样来理解,所谓的殖民,通常是指强势的民族或国家奴役、掠夺被征服地区劣势民族或国家的侵略,是指殖民主义者和帝国主义者在殖民地行使统治权,推行母国(宗主国)的制度与文化的扩张行为。

---

① 《马克思恩格斯选集》第 2 卷,人民出版社 1972 年版,第 224 页。
② J. R. Seeley, *The Expansion of England*, London: Macmillan, Yale University Press, 1925, p.46.

殖民扩张,不是欧洲人的首创,也不是英国人的发明。早在公元前 2000 年左右,古埃及人就想到蓬特国(索马里)去寻找贵重物品,如薰香、没药、象牙和宝石等。① 这是已知世界上最早的远征探险。腓尼基人(Phoenicians)是第一个以经商航海为主的海上民族,他们以勇敢航海家而闻名遐迩,从公元前两千年代起,曾在东方的小亚细亚沿岸,在塞浦路斯岛、爱琴海诸岛以及黑海沿岸,建立过许多商业据点;到公元前一千年代前期,他们将殖民的触角伸及西部地中海区域,并在西西里、撒丁尼亚、巴利阿利群岛,在北非、西班牙和直布罗陀海峡两岸,创建了许多殖民城邦。在东部地中海区域,他们从事掳掠人口、贩卖奴隶等海盗式的殖民活动,因而留下了"狡诈的"商人、骗子之类的骂名。不过,腓尼基人对人类的地理探险活动所做的贡献,也不可漠视。据希罗多德记载,远在公元前 6 世纪,他们就曾受雇于法老涅科斯(Necos)②,为埃及进行了第一次成功环绕大陆非洲沿岸航行的海上冒险活动③,相较于 15 世纪末葡萄牙人达·伽马(Vasco da Gama)④开辟到达亚洲的新航路,早了大约两千年。腓尼基人的殖民活动,不但直接促进了地中海区域的经济发展,推动了各民族间的文化交往,也启动了人类的全球化进程。

在腓尼基文明的影响下,古希腊人也以得天独厚的自然环境为依托,积极开展航海、冒险与殖民活动,表现出了一个海洋民族具备的那种勇于开拓的大无畏精神。在古希腊史上,曾发生过两次长时

---

① 雅依梅·科尔特桑:《葡萄牙的发现》第 1 卷,邓兰珍译,中国对外翻译出版公司 1996 年版,第 163 页。
② 指古埃及第 26 王朝法老尼科二世(Necho II, 610—595 B.C.)。
③ 希罗多德:《历史》上册,王以铸译,商务印书馆 1959 年版,第 4 卷,第 42—43 节。
④ 葡萄牙著名航海家。15 世纪末首次远航东方的印度,建立了同亚洲的贸易联系。

间、大规模的移民或殖民运动,这不仅促进了希腊城邦制度的形成,也为古典文明繁荣奠定了坚实的基础。公元前两千年代末到公元前一千年代初,多利亚人由北而南的部落大迁移,是古希腊的第一次大殖民;第二次大殖民发生在古风时代(公元前8世纪—前6世纪),是属于发展商业贸易和创建城邦的殖民活动。如果说城邦制度是希腊文明的根基,那么海外殖民城邦则成为希腊城邦制度的滥觞。为了给多余的人口寻找新的定居地,希腊人依照母邦样式,周期性地建立海外殖民地,是为"强迫移民",这和腓尼基人的殖民活动属同一类型。① 古希腊人并不十分关心地理的探险和发现,他们有目的、有计划地向海外扩张,以拓殖新的城邦为主,并主要朝东方、南方、西方三面进行拓殖,如此建立起来的殖民城邦,达数百个之多,遍布地中海的大部分地区和黑海沿岸。对于这种景象,古罗马政治家西塞罗(Marcus Tullius Cicero)将其比喻为一条密缝于"蛮邦原野"这片大织锦上的花边。②

作为西方古典文明的集大成者,罗马人通过武力扩张来拓展自己的海外殖民帝国,把广阔的地中海变成了这个庞大帝国的内湖,在那些被征服地区设立了几十个海外行省,诸如西西里、撒丁、科西嘉、伊利里亚、马其顿、亚细亚、叙利亚、阿非利加、西班牙、高卢、不列颠等,作为帝国的重要支柱;他们还建立起了通常由罗马老兵戍守的要塞,以缓解长期困扰罗马社会的人口问题和土地问题。③ 5世纪中叶,在日耳曼民族大迁徙浪潮的冲击下,西罗马帝国寿终正寝。

---

① 参见马克思《强迫移民》,载《马克思恩格斯全集》第8卷,人民出版社1963年版,第618—619页。
② B.C.塞尔格叶夫:《古希腊史》,缪灵珠译,高等教育出版社1955年版,第143页。
③ Arthur T. Flux, *The Building of the British Empire, 1497—1900*, London, 1906, p.2.

随后,西欧社会受到日耳曼和罗马双重因素的共同作用,发生了剧烈的变化,主要表现为:政治重心由以意大利为核心的地中海区域转移到以法兰克为中心的欧洲内陆地区,经济形态由罗马古典奴隶制转变为日耳曼封建农奴制,精神文化由世俗性和实用性结合的古典文化转变为神秘色彩浓厚的基督教文化,文明发展模式由罗马世界主义的单线一元化演变为日耳曼封建主义的复杂多元化。

中世纪的欧洲,进入了闭关内耗、墨守成规的千年。其间,仅仅由于罗马教皇发动,各地的封建主、骑士、商人和农民参加的"十字军东侵"(Crusades,1096—1270),西方人才打破那种与外部世界隔绝的局面。在大航海时代来临前,欧洲和东方的贸易主要是通过一些中介商进行的,包括阿拉伯人、意大利人、波斯人和印度人,由于他们垄断地中海—印度洋商路,增加了东方商品进入欧洲市场的成本,减少了西欧商人的利润。例如,黄金由阿拉伯商队从非洲西部河床地带经撒哈拉沙漠运来,香料(spices)由穆斯林商人和印度商人从印度和东南亚运来,西欧人不得不向中间商支付许多费用。十五、六世纪,当各地劲吹人文主义之风时,欧洲开始摆脱迷茫、纷乱与封闭的中世纪,大批的商人、贵族和冒险家冲破地中海活动的狭隘空间,急于奔向更广阔的海洋,从而迎来了必将改变人类文明进程的地理大发现。

大航海时代,欧洲的第一批民族国家,位于西南欧伊比利亚半岛的葡萄牙和西班牙,利用天时地利人和的优势,摆脱农耕传统的局限,率先冲向海外,去对那茫然无知的东方进行探险和扩张,其最初的动机主要在于,一方面是为了设法打破东西方中间商的贸易垄断权,寻找直达亚洲的新航路,以期获取丰富的东方物产,特别是香料、丝绸等奢侈品,还有宝石、黄金和白银一类的贵金属,去圆那令人着迷的"黄金梦";另一方面是为了寻找传说中的"七城岛",还有存在于非洲腹地、在约翰长老(John the Presbyter)统治下的基督教王国,虽然关于约翰长老的身份难以确证。15世纪,葡萄牙人首先到非洲探险,"非洲既是殖民探险的起点,又是殖民扩张的终点。"①1415年,他们占领了北非摩洛哥的休达(Ceuta),以此为跳板,再沿西非海岸向南航行,开启了大航海时代地理考察、殖民探险的漫漫征程。

经过半个多世纪的拓殖,到15世纪70—80年代,葡萄牙人已为开辟通往东方的新航路作了必要准备。稍晚些时候,与葡萄牙人毗邻而居的西班牙人,在赶走阿拉伯的殖民主义者完成"收复失地运动"(Reconquesta)②、建立起以专制主义为支柱的早期民族国家后,就像葡萄牙人一样,积极参与新航路探险、地理发现和贸易竞争,开始构建自己的殖民帝国。

大航海时代的殖民运动,有着极为广泛的内容,主要涉及地理探险和发现、建立商站(trading stations)、向海外移民、推销贸易商品、海盗劫掠、奴隶贸易和掠夺资源,等等。伊比利亚人(Iberian)"到西非获取黄金、奴隶和胡椒;到印度获取胡椒、香料和丝绸,而且,对这种商业活动更具刺激力的是欧洲人的财力在1450—1600年间剧增,这些财力转化为新的购买力和海外投资能力,以满足富有者们日益增长的奢侈品需求"③。不过,当葡萄牙和西班牙日益朝着海洋

---

① Merrill Jensen (ed.), *English Historical Documents*, IX (American colonial documents to 1776), London: Eyre & Spottiswoode, 1955, Introduction.
② 西班牙语意为"再征服运动"(Reconquesta),指8—15世纪伊比利亚人反对阿拉伯殖民统治的斗争。
③ 马文·佩里主编:《西方文明史》上卷,胡万里等译,商务印书馆1993年版,第440页。

帝国霸权的方向发展时,英国、法国和荷兰等新兴的民族国家也毫不迟疑,迅速跟进,走上了争夺海外利益、进而创建帝国的殖民扩张之路。如此看来,殖民扩张和帝国发展之间存在着密切的关系,殖民是帝国的前提,帝国是殖民的结果。

二、现代民族和民族国家

民族国家是以民族为族群基础发展起来的政治共同体,它将民族认同感作为凝聚这个共同体的力量。民族和国家本是两个不同的概念,国家是由国土、人民(民族)、文化、政府诸要素构成的政治实体,而民族是指生活在同一地域、有着相同习俗的人们所组成的人类群体。

从词源上考察,英文语汇中的"民族"(nation),由拉丁文名词 natio 派生而来,既可指民族,也可指国家,还可指部落或祖先,甚至也能指种类(breed)或种族(race)[1];在拉丁文中,natio 源于其动词 nasci(出生)的过去分词,最初含有血统的意义,指共同的"血缘纽带"。这样来看,"民族"一词偏于生物学和人类学的含义,泛指人类社会处于不同阶段的族群共同体。人们由于彼此间联系的日益加强,并因语言文化、生活方式和心理素质方面的互相渗透、互相影响,便逐步形成稳定的族群共同体,这就是民族。民族在指向上,与国家间有较大的重叠性,是指居于拥有明确边界的领土上的集体

---

[1] John Hutchinson & Anthony D. Smith (eds.), *Nationalism*, Oxford: Oxford University Press, 1994, p.38.

（国家），并隶属于统一管理的行政机构，其成员间具有区别于他民族的身份认同感和文化归属感。斯大林认为，民族最初指社区，指人们确定的和稳固的社区。这种社区既不是种族的，也不是部落的，而是现代意义的聚落。当谈及民族的构成要素时，斯大林在《民族问题和列宁主义》（1929）一文中给出了自己的看法。他指出："民族是人们在历史上形成的有共同语言、共同地域、共同经济生活以及表现于共同的民族文化特点上的共同心理素质这四个基本特征的稳定的共同体。"[1]英国著名社会学家吉登斯教授则指出："只有当国家对其主权范围内的领土实施统一的行政控制时，民族才得以存在。"[2]如此一来，人类学含义上的民族，就同政治学意义上的国家，密不可分地联系了起来，而这两者的融合构建了现代国际关系中的基本政治文化单元，即民族国家。

关于国家的涵义，有几个常用英文词汇之间的差别非常细微：country 强调国家的空间性或地域属性，nation 偏向于国家的文化或民族的含义，state 突出国家的政治特征，故而 nation-state 这个集合词就较为准确地指向了民族国家本身所具有的现代性。以此来理解，现代民族国家具有两个特点：一是以身份认同、文化归属、自我排他为主要内容的族群文化，二是以主权独立、地位平等、博弈竞争为主要内容的政治文化。这样，现代民族国家既不同于一般意义上的古代地域国家，如城邦、王国或帝国，也区别于基督教世界体系下的中世纪王朝国家，而是中世纪末期近代早期基督教世界普

---

[1]《斯大林全集》第2卷，人民出版社1953年版，第294页。
[2] 安东尼·吉登斯：《民族—国家与暴力》，胡宗泽、赵力涛译，三联书店1998年版，第144页。

世主义瓦解和各地民族意识发展的派生物。在"大一统"的基督教世界体系下,欧洲尚未形成现代的民族或国家,处于各社会等级的人们,对至尊上帝的认同掩盖了他们的族群共同体意识①,其民族性消解于封建主义的契约关系和基督教的普世主义观念中,所以现代主权国家无由生根。由于教俗两界无不受罗马教皇的掣肘,人们的观念中只有上帝的信条和教会权威的意识,而没有民族或国家的思想,他们对自己所属的政治共同体不仅缺少理性认同,甚至也不存在起码的情感认同,更谈不上民族主义和爱国主义的政治认同。在教权主义和封建主义的主导下,大大小小的基督教王国各自为政,西欧没有形成独立而强大的政治实体,处于各自为政的封建割据状态,经常发生背叛国家和民族利益、反对中央权威的地方分离倾向。吉登斯教授明确指出:"传统国家有边陲而无国界"②,其政治中心的行政控制能力如此有限,以至于政治机构中的成员并不进行现代意义上的"统治"。现代"国家作为一种有组织的势力,在自己的领土内享有至高无上的权力,并在同别国的关系中推行一项有意识的扩张政策。国家不仅成为典型的近代政治组织,而且日益成为近代社会最强有力的组织"③。

现代"国家"概念的应用,应当归功于"政治学之父"尼科洛·马基雅维里(Niccolo Machiavell)。他是从思想上把国家从中世纪基督教传统束缚下解放出来的第一人。按照他的理解,"从古至今,统治

---

① 《世界民族主义论》,王联主编,北京大学出版社 2002 年版,第 25 页。
② 安东尼·吉登斯:《民族—国家与暴力》,胡宗泽、赵力涛译,三联书店 1998 年版,第 4 页。
③ 乔治·霍兰·萨拜因:《政治学说史》下册,刘山等译,商务印书馆 1986 年版,第 407 页。

人类的一切国家，一切政权，不是共和国就是君主国。"①他不仅从独立强盛、权力机制和法律秩序三方面对现代国家的基本特征作了精辟的概括，而且对"国家"这个词本身进行人文主义的诠释，使之具备了现代政治学上的含义，于是观念意义上的民族国家得以诞生。民族国家，由于把民族和凝聚全民族力量的新君主制作为自己的两个支点，就与传统的中世纪国家区别开来。一方面，民族认同构成民族国家存在的精神支柱。现代民族是民族国家形成的物质基础，若没有现代民族，民族国家就不会产生，"民族是灵魂，是精神原则。实际上仅有两样东西构成这种灵魂，一是过去，二是现在。"②另一方面，新君主制构成民族国家形成的政治保障。由于新君主制是中央集权性质的绝对君主制（Absolute Monarchy），现代早期的民族国家就是以专制君主为化身、以民族主义为特征的现代主权国家。在基督教占绝对支配地位的中世纪，教会坚持认为教权与君权是上帝赋予教皇的两把剑，君权不但来自至高无上的造物主，而且应当隶属于教权的管辖，受基督教世界领袖教皇的支配。在教权主义的"双剑说"（doctrine of the Two Swords）和教俗二元政治（dual politics）的共同作用下，中世纪的欧洲根本不存在王权强化或权力集中的可能性。但是，随着市民阶级的兴起和民族意识的高涨，世俗君主与市民阶级在反对封建领主和反对教会统治的斗争中日益走向联合，这不仅加速了基督教世界体系的瓦解，也促进了中世纪国家向现代国家的转变。由此产生的民族国家，就是一个个彼此独立、相互平等

---

① 尼科洛·马基雅维里：《君主论》，潘汉典译，商务印书馆1985年版，第3页。
② John Hutchinson & Anthony D. Smith (eds.), *Nationalism*, Oxford: Oxford University Press, 1994, pp.17, 18.

的民族君主制国家①,这就决定了现代民族国家的一些基本属性,或显著特征:

其一,民族国家既是一个社会迈向现代化的客观载体,也是该社会现代化发展的组织者。15世纪末,随着国内市场趋于统一和民族意识的增强,中央集权取代地方割据,君主专制(Absolute Monarchy)取代等级君主制(Grade Monarchy),在英国则表现为都铎王朝的统治。从具体情形来看,都铎专制君主在维护国家主权和领土完整,实施划一的行政与司法制度,取消内地关卡,统一度量衡和币制,培育统一的国内市场,保护民族工商业,支持本国的商业贸易公司参与海外竞争,以及推行殖民扩张等方面,都发挥了极其重要的作用。在这个意义上,没有都铎专制王权就不会有后来的英吉利民族国家。除了经济发展和政治统一外,民族主义也是民族国家赖以存在的客观基础。西欧诸民族在反对外来侵略或摆脱基督教普世主义、创建民族国家的过程中,逐渐形成了区别于其他民族和其他国家的精神观念民族主义的形成。葡萄牙人和西班牙人的民族感情萌发于收复失地运动,法兰西人的民族感情萌发于抵抗英国侵略的"百年战争"(Hundred Year's War, 1337—1453)。在16世纪民族国家形成的大背景下,英国人所体现出来的利己主义的排他性,与其民族主义的自省性一起,共同促使他们去追逐伊比利亚式的殖民主义,在探险、发现、掠夺和建立殖民地方面,奋力追赶葡萄牙和西班牙,从而推动其海外殖民扩张事业的发展。如此一来,英帝国在海外探险与逐利的殖民竞争中,就与英

---

① Klaus E. Knorr (ed.), *British Colonial Theories, 1570—1850*, London: Frank Cass, 1963, p.5.

国民族国家利益取得了一致。

其二,民族国家不仅具有利己性和排他性的特点,同时还具有独立性和封闭性的特征。在打碎大一统的基督教世界体系后,少数几个民族国家在与他国的竞争中先行一步,独立自主地"关起门来",积蓄各自的力量。由于竞争的关系,通常情况下,民族国家间无意于维持、也不可能保持长久的和平;如果存在着和平的话,那至多是停战,也即一种长期战争间隙的短暂和平。说到底,"民族国家寻求的是增强其自己的力量、财富和繁荣"[1],而不是国际间的平衡发展。这就是所谓"民族国家理性自私"或竞争残酷性的典型表现。不管是封闭性还是排他性,民族国家都是利己主义的,而不是利他主义的。尤其15世纪以来,葡萄牙、西班牙、法国、英国等新兴民族国家"关起门来"谋发展,很快打破了原先落后状态下的平衡。由于思想感情、语言文化、民族心理、领土边界、经济发展等方面的差异日益明显,它们的利益鸿沟会越来越大,不平衡将成为常态。西欧诸国对内加强中央集权的专制统治,对外则参与竞争和分享海外的实际利益。国家利益或民族利益的竞争,主要涉及经济利益和政治利益,无关乎文明模式或意识形态的差异。

其三,在追求自身利益时,民族国家必须面对权利平等和竞争博弈的矛盾。这也是现代国际关系的基本特点。在基督教世界大一统体系下,欧洲各地维持着"上帝的和平"(Peace of God),政治矛盾主要体现为教俗二元权力间的对立。随着民族意识的觉醒、民族国家的形成和基督教世界政治架构的瓦解,主权国家"关起门来"发

---

[1] G. R. Potter, *The New Cambridge Modern History*, I (The Renaissance, 1493—1520), London, New York, & Melbourne: Cambridge University Press, 1971, p. 446.

展,导致了这些新兴民族国家间的利益冲突加剧。此时,旧国际秩序走向解体,可新秩序远未确立,缺少对国家间共存与共享原则的确认,欧洲事实上处于群龙无首、竞争无序的状态。那些先行强大的民族国家,坚持在国际政治中的话语霸权,而紧随其后的民族国家,则要求自己的平等发展权,实际上这就是对外扩张中的权力平衡,因而彼此间的矛盾和冲突不可避免。虽然权力可以被解释为平衡的力量或能力,但权力本身就是不平等的因素,"权力平衡的原则,尽管是以暂时的共同利益为依归的,绝不会产生一种稳固的平等关系。"[1]正如吉登斯所指出的那样,民族国家"对业已划定边界(国界)的领土实施行政垄断,它的统治靠法律以及对内外部暴力工具的直接控制而得以维护"[2]。

在理论上,民族国家本身应当遵循如下一些基本原则,诸如最高主权独立、对外自由平等、对内自决自治等,但在实践上,民族国家形成初期,以专制王权为代表的民族主义者在追求民族或国家利益时,往往尽力培育区别于他国他民族的民族主义特性[3],从而与上述诸原则发生冲突。在激烈的海外商业与殖民竞争中,欧洲的国际关系依靠博弈来维持暂时的平衡。由于这种平衡的维持是以军事力量为转移的,天生具有不稳定性,因而彼此间的冲突在所难免。英国著名政治家弗朗西斯·培根(Francis Bacon)在谈到战争与和平的关系时,曾作出经典性评论,那就是"维持稳定的和平

---

[1] M. J. Bonn, *The Crumbling of Empire*, London: G. Allen & Unwin Ltd., 1938, pp. 15 ff.

[2] *A Contemporary Critique of Historical Materialism*, Vol. I, 引自安东尼·吉登斯:《民族—国家与暴力》,胡宗泽、赵力涛译,三联书店1998年版,第147页。

[3] M. J. Bonn, *The Crumbling of Empire*, London: G. Allen & Unwin Ltd., 1938, pp. 15 ff.

的最佳途径是准备战争。安全对于一个国家来说是一种有害的保障"①。故民族国家出现以后,殖民主义者以争夺世界霸权的矛盾和冲突,代替了中世纪维持的上帝的和平,使大国争霸的局面成为现代国际关系的常态。葡萄牙、西班牙等早期民族国家通过各种殖民扩张手段或途径,获得对其他民族国家的优势或支配地位,尽可能地扩张版图,最大限度地攫取海外资源,贪婪地占有或剥夺其他民族或国家的生存权与发展权。虽然直到15世纪末,英国人才开始投身于海外的探险与贸易等扩张活动,比葡萄牙人至少晚了半个世纪,但是到16世纪后半期,英国民族国家已经走向殖民主义(colonialism)和帝国主义(imperialism),日益具备了参与大国争霸的实力。

三、"英吉利王国是一个帝国"

民族国家形成时期,英国人推行海外扩张自有其缘由,他们奔向海外的最初动机,是想通过强调主权至上的英吉利民族主义,来否定中世纪以来一统天下的教权主义,打破以普世主义为核心的基督教世界体系,挑战伊比利亚国家在海外殖民扩张中的霸权垄断地位,在国际舞台上为英国争取平等发展的机会。15世纪后半期,在葡萄牙人和西班牙人的启发和影响下,英国人开始跨出国门,从事

---

① Francis Bacon, *A Letter of Advice to the Duke of Buckingham* (1616), in James Spedding (ed.), *The Letters and the Life of Francis Bacon*, London, 1872, VI, p.20, 参见 Klaus E. Knorr, (ed.), *British Colonial Theories*, *1570—1850* (London: Frank Cass, 1963), p.7.

海外贸易和殖民探险活动。他们一边尝试到海外去寻找传闻中的岛屿和到达东方的捷径,寻求金银等贵金属和香料,寻求新的贸易市场;一边由近及远地在海上从事海盗活动,劫掠葡萄牙人,尤其西班牙人从美洲运回的大量财富。他们不但大力向外推销本国商品,特别是从15世纪开始成为主导性贸易商品的呢绒产品,还从贩卖非洲黑人奴隶中捞到好处,并把本国的"过剩人口"移植到海外,首先到人烟稀少的北美等地去开辟殖民地,像伊比利亚国家那样,尝试建立自己的殖民贸易帝国。

中世纪的英国,是一个以自给自足的自然经济为主的封建农业国。在这个农耕社会中,人们的生活方式受庄园活动范围的制约,形成了封闭性的特点。庄园内虽有少量的手工业,但是很少发生对外交往,根本谈不上海外的殖民扩张。从主权独立的涵义上看,直到16世纪30年代宗教改革前,英国因主权还受到罗马教廷的干预,并不是完全意义上的主权独立国家。作为基督教世界大家庭中的一员,英国隶属于普世主义的"上帝之城",英王的权力受到教皇的挑战。从王朝合法性的基础来看,都铎王朝不具有充分的皇族血统,里奇蒙伯爵亨利·都铎(Henry Tudor, Earl of Richmond)来自兰开斯特王朝的旁支,为了弥补这个缺陷,他把都铎王朝建立在民意或"全国公意"的基础之上。这样,都铎统治就以民族作为自己的支撑点。约翰·盖伊在《都铎英国史》一书中曾明确指出:"国家概念把英国界定为:(1)确定的版图;(2)为文官政制而建立的君主制社会;(3)君主政府确认根本不存在政治、宗教和法律事务上的至上权力。以下三个基本信念同样是极其重要的:(1)人类划分为种族和民族两部分;(2)英吉利民族的纯洁性会因外来混合物而毁损;(3)英格兰语言、法律和习惯(包括衣着)是民族性的标记。"①

不过,都铎朝初期的英国,由于势单力薄,只是欧洲的一个二等小国,充斥着中世纪政治文化传统的影响。在对外交往中,英国因受制于基督教世界的普世主义原则,不得不面对罗马教廷的束缚和伊比利亚国家的挑战;在内政问题上,教皇与君主分享英国的最高司法权。为巩固新生的都铎王权和提高英国的国际地位,亨利七世一方面推行均势的外交政策,周旋于欧洲列强间;另一方面,实施重商主义战略,积极参与海外的贸易和殖民扩张。亨利八世继位后,借助于反教权主义和反西班牙霸权的民族主义力量,推动了旨在强化专制王权的宗教改革运动。1534年议会通过"至尊法案"(Act of Supremacy),肯定了英王所享有的至高无上的司法管辖权(jurisdiction),包括世俗的和宗教的统治权②,确立了亨利八世作为国家元首的至尊地位,标志着英国民族国家的最终形成。到伊丽莎白一世统治时,英国固然还面临着罗马教皇、西班牙和法国等外来敌对势力的威胁,但伊丽莎白一世像早期都铎君主一样,以英格兰民族为强大的后盾,不顾罗马教皇等国际天主教势力的反对,挑战伊比利亚人的殖民垄断权,推动英国朝海洋帝国的方向发展。

关于英帝国的理想,据文献记载,起初英国人并无现成的计划或成熟的方案,那只不过是约翰·迪博士(Dr. John Dee)等一大批民族主义者和帝国主义者想象的产物。迪博士是都铎后期最有学问的人之一,从16世纪50年代起,他就作为伊丽莎白女王最信得过

---

① John Guy, *Tudor England*, Oxford: Oxford University Press, 1991, pp.352, 371.
② G. R. Elton (ed.), *The Tudor Constitution: Documents and Commentary*, Cambridge: Cambridge University Press, 1982, pp. 364—365.

的科学顾问,一直在思考到新大陆去建立殖民地的问题,并最早杜撰出一个"英帝国"(British Empire)的概念。到 16 世纪 60 年代,英国的思想家、政治家、商人和冒险家对帝国已经表现出了狂热和野心,他们虽然抱有不同目的,但是都承认海外殖民地和帝国之于英国未来的重要意义。为了能建立葡萄牙、西班牙式的海洋霸权,他们甚至表现出"惊人的贪婪",正如当时著名的爱国诗人迈克尔·德雷顿(Michael Drayton)所描述的那样:"我们将到远方去探寻千年王国/而许多国家在进行无益的内战……/那些未基督教化的国家在召唤我们/那里对英格兰之名几乎一无所知。"①到 16 世纪 80 年代末,当英国人打败西班牙的"无敌舰队"(Armada)时,最著名的文艺复兴诗人爱德蒙·斯宾塞(Edmund Spenser)的兴奋之情已溢于言表,以至于在其未完成的道德寓言诗《仙后》(Faerie Queene)中,热情地讴歌了"光荣女王"推动殖民扩张和创建帝国的丰功伟绩。像同时代的军人探险家汉弗莱·吉尔伯特爵士(Sir Humphrey Gilbert)②、探险史家理查德·哈克卢伊特以及约翰·迪博士一样,斯宾塞还十分赞同 12 世纪的传教士兼历史编纂学家蒙默思的杰弗利(Geoffrey of Monmouth)③的看法,坚信远在传说中克尔特人(Celts)的首领亚瑟王(King Arthur)④的传奇时代,冰岛、哥特兰岛

---

① A. F. Pollard, *The Political History of England*, VI (*The History of England from the Accession of Edward VI to Death of Elizabeth, 1547—1603*), London: Longmans, Green and Co., 1923, pp. 305 - 306.
② 军人、探险家和大英帝国的早期开拓者,沃尔特·雷利爵士的姨表兄弟。
③ 著有《大不列颠列王传》(*Historia Regum Brittaniae*, c. 1138),据称缺乏信度。
④ 半传奇式人物,民族英雄。曾领导不列颠人(凯尔特人)抵抗日耳曼人(盎格鲁-撒克逊人)的入侵。

(Gotland)①、奥克尼群岛(Orkney Islands)②、挪威、丹麦和高卢(Gaul)等地就属于英帝国。不仅如此,稍早于吉尔伯特、哈克卢伊特和迪博士,斯宾塞还将美洲的一部分纳入亚瑟王统治下所谓的"帝国"。1577年,迪博士还预言了一个"无与伦比的英帝国"的成长。③此外,帝国主义者诸如文艺复兴时期最著名的政治家弗朗西斯·培根、商人冒险家乔治·佩卡姆爵士(Sir George Peckham)④、皇家海军将领克里斯托弗·卡莱尔(Christopher Carleill)⑤等,都已经把建立海外殖民地同英帝国紧密联系起来。毫无疑问,这些帝国主义的主张都是为大英殖民贸易帝国的形成制造舆论。

不论是帝国主义还是殖民主义,都不是英国史上的独特现象,甚至连帝国梦想本身在英国人也是很晚的事。他们是帝国的效仿者和实践者,而不是帝国制度的首创者。有人说英帝国是英国人在不经意间建立的,殊不知英国的殖民扩张远非机缘巧合,应当说它完全是他们刻意模仿葡萄牙帝国和西班牙帝国的结果。虽然早在亨利七世时代,"英国人就开始梦想着找到他们的'黄金之国',以期自己也能依靠美洲的贵金属发财";但是,"在欧洲各国争建帝国的竞赛中,英国绝对属于起步晚的。"⑥

---

① 哥特人的故乡,位于瑞典东部的波罗的海之中。
② 由70个小岛组成,位于苏格兰东北沿海。
③ 阿萨·勃里格斯:《英国社会史》,陈叔平等译,中国人民大学出版社1991年版,第192页。
④ 1574年,他曾和吉尔伯特爵士、理查德·格伦维尔爵士(Sir Richard Grenville, 1542—1591)和克里斯托弗·卡莱尔一起向伊丽莎白女王提出申请,要求对海外不为人所知的岛屿进行探险。
⑤ 即伊丽莎白后期安全首脑弗朗西斯·沃尔辛厄姆(Sir Francis Walsingham, c. 1532—1590)的继子。
⑥ 尼尔·弗格森:《帝国》,雨珂译,中信出版社2012年版,第4、4—5页。

然而,英帝国究竟起步于何时?长期以来,诸家争论不休,人人各执一端。有人认为英国最早于14世纪初已经开始殖民扩张活动。① 有人把16世纪50年代看作是英帝国创建的起点,认为英国人由此开始"驱使英国在海洋上建立世界帝国"②。有人把1553年看作是英帝国建立的起点,因为那一年英国在海外拓展方面发生了两件大事:其一,是年5月,英国的莫斯科公司(Muscovy Company)或俄国公司(Russian Company)属下三艘船在航海家休·威洛比爵士(Sir Hugh Willoughby)和理查德·钱塞勒(Richard Chancellor)③的带领下,驶离泰晤士河,朝北大西洋东北方探航。他们环绕着挪威北角和俄罗斯北部海岸一带航行,试图找到一条可以直达亚洲的东北通道,同时也是为英国呢绒开拓新的海外市场。④ 这是英国探险者第一次涉足北极地区。其二,是年7月,海军军械署主管、航海家托马斯·温德姆(Thomas Wyndham)在葡萄牙领航员平提托(Pinteado)的引导下,率领三艘船组成的舰队,其中包括两艘皇家军舰"报春花"号(Primrose)和"月亮"号(Moon),从英国西南部的朴茨茅斯港(Portsmouth)启程,向南航行到西非的几内亚海岸,目的是寻求黄金、象牙和胡椒。当年离开英国的这两支远征探险队,都得到

---

① Hugh F. Kearney, *The British Isles: A history of four nations*, Cambridge & New York: Cambridge University Press, 1989, p.113.
② D. B. Quinn & A. N. Ryan, *England's Sea Empire, 1550—1642*, London: George Allen and Unwin, 1983, Introduction & p. 51.
③ 威洛比爵士作为军人、航海家,曾参与了苏格兰对苏格兰的战争(1543—1550);他作为早期北极探险家,曾指挥"博纳·埃斯佩兰萨"号(Bona Esperanza)船只深入北海海域考察;航海家钱塞勒曾与威洛比一同到北海,最早开辟了与俄罗斯的贸易关系。有关他们的航海探险活动情况,参见本文第五章第二目。
④ D. B. Quinn & A. N. Ryan, *England's Sea Empire, 1550—1642*, London: George Allen and Unwin, 1983, Introduction.

了伦敦富商、都铎宫廷和政府成员以及海军官员的支持,其中也包括爱德华六世(Edward VI)的权臣诺森伯兰公爵约翰·达德利(John Dudley, Duke of Northumberland)①提供的赞助。英帝国史专家劳埃德教授认为,对英国人来说,伊丽莎白女王继位时英帝国的梦想不是没有可能的②;牛津大学海洋史学者威廉森(J. A. Williamson)认为,1583 年是英国殖民扩张运动真正开始的年份,而就在那一年,英帝国早期开拓者汉弗莱·吉尔伯特爵士在获得皇家特许状后,前往北美地区开展航行探险活动③。从上述种种史实出发,《简明不列颠百科全书》的"英帝国与英联邦"条目解释说:"英帝国的开端通常定于 16 世纪,因为英国对海外贸易和殖民的强烈要求起源于伊丽莎白时代海员们开拓性的航行。"④

虽然英帝国早已成为过去,但它依然给人们留下了无数疑问,诸如:英帝国是何时启动的?英国人建立帝国的机动是什么?这个帝国给英国乃至全世界带来了哪些影响?英帝国史,远较一般认识的更复杂,对于这些待解之谜,仅靠三言两语的苍白阐述,无法让人释怀。不过,要想弄清楚英帝国的起因、转折与衰退,就必须回到当初,溯及几百年以前英国殖民地扩张起步阶段的都铎时代。16 世纪 70 年代,当迪博士第一次杜撰出"英帝国"这一概念时,这位地理学家、数学家和占星学家的想法并不复杂,他就是想让英国人通过航海探险与发现活动,去海外建立殖民地,并且通过对女王表示效忠

---

① 达德利曾大力推行宗教改革,阻止玛丽·都铎继位,后被女王处死。
② T. O. Lloyd, *The British Empire, 1558—1983*, New York: Oxford University Press, 1984, p.1.
③ J. A. Williamson, *The Tudor Age*, London: Longman, 1979, p.351.
④ 参见《简明不列颠百科全书》,中国大百科全书出版社 1986 年版。

的契约形式,构造海外殖民地与母国的关系。① 当时他提出的帝国设想,只是想强调殖民扩张之于英国崛起的意义,这也是英帝国启动之初英国的帝国主义者的普遍共识。然而问题的关键在于,都铎王朝时期的英国是一个民族国家,而帝国却是非民族的,或者是多民族的,这两个看似矛盾的东西,究竟怎样统一起来的呢? 我们认为,这个问题的答案,仅仅从字面上无法获得,而应当从英国人对"帝国"这个概念的理解中,从他们对帝国本身的追求中去寻找。

民族国家形成之初,英国人是按照自己的理解来使用"帝国"这个术语的。这个词的拉丁文(Imperium)原意,如"权威"、"权势"等,在英国人那里发生转向,不再仅指那种多民族的地域性大国,而是指主权独立的现代国家。这就意味着,英格兰像西班牙、葡萄牙、法兰西一样,也是国际关系中享有平等地位的民族国家。都铎初期,亨利七世采取积极而谨慎的措施,剪灭地方势力、设立权力机构和改善王室财政,克服了来自内部的离心倾向,巩固了新生的都铎王权。此外,他还支持国人有意识地开展海外冒险活动,他们的直接目的主要是争取像其他基督教国家一样的平等发展权,以分享由大航海带来的实际利益,这在客观上却构成了对教皇普世权威的蔑视和对伊比利亚人殖民霸权的挑战。16 世纪 30 年代都铎英国发生了声势浩大的宗教改革运动,其政治意义远大于神学意义,1533 年的"宗教改革议会"(Reformation Parliament)②通过了著名的"禁止向

---

① T. O. Lloyd, *The British Empire, 1558—1995*, New York: Oxford University Press, 1996, p. 8; *The British Empire, 1558—1983*, New York: Oxford University Press, 1984, p.8.
② 1529 年 11 月—1536 年 4 月,英王亨利八世曾连续召集七次议会,推动了宗教改革和都铎新君主制的发展。

罗马教廷上诉法案"(Act in Restraint of Appeals),明确宣布"英吉利王国是一个帝国,它已被全世界所承认。英国由一个至高无上的国王统治,它拥有相应的至高无上的尊严和王产"①。该法案旨在向国际社会表明,英国是一个主权独立的国家,一个独立与自由的民族国家,英国教会是一个独立与自主的民族教会,英王就是英国民族国家的最高统治者和英国教会唯一的至尊领袖。

"英吉利王国是一个帝国"! 这是英国官方第一次提出"帝国"的概念,也是英国人发出的时代强音,彰显了他们捍卫民族利益、追求国家独立、争取均等发展机会的自信心和愿望。在英国人看来,即使仅仅在自主权方面,他们的国家"也可以公正地被称为一个帝国"②。这种主张第一次出现于议会的法案中,是英帝国这个概念的最初运用,也是英国民族国家主张的最明确、最简洁和最深刻的表述。亨利八世借助于政治色彩深厚的宗教改革,排斥了罗马教皇从英国攫取的部分最高司法权,加强了英王的专制统治,把强化世俗王权的努力与维护国家主权地位的政治诉求有机地结合起来,巩固了都铎民族国家。在强烈的民族国家意识的作用下,根据外交家、传记作家彻伯里男爵爱德华·赫伯特(Edward Herbert, Baron of Cherbury)的说法,早在1511年,英王的枢密顾问们就提出了"单独的英国就是一个帝国"的主张,他们的用意是想敦促初登王位的亨利八世不要介入欧洲事务,而应当贯彻亨利七世既定的重商主义政

---

① *Statutes of the Realm*, III, in H. Gee & W. Hardy, *Documents Illustrative of the History of the English Church*, London: Macmillan, 1914, p.187; J. R. Tanner, *Tudor Constitutional Documents, A. D. 1485—1603, with a historical commentary*, Cambridge: Cambridge University Press, 1951, p.40.

② Sir Ernest Barker, *The Ideas and Ideals of the British Empire*, Cambridge: Cambridge University Press, 1946, p.6.

策,推动英国的海外殖民贸易活动。这是英国人第一次把凸显民族精神的"民族国家"与体现非民族或多民族观念的"帝国"两个看似矛盾的东西明确联系起来。①

对英国人而言,在他们发出"英吉利王国是一个帝国"的呼吁背后,隐含着民族主义、殖民主义和帝国主义的无限梦想,而这些梦想在民族国家形成与巩固的过程中相互交叠。一方面,英王、英王国以及英国教会,决不隶属于任何外来的政治权威,决不从属于罗马教廷或神圣罗马帝国的统治;另一方面,英国人有权决定自己的事务,享有自由发展权,既包括宗教信仰自由,又包括殖民扩张自由,像葡萄牙人和西班牙人那样。这种将民族主义和帝国主义相融合的思想,涉及英国人所理解的民族国家观念:英国是一个完全摆脱了罗马教皇以及其他外来势力控制的独立国家,也即享有与西班牙、葡萄牙等强国一样平等地位的主权国家。大航海时代,英国人追求国家的独立、自由和发展,就表现为他们反对大一统的基督教世界体系、摆脱教皇控制和反对伊比利亚人的殖民垄断权,进而表现为他们想方设法奔赴海外、拓展新的贸易市场和建立殖民帝国。正如一位英国学者所指出的那样:"我们的帝国的创立者最先提出了向西拓展的思想。我们不是建立帝国的野心的开拓者,哥伦布在寻找通往印度的海道时打开了新大陆之门。西班牙以毫无怜悯的残酷方式掠夺了这块新大陆,他们当时是我们民族的敌人。"②如此看来,英国的民族意识和民族精神,不但已经造就了以新君主制为核心的英吉利民族国家,而且将造就一个以海外贸易殖民利益为依

---

① *Statutes of Realm*, III, in G. R. Elton (ed.), *The Tudor Constitution: Documents and Commentary*, Cambridge: Cambridge University Press, 1982, pp. 353 - 358.
② Sir Frank Fox, *The British Empire*, London: A & C Black, 1929, p.30.

归的英帝国。

亨利八世是亨利七世之子、第二代都铎国王,也是具有文艺复兴精神的新式君王。他以亚瑟王后代自诩,声称他有权继承先王的遗产,重建独立的帝国。自从与罗马教廷分道扬镳以后,他就十分偏爱使用"帝国"一词,其目的就是要"唤起人们对若干世纪以来英国相对孤立状态的回忆,而不是指它对外国领土的统治权"[1]。1513—1514年,英国将两艘新造的海军船只分别命名为"大哈里"号(Great Harry)和"玫瑰玛丽"号(Mary Rose)[2],意欲表明亨利八世及其御妹玛丽·都铎(Mary Tudor)都是英吉利民族认同指向的目标。随后,人文主义者托马斯·莫尔爵士(Sir Thomas More)通过著名的拉丁文作品《乌托邦》(*Utopia*),为国人勾画了一个海外帝国的大致轮廓——一个商业贸易和殖民扩张的新英格兰。[3] 至此,民族主义同帝国主义和殖民主义实现了统一,英国民族国家与英帝国也得到了统一。

"单独的英国就是一个帝国"。这是都铎早期的学者和政治家对英国发展的定位,与其说表明了英国人追求探险航行、海上贸易、殖民扩张的帝国主义倾向,毋宁说表达了他们坚持"独立、平等、自由"的民族主义诉求。他们坚持英国是一个具有充分主权和自由意

---

[1] Richard Koebner, *Empire* (Cambridge, 1961), see Wm. Roger Louis (ed.), *The Oxford History of the British Empire*, vol. 1 (*The Origins of Empire: British overseas enterprise to the close of the seventeenth century*), Oxford and New York: Oxford University Press, 1998, p.1.

[2] 玛丽是亨利八世御妹的名字,玫瑰则是都铎王族的家徽。

[3] J. Holland Rose, A. P. Newton, and E. A. Benians, *The Cambridge History of British Empire*, vol. 1 (*Old Empire from the Beginnings to 1783*), Cambridge: Cambridge University Press, 1929, p.95.

志的民族国家,独立于基督教世界的至上权威罗马教皇;它否认任何外国人在英国享有世俗和宗教的司法管辖权,也不隶属于任何外来的政治势力。劳埃德教授曾明确地指出,都铎早期关于帝国的主张,从根本上说,就是表达了英国作为一个主权独立国家的民族主义愿望。① 在殖民扩张问题上,虽然劳埃德教授为英国人所作的辩护显得苍白无力,或者根本就不具备充分说服力,但是人们又不得不承认,他揭示了这样一个基本事实,就是英国早期殖民扩张的最初动因,除了对欧洲以外非基督教世界财富的贪欲外,竭力谋求像伊比利亚人所有的海外殖民扩张的平等权利,自由地参与和分享对海外世界的贸易、探险与扩张的权益,是推动英国人不畏艰险、前赴后继、奔向东方的重要因素。这正如英帝国史专家罗斯教授所指出的那样:"冒险导致发现,发现导致探索,探索导致殖民,从而导致帝国。"②

迄今为止,虽然人们还无法对英帝国启动的准确时间达成共识,但是可以肯定,英国早期的殖民扩张活动,不像伊比利亚国家那样有周详的官方计划、充分的物质和思想准备,由政府自上而下推动的结果;它主要是由民间力量自发地开拓、自然而然地推进的产物。这样,长期被边缘化的英国,便不知不觉地跟上海外地理发现和殖民扩张的潮流。帝国创建过程一经启动,英国人就不停顿,而是在短短的两三个世纪的时间里将帝国制度推向极致,建立了世界上最大的帝国。

---

① T. O. Lloyd, *The British Empire, 1558—1983*, New York: Oxford University Press, 1984, p.8.
② A. L. Rowse, *The English Spirit: Essays in history and literature*, London: Macmillan, 1946, p.55.

第二章　早期殖民扩张理论

15世纪中后期,作为一个地处欧洲尽头、且又孤悬海外的离岛,英国正值民族国家形成和资本原始积累时期,其经济贸易活动与大海的联系渐渐密切起来,而英国人追求平等发展的愿望,日益凝聚成为强烈的国家主权意识,从而急欲开拓自己的海洋事业。但是,都铎王权刚刚确立,立足未稳,当代学者威廉森教授认为此时英国人受制于严峻的国际环境,他们的"海上利益起初十分有限的,甚至在美洲发现之后的半个世纪内,它对英国产生的影响也只是微乎其微"[①]。这明确指出了这样一个事实,就是英国的殖民活动起步较晚。不过,经过一个世纪左右的发展,到伊丽莎白统治时期,随着综合国力的稳步提升,追逐海上利益、参与殖民竞争,几乎已经成为英国人的全民共识,而他们的海外殖民实践活动业已取得了许多重要进展。这不但给他们带来了各种各样新奇的海外财富,使许多人对海上逐利活动趋之若鹜,也激励了一大批的政治家、理论家或宣传鼓动家等上层精英,促使他们对这种活动进行理性思考,从而为进一步推动海外的探险、发现与殖民冒险事业制造舆论。这种最初的

[①] J. A. Williamson, *The Ocean in English History: Being the Ford Lectures*, Oxford: Oxford University Press, 1941, p.1.

舆论鼓动,很大程度上是由先前英国人的海上活动引发的,"它记录了海洋新发现对于勤于思考的人们思想的作用影响,由此,这种思想转变为普遍的民族意识"①。英国早期的殖民思想,主要指的是都铎时代有重要影响的殖民主义者或帝国主义者所推崇的殖民扩张理论,诸如托马斯·莫尔的"人口过剩"殖民论、哈克卢伊特的"向西殖民"论、培根的"海上帝国"殖民论和重商主义者的"商业扩张"殖民论等,它们普遍反映了早期民族国家英国人的民族意识和国家主权观念。像英国的海外殖民扩张行为一样,英国早期的殖民理论,经历了一个从盲目到自觉、从感性到理性、由片段到系统的萌生、积累过程。不仅如此,殖民思想还与民族国家思想合流,对16世纪英王政府的内外政策,尤其是海外殖民扩张活动,产生了直接而深刻的影响。

一、托马斯·莫尔的"人口过剩"论

现代民族国家形成之际,正值西欧各地进入封建生产关系解体、资本主义萌芽产生之时,开始了资本的原始积累过程。所谓的原始积累,也即资本主义前史,创造了资本主义生产关系的历史前提。就前工业社会原始积累过程来看,这个历史前提的创造,主要是通过圈地运动、海上掠夺、殖民扩张、商业战争和重商主义等一系列暴力手段来实现的。马克思在其经济学说中,主要以15世纪末以

---

① J. A. Williamson, *The Ocean in English History: Being the Ford Lectures*, Oxford: Oxford University Press, 1941, pp.1, 56.

来的英国史为客观依据,揭示了资本原始积累的实质及其在人类文明史进程中的作用。

原始积累时期,许多人目睹了英国社会的动荡与危机,不少学者、政治家,试图通过对这一时期英国史的考察,找到医治社会弊病的良方。为了摆脱日趋严重的贫穷、流浪和治安不良等状况,有人主张通过建立海外殖民地来消除因圈地而造成的"人口过剩"、流浪人群众多、穷人生活无着落的可怕图景。仅仅在1489—1497年近十年间,都铎朝就先后颁布了11个相关法案,以立法的形式极力遏制愈演愈烈的圈地狂潮。此外,王室还成立了8个相关委员会,责成他们在全英范围内调查耕地减少、牧场增加的状况及其社会后果。但是,下层民众因宗教改革、圈地运动和物价持续走高而引起的骚乱、暴动时有发生,到爱德华六世继位后,在萨默塞特公爵爱德华·西摩(Edward Seymour, Duke of Somerset)①摄政时期,英国国内的社会环境进一步恶化,许多地方都发生了武装暴动,其中有两次影响较大,一次是东部的诺福克郡等地发生的由罗伯特·凯特(Robert Kett)领导的反圈地起义②,另一次是在德文郡(Devon)、康沃尔郡(Cornwall)发生的"公祷书叛乱"(Prayer Book Rebellion),又称"西部起义"(Western Rising),农民不满1549年《公祷书》(*Book of Common Prayer*)对天主教信仰的放弃,拒绝承认新的礼拜仪式,要求继续使用拉丁文弥撒。③

---

① 亨利八世第三个妻子之兄,爱德华六世的舅父。后被诺森伯兰公爵处死。
② Hester W. Chapman, *The Last Tudor King: A study of Edward VI, October 12th, 1537～July 6th, 1553*, New York: Macmillan, 1959, p.154.
③ 参见 Barrett L. Beer, *Rebellion and Riot: Popular disorder in England during the reign of Edward VI*, Kent: The Kent State University Press, 2005, pp.64—65.

都铎时期,许多英国学者和政治家从维护统治秩序的角度去看待社会问题,认为英国人口过多,到处充斥着失业的人群,解决这些问题的根本出路在于输出多余的劳动力,积极鼓动向海外移民。① 当时,那些失去家园的农民,被赶出了世代耕种的土地,他们激烈反抗持续高涨的圈地运动,赢得了不少人的同情。其中,最具影响力的同情者,应当是亨利八世的首席国务大臣、基督教人文主义者托马斯·莫尔爵士。莫尔出生于伦敦的一个中产阶级家庭。他的父亲约翰·莫尔爵士(Sir John More)是个成功的律师和法官,资助女婿约翰·拉斯泰尔(John Rastell)前往新大陆的探险计划,后者曾对现代新地理学和海外冒险活动抱有极大的兴趣。莫尔本人既是个律师,也是个虔诚的天主教徒。1515年他出访尼德兰南部的佛兰德斯(Flanders)②,这次经历构成了他最有影响的著作《乌托邦》的背景素材。该书由两部分组成,在第一部分中,作者运用虚实相生的影射手法,点染巧妙,隐约其词,抨击了英国政治和社会的黑暗,并从人文主义的道德观出发,描述了英国乡村正在发生的"羊吃人"运动,谴责由此导致的村庄破坏、物资匮乏和社会衰败,抨击严刑峻法,主张使法律更加仁慈和宽宏大量,对失地农民予以极大的同情,为解除他们所经历的痛苦而大声疾呼。

中世纪后期以来,欧洲各地普遍发生过作为经济现象的圈地运动,如法国、丹麦、德国从18世纪后半期开始鼓励圈地,俄国在1861

---

① Roger Lockyer, *Tudor and Stuart Britain, 1471—1714*, London: Longman, 1984, pp. 136-137,149-150.
② 历史地名。位于北海沿岸,从多佛海峡延伸到些耳特河,泛指古代尼德兰南部地区,包括今比利时的东佛兰德省和西佛兰德省、法国的加莱海峡省和北方省、荷兰的泽兰省。中世纪时期,它在理论上是一个隶属于法兰西王国的重要封建诸侯国。

年废除农奴制以后,捷克和波兰在第一次世界大战以后,都通过立法形式允许圈地。都铎时期,英国的圈地运动构成了原始积累的重要内容,故而引起了英国社会的广泛关注。随着圈地狂潮的发生,大批自耕农由于庄园瓦解、土地被剥夺而走向破产,他们不得不舍弃世代耕作并以此为生的土地,或远走他乡,或四处流浪,无不陷入悲惨的窘境。据1517年、1607年的两次调查报告推算,1455—1607年,在英格兰中部和东部的24个郡,共有50万英亩的土地圈作牧场,占土地总面积的2.76%。① 其中,又以中部诸郡的圈地运动最激烈。16世纪初年,中部被圈土地占70.71%,被赶出土地的农民占84.41%,被拆毁的农民房屋占80.46%。圈地运动是对农民的剥夺,它通过暴力手段,剥夺了广大农民的生存条件,从而实现了直接生产者(农民)与其生产资料(土地)的分离。圈地运动的历史表明,资本的原始积累绝不是田园诗式的东西,因为"资本来到世间,从头到脚,每个毛孔都滴着血和肮脏的东西"②。马克思曾剖析了15世纪最后30年和16世纪最初几十年英国的圈地狂潮,他认为"这种剥夺的历史是用血与火的文字载入人类编年史的"。作为原始积累的典型形态,圈地运动是"为资本主义生产方式奠定基础的变革的序幕"。马克思指出:"创造资本关系的过程,只能是劳动者和他的劳动条件的所有权分离的过程,这个过程一方面使社会的生活资料和生产资料转化为资本,另一方面使直接生产者转化为雇佣工人。因此,所谓原始积累只不过是生产者和生产资料分离的历史过程。"③

---

① Ephraim Lipson, *The Economic History of England*, vol. 1, London: A & C Black, 1937, p.1.
②《马克思恩格斯选集》第2卷,人民出版社1972年版,第224、265页。
③《马克思恩格斯选集》第2卷,人民出版社1972年版,第220—221页。

《乌托邦》是欧洲空想社会主义的奠基之作,莫尔在其中假托神秘的葡萄牙旅行家拉斐尔·希斯拉德之口,不仅尖锐地披露了当时英国的"几乎全部罪恶的根源"①,指责圈地运动导致贫困人口的迅速增加和社会生活动荡不安,同时还表达了作者对严峻现实的深刻思考和对美好未来的祈盼和构想。"从圈地史方面看,《乌托邦》迄今也没有失去它拥有最珍贵资料的意义。"②莫尔依据完全可信的文献资料,揭示了都铎圈地狂潮给乡村或整个英国社会所造成的动荡局面。他讥讽地指出:一向驯服、容易喂饱的羊,"据说现在变得很贪婪、很凶蛮,以至于吃人,并把你们的田地、家园和城市蹂躏成废墟。"随之而来,"佃农从地上被撵走,为的是一种确是为害本国的贪食无餍者,可用一条栏栅把成千上万亩地圈上。有些佃农则是在欺诈和暴力手段之下被剥夺了自己的所有,或是受尽冤屈损害而不得不卖掉本人的一切。这些不幸的人在各种逼迫之下非离开家园不可——男人、女人、丈夫、妻子、孤儿、寡妇、携带儿童的父母,以及生活资料少而人口众多的全家,因为种田是需要许多人手的。嗨,他们离开啦,离开了他们所熟悉的唯一家乡,却找不到安身的去处。"③那些被赶出土地的农民已一无所有,无依无靠。作为四处流浪的乞丐,他们可能传播疾病,污染环境;作为无地失业的流民,他们又会带来种种麻烦,危害社会。于是越来越多的城镇,很快就变成了这些向外迁移、到处流浪的人们暂时的移居地,或永久的落脚点;许多

---

① "伊拉斯莫致科普"(五三七号),1517年2月24日,引自托马斯·莫尔著《乌托邦》,戴镏龄译,商务印书馆1996年版,第123页。
② и.н. 奥西诺夫斯基:《托马斯·莫尔传》,杨家荣、李兴汉译,商务印书馆1984年版,第103页。
③ 托马斯·莫尔:《乌托邦》,戴镏龄译,商务印书馆1959年版,第21—22页。

人在漫无尽头地寻找、漫游或乞讨,只是为了满足最低限度的生存而已。

相对于欧洲大陆的情形,中世纪的英国农民受封建关系的束缚程度相对松弛。约从13世纪起,他们就开始了从固着在土地上的被奴役状态,逐渐走向了自由解放过程。加之,由于黑死病(鼠疫)流行造成人口或劳动力减少的影响,农民自由迁移与流动已成为一种传统,他们要么从事垦殖运动(Assart Colonization),要么漫无目的地到处流浪。① 这不但加速了其自身的解放进程,也给社会带来了游民人口压力。14世纪初,英国国内移民或流动的范围还相当有限,不过后来迁徙的距离不断拉大。据历史学教授A. L. 贝尔提供的材料,"大多数移民开始于村庄和中等城市10英里之内,绝大多数来自20英里范围内;在大城市,如在伦敦,移民也不超过40英里。从1500年起,远距离移民开始不断增加,首先是从北部和西北部向东南部流动,从乡村向城市流动。接受移民最多的城市是伦敦,其次是诺威奇(Norwich)。1580—1640年间,迁移到肯特郡(Kent County)诸城市的平均距离约为60英里。"② 都铎时期,圈地运动和宗教改革诱发了许多社会问题,民不聊生,许多游民在国内作长距离移动的趋势不断加强,他们或是想找到栖身之所,或是希望在某地找到得以安顿下来的工作。实际上,16世纪的英国并不真正存在过剩人口问题。根据有关统计材料,1066年全英约有200万人,在

---

① Paul Slack, *Poverty and Social Regulation in Elizabethan England*, see Christopher Haigh (ed.), *The Reign of Elizabeth I*, London: Macmillan, 1986, p. 228; Barry Coward, *The Stuart Age: England, 1603—1714*, London & New York: Longman, 1980, p.13.

② A. L. Beier, *Masterless Men: The vagrancy problem in England, 1560—1640*, London: Routledge, 1985, p.30, p.32. 一英里约等于一点六公里。

其后一个多世纪,英格兰人口数增长较快,到1222年上升为400万人左右。14世纪中叶,英国受黑死病影响,人口数急剧减少,至1377年已降到低谷,约为250万。然而一个多世纪后,即到1509年,缓慢回升到300万人;到16世纪末年超过了400万人的历史峰值①(参见下表)。

表　1525—1601年英国人口总数(单位:百万)②

年份	人口总数
1525	2.26
1541	2.77
1551	3.01
1561	2.98
1581	3.60
1601	4.10

都铎时期,英国社会正朝现代转型,圈地运动和宗教改革均排挤一些人,还有人无法融进现存的社会结构,他们为宗教信仰、政治自由或发财致富的目的,纷纷想到海外定居。"很多人无法接受本国既定的宗教制度,并准备为其信仰而移居到海外。不安分守己、具有漫游意愿的人们,受到鼓励或被迫移居到殖民地,乞丐、流民甚至罪犯也是如此。"③正因为这样,许多城市出现了前所未有的"过剩"人口,其中伦敦的人口压力尤其突出。16世纪前期,伦敦人口已

---

① 参见 *The New Encyclopaedia Britannica*, 15th edition, 1974, V, p.220.
② 资料来源:E. A. Wrigley and R. S. Schofield, *The Population of England, 1541—1871*, London: Edward Arnold, 1981, 引自 Kenneth O. Morgan, *The Oxford Illustrated History of Britain* (Oxford: Oxford University Press, 2000), p.224.
③ George W. Southgate, *The British Empire*, London: J. M. Dent and Sons Ltd., 1945, p.36.

经是全国第二大城市诺威奇人口的 5 倍,1530 年有 5 万人,1563 年上升到 9.3 万人,30 多年间几乎翻了一番。从 16 世纪末和 17 世纪初起,伦敦人口增长进一步提速,如 1582 年为 12 万人,1605 年猛增到 22.5 万人,在四分之三世纪中增长了三倍多。① 为控制由移民、流民和乞丐引发的社会问题,都铎政府为了维护统治秩序,在一个世纪的时间里颁布了若干限制圈地的法令,但后来的事实证明,这些法令只是官样文章,根本不起什么作用。② 另一方面,都铎王室又强调社会控制,采取各种措施,将济贫与惩贫相结合,试图阻止大批贫民和流民从乡村向城市的盲目流动。③ 就是说,"都铎朝力图通过立法的途径来阻止贫困化和流浪现象的进一步扩大,然而他们的一切尝试都是徒劳的,因为圈地运动并没有停止下来,这就使得贫困者的人数继续增多。"④ 乞丐、流民和失业者的队伍日益壮大,他们经常出没于森林、大道以及街头、巷尾,并不时受到犯罪心理的驱使,带来严重的治安隐患,颇令同时代人产生恐惧,感到害怕。1518 年,英国考文垂(Coventry)地方法官们曾公开谴责这些"傲慢的"人们是不劳而获、风餐露宿而又干尽坏事的一群。当时,大量的书籍和小

---

① D. M. Palliser, *The Age of Elizabeth: England under the later Tudors, 1547—1603*, London: Longman, 1983, p. 213; Hugh F. Kearney, *The British Isles: A history of four nations*, Cambridge & New York: Cambridge University Press, 1989, p.106.
② 参见《蒋孟引文集》,南京大学出版社 1995 年版,第 161 页。
③ *Statutes of the Realm*, III, (1817), in C. H. Williams (ed.), *English Historical Documents*, V, London: Eyre and Spottiswoode, 1971, pp. 1023—1031, p.1035; Ken Powell & Chris Cook, *English Historical Facts, 1485—1603*, London: Macmillan, 1977, pp. 182-183;另见姜守明《英国前工业社会的贫困问题与社会控制》,载《史学月刊》1997 年第 2 期。
④ C. Lis & H. Soly, *Poverty & Capitalism in Pre-industrial Europe*, Brighton: Harvester Press, 1982, p.79.

册子也描述了他们的"可怕的"王国。然而,真正令人担心的,也即让都铎政府感到头痛的,是穷人、乞丐和流民合流,构成了一个犯罪的、威胁统治秩序的"亚文化群"。①

十五、六世纪,英帝国开始启动。这一时期,英国的殖民思想主要反映了英国人对国家主权和民族利益的诉求。现代民族国家崛起之际,欧洲各国为了争夺霸权或平等发展权,经常处于敌对和交战的状态。正如莫尔在《乌托邦》一书中所指出的那样,各国的统治者都在扩大统治权、进行不义战争,然而,野蛮的法律又造成了更多的窃贼和大量令人讨厌的罪犯,这些人变成了杀人越货的凶手。在英国,犯罪行为还大量地来自把耕地变为牧场的疯狂圈地行动。由于羊毛价格远比谷物昂贵,英国发生了羊群把"田地、家园和城市蹂躏成废墟"的现象,而对那些被赶上绝路的失地农民而言,在他们面前除了行乞,就是偷盗,那等待他们的,要么是被饿死,要么是被绞死,其他几乎无计可施、无路可走。②要寻求真正的人间乐园,他们只能依靠想象,舍此以外,别无良策。

然而,莫尔并没有仅仅满足于对英国社会可悲现状的披露,他在《乌托邦》的第二部分详尽地描述了一个理想社会,而与那混乱不堪、充满罪恶的社会现实形成鲜明对照。他凭借其敏锐的直觉,发现了古希腊哲学家苏格拉底、柏拉图等人竭力称颂的共和国,一个秩序井然的乌托邦理想国,就存在于浩瀚的大洋之中。根据莫尔的假托或设计,拉斐尔·希斯拉德曾随佛罗伦萨(Florence)航海家亚美利哥·韦斯普奇(Amerigo Vespucci)到达美洲,此后又继续独自

---

① C. Lis & H. Soly, *Poverty & Capitalism in Pre-industrial Europe*, Brighton: Harvester Press, 1982, p.83.
② 托马斯·莫尔:《乌托邦》,戴镏龄译,商务印书馆1959年版,第21、22页。

旅行，最后发现了那个完全不同于欧洲的乌托邦新岛。这个假托的岛国，位于亚美利哥·韦斯普奇考察过的新大陆①，虽然与英国相距遥远，几乎与世隔绝，但它不失为一个充满了爱与公正、消除了罪恶的理想国度。由于莫尔首先提出移民乌托邦的主张，这个人间乐园为英国破产的农民、失业的游民、流落他乡的穷人和沿街讨饭的乞丐带来了美好的希望。

当克里斯托弗·哥伦布（Christohper Columbus）的后继者们陆续踏上中美洲新大陆、达·伽马率领船队到达印度西海岸重镇卡里库特（Calicut），当伊比利亚人将殖民扩张的触角伸向世界各地时，来自意大利的航海家约翰·卡波特（John Cabot）父子敦促英国人避开西班牙和葡萄牙的探险路线朝西北方探险航行。在伊比利亚国家垄断着向西、向东和向南航线的情况下，英国人只能朝着北大西洋向北探索，这的确是他们后来开发北美新大陆的唯一可行方向。莫尔不仅是空想社会主义的理论家，也是大航海时代英国首先主张开发新大陆的学者。他借助丰富的想象力，把乌托邦描绘成一个世外桃源。"根据传说以及地势证明，这个岛并非四面环海。"②乌托邦之所以为岛，按照莫尔的说法，是由最初的征服者乌托普国王动用军队和岛上居民开掘出一条海峡造成的。岛上共有54座无比巨大的城市，都有着共同的语言、传统、风俗和法律，甚至连布局也相仿。城市之间至少相距24英里，每座城市的面积20平方英里左右，它们加在一起，总面积比英国还要大。莫尔主张，城市人口应当受到严格限制，不得过分集中；一座城市的规模，成年人控制在6—16万，儿

---

① 托马斯·莫尔：《乌托邦》，戴镏龄译，商务印书馆1959年版，第5页。
② 同上书，第50页。

童限定数目。超过限额的部分,则移居到人口数不足的城市。如果整个乌托邦岛的人口超出规定的数量,就依法在邻近大陆无人居住的荒地上新建殖民地,进行移民开荒,发展生产。在谈及如何处理好殖民地与母邦的关系问题时,莫尔认为外来移民与土著人之间应实行联合,吸收共同的生活方式及风俗习惯,这种融合是一件双赢的事情。假如乌托邦岛因天灾人祸而人口减少,他们就从殖民地调回公民加以充实。因为他们宁愿让殖民地消灭,也不愿使乌托邦受到削弱。① 他还以太阳神阿波罗的祭司特洛伊公主卡桑德拉(Cassandra)②的口气说,在未来一个世纪中,黄金和白银将成为新大陆的咒语,引诱人们从农耕走向掠夺,从殖民走向海盗。③

北美大陆地广人稀,莫尔认为乌托邦几乎不存在西班牙征服美洲时所碰到的、创造出高度文明的印第安人,因此是英国移民海外的理想场所。他利用人们普遍对外邦异域的兴趣,建议英国模仿乌托邦将过多人口移居到空旷的邻近土地上④,把广大下层民众安置到虚构的乌托邦岛,为英国的过剩人口寻找最佳出路。17—18世纪,英国在北美大陆建立了若干个殖民地,这不仅仅是偶然巧合的结果,在一定意义上,也可以看作是莫尔乌托邦殖民理想的产物。莫尔关于海外殖民的奇思妙想,可能受到了古典学者柏拉图的《理

---

① 参见托马斯·莫尔《乌托邦》,戴镏龄译,商务印书馆1959年版,第50、60—61页。
② 在希腊神话中,卡桑德拉是特洛伊王普里阿摩斯(Priams)和赫卡柏(Hecuba)的女儿,太阳神阿波罗(Apollo)因她的美丽而赋予她预卜吉凶的能力,又因拒绝阿波罗的求爱而受诅咒,此后再没有人相信她的预言。
③ J. H. Rose, A. P. Newton, and E. A. Benians (eds.), *The Cambridge History of British Empire*, vol. 1, Cambridge: Cambridge University Press, 1929, pp. 94—95.
④ Wm. Roger Louis (ed.), *The Oxford History of the British Empire*, vol. 1 (*The Origins of Empire: British overseas enterprise to the close of the seventeenth century*), Oxford: Oxford University Press, 1998, p.108.

想国》(*The Republic*)、中世纪教会哲学家圣奥古斯丁(St. Augustine)的《上帝之城》(*City of God*)、荷兰基督教人文主义者伊拉斯谟(Erasmus of Rotterdam)的《基督教君王之教育》(*The Education of a Christian Prince*)、意大利探险家亚美利哥书信集等著作的启发①,还可能受到过有关新大陆印第安人传说的影响。莫尔提出向海外移民的设想,试图为国内的过剩人口寻找出路,这既是出于同情心,给那些无助的穷人带来美好的期许,也是希望国人能跨出国外,走向海外,能在北美开创一片"正义之所在"的新天地。这样,他把柏拉图理想国的境界,与现代早期冒险家探索新世界的激情,变成解决社会冲突、实现社会改造的美好图景。也许,这就是大航海时代英国人最初提出的殖民主张。

为调解英国与尼德兰的贸易冲突,莫尔奉英王之命,1515年出使佛兰德斯,期间完成了《乌托邦》一书的写作。该书1516年在鲁文城出版时,距哥伦布1492年发现新大陆、卡波特1497年远航北美和达·伽马开辟东方印度航路的时间并不太长。虽然莫尔在一定程度上受到了大航海的影响,但是当他提出向外移民、建立殖民地的设想时,其殖民主义思想中尚不存在伊比利亚人那种明确的对外扩张倾向。在这一点上,可以说莫尔是盲目的、不自觉的,他的目的是要用人道的方法来解决紧迫的人口"过剩"危机,而不是要建立一个现代殖民大帝国。由于《乌托邦》使用了"科洛尼亚"(colōnia)一词,莫尔成为自古典时代以来第一个使用这个术语的西方作家。这里,

---

① 参见 И.Н. 奥西诺夫斯基:《托马斯·莫尔传》,杨家荣、李兴汉译,商务印书馆1984年版,第二章第一节;托马斯·莫尔:《乌托邦》,戴镏龄译,商务印书馆1959年版,第132页。

colōnia 指的是海外开拓者、垦殖者，或海外移民区、殖民地。当时英国人对美洲新大陆的认识还相当模糊，莫尔的学识水平远在一般人之上，正如俄文版莫尔传记作家奥西诺夫斯基所指出的那样，他在撰写《乌托邦》时参考过 1507 年问世的亚美利哥书信集和 1511 年出版的意大利史学家彼得·马特·德安吉尔拉（Pietro Martire d'Anghiera）所著的《论新大陆》（*De Orbe Novo*）一书①，所以在《乌托邦》中对美洲新大陆的位置作了暗示，而他所说的"新大陆"、"邻近大陆"及"当地人"，指的可能就是日益引人注目的美洲和印第安人。②

需要指出的是，莫尔关于移民的构想，像他虚拟的乌托邦一样，是否真正可行并不重要，当时这还是个无法验证的未知数。重要的是，人们透过这个理想的社会改造方案，可以看到 16 世纪初年英国学者或社会精英对待海外殖民的基本态度：其一，移民海外是解决国内人口过剩等严重社会问题的一种可供选择的途径，英国人应当向那些幅员广大、人口稀少的非基督教世界拓殖移民；其二，不但要通过开荒垦殖的途径去海外开辟殖民地，也要通过兴办产业的办法促进殖民地的开发；其三，不论是在政治上还是在经济上，或在文化上，海外殖民地都必须从属和服务于宗主国自身发展的需要。虽然在当时人看来，莫尔完全是异想天开，但是他的虚构和设想并非完全脱离现实，相反，都是已发生或正在发生，以尚不能确定的史实为存在前提的。后来的历史向人们表明，由《乌托邦》播下的种子并没

---

① И.Н. 奥西诺夫斯基：《托马斯·莫尔传》，杨家荣、李兴汉译，商务印书馆 1984 年版，第111页。
② J. A. Williamson, *The Tudor Age*, London: Longman, 1979, p.93, p.99；另见托马斯·莫尔：《乌托邦》，戴镏龄译，商务印书馆 1959 年版，第 5、11 页。

有落入不毛之地。16世纪初年,英国的许多知识分子围绕着莫尔形成了特殊的知识群体,他们通过尼德兰古典学者、《愚人颂》的作者伊拉斯谟(Erasmus of Rotterdam),与欧洲大陆的知识分子建立了联系。① 虽然不能断言莫尔的殖民思想已经很成熟,它却是以大航海以来葡萄牙人、西班牙人的航行发现为背景的,更重要的还在于,它与刚刚起步的英国海外活动相吻合。不管怎样,莫尔及其有学识的友人们在宫中颇具影响力,他们一直在讨论美洲发现、殖民新大陆等热点话题。对于迫切需要开拓海外市场和追求经济与政治利益的英吉利民族来说,莫尔播下的种子正在生根、发芽。

15世纪末16世纪初,随着地理大发现和海道大通时代的来临,一个全新的世界和一种全新的世界观逐渐呈现在世人面前。对许多英国人而言,他们对地理探险和发现的热忱,因起步阶段的一次次失败而降温,而此时,莫尔在《乌托邦》中提出移民海外的设想,无疑给那些喜欢奇异新事物的人们带来了希望。在上流社会同他发生接触的圈子里,印刷家、剧作家和宇宙志学家②(cosmographer)约翰·拉斯泰尔可以作为代表。拉斯泰尔出生于英格兰中部的考文垂,曾在牛津大学接受过文法和哲学教育,后加入中殿律师学会(The Middle Temple)。③ 1512年移居伦敦后,他把法律实践和印刷业务结合起来,接受了亨利八世交托的许多任务。作为莫尔的妹夫和莫尔圈子的重要成员,他不仅写过寓意剧、编年史、诗歌和法律方

---

① E. G. R. Taylor, *Tudor Geography, 1485—1603*, London: Methuen, 1930, p.7.
② 描述宇宙、描绘天和地一般特征的科学,传统上叫做宇宙志(Cosmography, cosmographus)。
③ 伦敦四大律师组织之一。另外三个是林肯律师学院(Lincoln's Inn, 1422)、内殿律师学院(The Inner Temple,1505)和格雷律师学院(Gray's Inn, 1569)。

面的作品,还深受莫尔的影响,参与了关于美洲及其潜力问题的讨论。莫尔发表《乌托邦》后不久,拉斯泰尔作出了探索和殖民北美的决定,而这可能是他听从了塞巴斯蒂安·卡波特劝告的结果,因为塞巴斯蒂安说过,经营到亚洲的西北航线会非常有利可图。1517年3月,拉斯泰尔和两个伦敦商人约翰·豪丁(John Howting)和理查德·斯派塞(Richard Spicer)得到英王的恩准和一小笔贷款,准备前往北美殖民探险。是年夏末,组成了一支至少包括四艘船的探险队,但是在英格兰南部港口桑德威奇(Sandwich)、达特茅斯(Dartmouth)、普利茅斯(Plymouth)和法尔茅斯(Falmouth)耽搁了,水手们和他们的领头人产生分歧,不愿意到北美大陆的纽芬兰(Newfoundland)①或拉布拉多(Labrador)②去殖民和从那里去探寻到达亚洲的航线。结果,一艘船返回英国,另一艘到达爱尔兰后去了法国,还有两艘可能压根儿就没有驶出法尔茅斯港。拉斯泰尔从爱尔兰东南部的沃特福德港(Waterford)上岸,他在这里逗留了两年,撰写过一部寓意剧《四元素本质之插曲》(*Four Elements: A New Interlude and a Mery, of the Nature of the Four Elements*),于1519年回国后发表。剧中,在对地球表面进行了古典式的三部分(欧罗巴、亚细亚和阿非利加)划分后,他用英文第一次向世人描述了那个新的第四部分,即神秘而广袤的美洲(quarta pars, america),给人带来耳目一新的感觉。他指出:"新大陆位于西方,以前我们从未听说过它,不论文学作品或其他文献,都不曾提及。但是现在有许多人

---

① 加拿大的离岛。位于北美东海岸,面积108,860平方公里。
② 北美第一大半岛,位于加拿大东部海域。在哈得孙湾与大西洋及圣劳伦斯湾之间,面积140万平方公里。

去过那儿,这块陆地是如此之大,以至于可以把所有基督教国家都装下。我们不应忘记鼓舞人心的《乌托邦》中有关新大陆的内容。"① 不过,拉斯泰尔所描绘的"新大陆",既不是指哥伦布1492年发现的中美洲,也不是指地图学者16世纪初所标注的南美洲,而是指1497年意大利航海家约翰·卡波特发现的北美大陆。此外,他还提出海外帝国的设想,构成英国早期殖民理想的重要内容。虽然他没有再去作深入的研究,但这种关于帝国的主张,却成为伊丽莎白女王以前涉及此问题的仅存构想。

16世纪初,不少地理学家对美洲"新大陆"的认识还非常有限,以至于把它笼统地描绘为一个岛屿群,其他人则将它视为亚洲大陆的一部分。对英国人来说,去新大陆冒险是一项具有强大吸引力的事业。渴望发财致富的伦敦商人,还有水手或者殖民者,都确信拉斯泰尔所传授的知识不仅仅是学术性的,而且提供了许多地理学、宇宙志方面的实用知识。拉斯泰尔通过《四元素本质之插曲》,既传播了那些较为先进而又实用的地理知识,又推动了对北美新大陆的航行发现。②

大航海时代,虽然哥伦布最早抵达美洲"新大陆",但他始终认为那里是东方的印度。后来,亚美利哥率先考察了南美洲,并幸运地成为所谓的"新大陆"发现者,他的名字同美洲联系了起来。1507年,德国地图学家马丁·瓦尔德泽米勒(Martin Waldseemüller)出版《宇宙志导论》(*Universalis Cosmographia*),第一次用"亚美利加"

---

① A. L. Rowse, *The Expansion of Elizabethan England*, London: Macmillan, 1955, pp. 165—166.
② George B. Parks, *Richard Hakluyt and the English Voyages*, New York: American Geographical Society, 1928, pp. 8 - 9.

(America)来称呼新大陆。准确地说,哥伦布最早发现了中美洲(加勒比地区),他是大航海时代美洲的最早发现者;亚美利哥则是南美洲的最早发现者,卡波特是北美洲的最早发现者。① 不过,拉斯泰尔可能是最早使用"美洲"这个名称指代纽芬兰的人,他认为美洲新大陆与中国之间的距离只有 1000 英里,而马丁则认为两者相距 1500 英里。② 可见,拉斯泰尔的地理学知识,像莫尔的殖民思想一样,在推动英国人跨出国门,到海外从事探险航行和殖民扩张方面,起了知识普及和宣传鼓动的作用。

二、哈克卢伊特的"向西殖民"论

理查德·哈克卢伊特是都铎时期英国最著名的地理学家和探险史家。他的父系先祖来自威尔士,13 世纪左右,在赫里福德郡(Herefordshire)定居下来。有些祖先发迹后,挤进了当地主要的土地所有者行列。有个可能是他较近的祖先,名叫雨果·哈克卢特(Hugo Hakelute),14 世纪初被推举为代表自治市亚顿(Yatton)的下院议员;后来,哈克卢伊特的先人中还出了郡治安法官和受封骑士。1349 年,托马斯·哈克卢伊特(Thomas Hakluyt)担任赫里福德

---

① 依据亨利七世给他的大法官约翰·莫尔顿(John Morton, c.1420—1500)的一封信,1499 年或 1500 年,布里斯托尔商人探险家威廉·韦斯顿(William Weston)曾到北美进行探险考察,他可能是到北美探险的第一个英国人。这封信发现于 20 世纪晚期,2009 年出版,这就丰富了五百年前北美大陆的发现史。参见 Evan T. Jones, 'Henry VII and the Bristol expeditions to North America: the Condon documents', *Historical Research*, 27 August 2009.

② E. G. R. Taylor, *Tudor Geography, 1485—1603*, London: Methuen, 1930, p.9.

教区主教的法律顾问。16世纪上半期,还有一个托马斯,是位政治家,1559年代表赫里福德的利奥敏斯特(Leominster)选入下院。本文涉及的理查德·哈克卢伊特,与其父同名,在家里四个男孩中排行第二。老理查德·哈克卢伊特(Richard Hakluyt, the older)是伦敦利凡特公司(Levent Company)下属的"高尚皮革公司"(Worshipful Company of Skinners)的成员,主要从事皮革和皮毛加工贸易。老理查德去世后不久,他的妻子玛杰里(Margery)也离开了人世。那年,小理查德差不多五六岁,他的同名堂兄大理查德·哈克卢伊特(Richard Hakluyt, the elder)就成了他的监护人。

大理查德是中殿律师学会的一名律师,偏爱法律与行政管理。他的生涯发展受家庭和职业的影响较大,而他的兴趣与偏好,又对其堂弟产生了示范效应。1553—1555年,大理查德到伦敦接受法律训练,此时正值英国现代第一个股份式商人公司俄罗斯公司组建之际。1558年他入选英国议会下院,在以后几十年里,与宇宙志学者、商人、渔夫和其他旅行者接触较多,并从他们那里获得了大量有关贸易、殖民、外交与探险的信息。作为商业公司的顾问和律师,他积极鼓动英国人到北美从事殖民活动。1570年以后,他开始对贸易和地理学产生兴趣,并就贸易谋略问题劝说俄罗斯公司到中国冒险。1581年,他向新土耳其公司(Turkey Company)提供咨询,后来还向马丁·弗罗比歇爵士和汉弗莱·吉尔伯特爵士提出关于纽芬兰等北美殖民事务的建议。1585年,雷利爵士提议到北卡罗来纳离岸的外滩群岛(Outer Banks)①开展殖民活动,大理查德借助两个小册子

---

① 这是一道长约200英里的障壁,由一串半岛和堰洲岛(Barrier Island)组成,位于现今美国东海岸弗吉尼亚海滩东南角,把大西洋与大陆的北卡罗来纳区隔开来。

为雷利爵士的北美殖民冒险作宣传。后来,尽管小理查德的影响远大于大理查德,但毋庸置疑的是,小理查德之所以选择学术和文学,尤其将毕生精力用于研究地理学和探险史,关注英吉利民族的北美探险与殖民,都与大理查德的影响和引导分不开。

1570年,小理查德在高尚皮革公司的资助下,进入威斯敏斯特学校(Westminster School)学习,先后取得文学学士和硕士学位。该校是英国主要的私立学校之一,又叫圣彼得皇家学院(The Royal College of St. Peter),其历史可溯及12世纪后期(1179年)。在这所以悠久学术传统而著称的学校里,小理查德·哈克卢伊特度过了七年时光,他如饥似渴地搜寻、阅读,接触了大量用古代和现代语言写成的有关海上航行与发现一类的出版物,奠定了其殖民思想的初步基础。1577年,他一边在牛津大学基督学院(Christ Church, Oxford)[①]接受教育,一边运用"历史的眼光"发表公开演讲,向人们传授数学和地理学方面的知识,意在鼓动国人投身于他所热心宣传的海外殖民活动。1578年,他被任命为牧师,同时还从"高尚织工公司"(Worshipful Company of Clothworkers)领取津贴,潜心于神学研究。一生中,他只去过欧洲大陆一次,那是他作为驻法大使爱德华·斯塔福德爵士(Sir Edward Stafford)的随行牧师和秘书对法国的造访,而这次旅欧经历为他接触大陆学者提供了便利,也为他了解其他民族的探险与殖民活动提供了条件。

哈克卢伊特在法国停留期间,根据枢密院成员兼国务大臣弗朗西斯·沃尔辛厄姆爵士(Sir Francis Walsingham)的指示,搜集了大量有关西班牙与法兰西在美洲发现方面的信息。后来,他担任国务

---

① 牛津主教区的主教座堂,牛津大学最大的组成学院之一。

大臣罗伯特·塞西尔爵士(Sir Robert Cecil)的私人专职牧师,后者为他从事地理学研究提供了许多帮助。他还充分利用自己的特殊身份,与那些最重要的船长、最伟大的商人和最娴熟的水手保持密切联系,这就为他的著述活动创造了极好的条件。斯图亚特王朝(Stuart Dynasty)初期,他积极推动"伦敦弗吉尼亚公司"(Virginia Company of London)和"普利茅斯弗吉尼亚公司"(Virginia Company of Plymouth)到北美大陆弗吉尼亚的殖民活动。1582年,他发表了处女作《关于美洲发现的几次航行》。这部涉及航行发现的出版物,是献给军人、外交家兼诗人菲力浦·悉尼爵士(Sir Philip Sidley)的著作,而它的出版引起了海军司令威廉·霍华德(William Howard)和爱德华·斯塔福德爵士的注意。正是在这部航行发现著述中,他提出了英国人对于尚未被西班牙、葡萄牙等国家占领的北美地区远征探险的权利要求。哈克卢伊特打出新教旗帜,鼓舞国人前往海外,分享美洲的利益。① 他指出:"让我惊奇的是,自美洲第一次发现(经历了90年时间)以来,西班牙人、葡萄牙人进行了大肆征服与殖民,我们英格兰从未幸运地在这片未被他们占有的剩余地方扎下根来,这里却是富饶与温和之所在。但是此刻,我认为向所有人提供了机会,人们看到葡萄牙人的时代将成为过去,西班牙人的真面目和他们长期隐藏的秘密现在最终被揭开……我有一个巨大的愿望,就是时机已经来临,正是我们英格兰人参与分享葡萄牙人和西班牙人在美洲和其他尚未被发现地区的时刻。"② 在这里,他明确提出了英国人参与海外殖民扩张的权利要求,表达了英吉利民族积极

---

① David Armitage, *The Ideological Origins of the British Empire*, Cambridge: Cambridge University Press, 2004, p.64.
② E. G. R. Taylor, *Tudor Geography, 1485—1603*, London: Methuen, 1930, p.139.

寻求海外利益的强烈愿望。

哈克卢伊特是一个孜孜以求推动向西殖民的学者。如果说莫尔是英国民族国家形成时期最早具有殖民倾向的人文主义思想家，那么，哈克卢伊特就是英国最早明确提出向西殖民意图的帝国主义者。"应令人崇拜的先生、现为骑士的沃尔特·雷利爵士的要求和吩咐"，1584年他发表著名的《向西殖民论》(*A Discourse Concerning Westerne Planting Written in the Year 1584*)。为了促使伊丽莎白一世以及国人向西航行探险，并与欧洲其他列强展开海外殖民竞争，以分享大航海时代海外地理探险和发现的成果，他在这部探险史著作的第10章中，详细列举了若干重要理由，涉及北美大陆的殖民扩张，包括：

第一，这条向西到北美大陆的航路既不太长，也不很短，殖民者一年四季可以往来几次。第二，由于这条航路不靠近欧洲其他君主控制的贸易区，也不接近任何国家或管辖区，在安全问题上有充分的保障。第三，这条航路可以将英国的贸易活动引入直布罗陀海峡、丹麦国王统治的海峡范围，以及挪威与俄罗斯诸港口等，以扩大英国的贸易区域。第四，如果在这条新航线中用商船运输本国的财富，既不会像西班牙船只那样径直地驶入英国西部的港口，也不会被狂风暴雨轻易地驱入任何外国的港口。第五，只要英国人适时地到那里安置和移民，女王就可以获得优良的皇家港口、优质的桅杆原木、造船和建设强大舰队所需的上好木材，以及不可缺少的沥青、焦油、大麻等原料。第六，外国商品不缴纳关税就无法进入英国，而且所有舶来品都必须令英国臣民喜爱。如果在国内大宗购买舶来品会使英国陷于贫困的话，那么可以在海外购买便宜的外国商品，这样就会使人们感到获利，也节省了英国的财富和资源。第七，如果海边可以产盐,内地可以酿酒、磨油,生长橘子、柠檬、无花果等,还可以炼铁的话,那么英国人将会使法国人、西班牙人、葡萄牙人感到羞辱,并削弱他们的财富和力量,大量节省本国的财富和资源。第八,通过向那里移民,英国人可以移植虔诚的宗教及其信徒,扩大基督福音的荣耀。第九,如果新开辟地区发生战争,而英国人给以必要的人力、物力的投入,那么年轻人就能获得在严酷战争中锻炼的机会,许多人参战既可以保卫自己的海外同胞,又可以保卫国内人民。第十,那里能使到处流浪、扰乱秩序的英国乞丐平息下来,使他们接受良好的教化,并为他们创造幸福的家园,还可以使那些不可能生活在英格兰、却又智慧超群、秉赋各异的人们,免于在国内被送上绞刑架,让他们到殖民地成长,为自己的国家效力。[1] 英国向北美大陆移民,还可以摆脱对欧洲市场的依赖;人们的一切生活与生存需要,在北美洲都可以得到满足。这就是16世纪最后25年中发展起来的英国殖民扩张思想的核心内容,而哈克卢伊特正是这种思想的宣传家。[2]

当然,哈克卢伊特并不是第一个以著述推动地理探险和海外殖民的英国人,当时对海外事业感兴趣者颇多,不仅有航海家、商人和科学家,也有政治家、金融家和经济学家。其中,约翰·迪博士就运用科学知识帮助国人先后深入大西洋去探索东北航线和西北航线;汉弗莱·吉尔伯特爵士在1576年刊行的《演说辞》(*Discourse*)中深

---

[1] Charles Dean (et al. eds.), *Documentary History of the State of Maine* (24 vols., 1869—1916, Collections of the Maine Historical Society, 2nd Series), II. pp. 152-161, in D. C. Douglas (ed.), *Historical Documents*, IX (American colonial documents to 1776), New York: Oxford University Press, 1969, pp. 103-106.

[2] G.R.波特编:《新编剑桥世界近代史》第1卷(文艺复兴),张文华、马华译,中国社会科学出版社1999年版,第615页。

信,只要发现西北航路就可以用更短时间到达东方,因而他主张朝西北方向去探寻北方航道,并鼓吹为增进对外贸易和增加就业机会而殖民北美。① 伊丽莎白女王非常欣赏吉尔伯特的帝国主义论,还于 1578 年授权他"去发现、探测、寻找和考察那些遥远的、异教的、蛮荒的,并且未被任何其他基督教君主或人民占有的土地、国家和领地……"②

耶稣会士理查德·威尔斯(Richard Willes)是一位活跃于 1558—1573 年间的作家,他曾赴法兰西、德意志、意大利等地游学,回国后竟然宣布放弃天主教,转而承认伊丽莎白女王的英国国教会(Church of England)至尊管理者地位。1577 年,他编辑出版三卷本《西印度和东印度旅行记》(*The History of Trauayle in the West and East Indies, and Other Countreys Lying Eyther Way Towardes the Fruitfull and Ryche Moluccaes*)。翻译家托马斯·尼古拉斯(Thomas Nicholas)活跃于 1560—1596 年间,他曾受利凡特公司雇用,在女王玛丽一世(Mary I)去世前一度定居于西属加那利群岛(Canary Islands)③的帕尔马(Palma),后因信仰问题数度被西班牙人投入监狱。获释后回国,他出版了几种西班牙文译著,其中包括史学家弗朗西斯科·洛佩兹德·戈马拉(Francisco López de Gómara)撰写的《征服西印度趣史》(*The Pleasant Historie of the Conquest of the West Indies*)。该著作记述了 16 世纪早期西班牙殖民者埃尔南

---

① W. D. Hussey, *The British Empire and Commonwealth, 1500 to 1961*, Cambridge: Cambridge University Press, 1963, p.4.
② M. C. Fuller, *Voyages in Print: English travel to America, 1576—1624*, Cambridge: Cambridge University Press, 1995, p.16.
③ 位于离开非洲西北海岸 130 公里远的大西洋海域,与西班牙相距 1100 公里。13 世纪时热那亚等水手到此,15 世纪初西班牙人要求对其行使所有权。

多·德·科尔特斯(Hernando de Cortez)对墨西哥的探险与征服。还有,布里斯托尔的约翰·弗兰普顿(John Frampton)是伊丽莎白时代侨居西班牙的旅行家兼翻译者,他曾从事塞维利亚(Sevilla)到布里斯托尔的批发贸易,后遭西班牙宗教法庭迫害,他的船只和货物悉数被没收,人身自由受到限制。① 塞维利亚位于伊比利亚半岛南部、瓜达尔基维尔河下游,是西班牙唯一有内河港口的城市。哥伦布发现新大陆后,塞维利亚宣称对大西洋拥有垄断权,这里曾设有"印度群岛交易之家",垄断着西班牙的海外贸易。1567年,弗兰普顿逃离西班牙南部港市加的斯(Cádiz)后,开始从事西班牙文著述的翻译工作,1577年翻译出版西班牙医生和植物学家尼古拉斯·鲍蒂斯塔·莫拉兹(Nicolás Bautista Monardes)的最重要著作《来自新发现大陆之喜讯》(*Joyfull Newes out of the New Founde World*)。此外,英国军人兼探险家马丁·弗罗比歇爵士也有不少于五种关于北美殖民活动的记叙性故事书籍面市。②

16世纪80年代之前,尽管英国人已经赴海外探险、经商或旅行,许多专业人士对海外事业兴趣日益浓厚,还留下了一些有价值的著述,但是进入16世纪80年代后,北美殖民活动的前景依然难以预料,除非那里拥有不断补充的劳动力来源,而且必须为这些人找到解决路费的办法,否则殖民地就很难建立,也无法持久存在。当时,英国殖民主义者刊印了许多小册子,不同程度地强调开发殖民地对于英国未来的意义,赞扬投资与移居新大陆的种种好处。可是

---

① Carmine G. Di Biase (ed.), *Travel and Translation in the Early Modern Period*, Amsterdam & New York: Rodopi, 2006, p.103.
② Samuel Eliot Morison, *The European Discovery of America: The northern voyages, A. D. 500—1600*, New York: Oxford University Press, 1971, p.565, pp.555-556.

就系统性或深度而言,还没有哪一位学者的同类著作胜过哈克卢伊特的《向西殖民论》。哈克卢伊特并不是那种孤陋寡闻、学识浅薄的旧教士,而是一个广闻博见、思想活跃的新教徒,这就决定了他对英国海外事业的思考和推动远超一般人。不管女王是否赞成,他都坚定地认为,到北美开展殖民活动,不仅涉及私人事业,而且事关国家的利益和前途。他说过:"对我们国家的热爱,克服了一切艰难险阻。"①16世纪的英国,像哈克卢伊特这样热衷于推动地理发现和殖民活动的僧侣并不多见,他始终把注意力集中于最重要的航海活动和殖民扩张事业,十分重视英帝国的创建。虽然他不是一位游弋于海上的探险家,但他的毕生努力都是为了让英国人能充分认识到海洋的真正价值,并切实推动英吉利民族的殖民主义。有时,他旅行200多英里,只是为了搜集最后一位纽芬兰航行发现幸存者的故事。同时代人盛赞哈克卢伊特的勤勉,甚至把他比作"在那开着杂花的草地上最最忙于钻穴打洞的鼹鼠",正如伊丽莎白时代著名诗人迈克尔·德雷顿所赞颂的那样:

> 勤奋的哈克卢伊特,
> 你就搞你的航海故事!
> 人们听了你的话语
> 将会起来追求荣誉;
> 还将称颂你的懿德
> 把你作为师表于万世。②

---

① A. L. Rowse, *The Expansion of Elizabethan England*, London: Macmillan, 1955, p. 158.
② 范存忠:《中国文化在启蒙时期的英国》,上海外语教学出版社1991年版,第7页。

作为探险与发现的地理学家和编年史家,哈克卢伊特勤奋搜集,潜心笔耕,其用意就是为推动国人向西拓殖新大陆提供一切必需的知识。关于北美殖民活动,他曾给汉弗莱·吉尔伯特爵士提出忠告,并为沃尔特·雷利爵士的探险活动做了大量工作。后来,他成为雷利爵士的弗吉尼亚公司董事,也是国王詹姆斯一世(James I)授予特许状的四个人之一,为推动弗吉尼亚殖民活动做出了重要贡献。

在探险方向的选择上,哈克卢伊特主张向西或向北探险,而不是朝东或朝南航行,这也是从都铎初期开始的惯例。意大利航海家约翰·卡波特当初接过亨利七世颁授的特许状时,就是率领探险队朝北大西洋而去,为英王室探索北方航线的。为了避开南方在非洲沿岸进行殖民活动的伊比利亚人的势力,从这个时候起,英国海外探险的范围主要就是越过北大西洋的北美地区,难怪英国人关于航行探险史研究都与北方航路的探险有关。探险家从事海外活动离不开地理学知识,正如他们需要魄力、冒险精神和个人名誉一样,他们必须知道要到哪里去、消费什么、生产什么、经营什么,以及当地的民族特性、气候条件和生活习惯等。哈克卢伊特写作《向西殖民论》,既是为了直接推动雷利爵士正在从事的弗吉尼亚冒险活动,为国人开拓北美殖民地作辩护,又是为了论证向西探索航行进而殖民新大陆的必要性和可能性,从而为第一英帝国的建立提供理论依据,正如作者所表述的那样:

> 为了扩张经过改革的宗教。
> 为了取代英国其他贸易,由于西班牙,这些贸易已变得"少得可怜或危险"。

为了从英国自己的管辖区获得必需品,而不从国外获得它们。

为了使"大量的无所事事的人"就业。

为了在与西班牙开战时提供海外基地。

为了扩大女王的岁入,并加强皇家海军。

最后,也是长期努力的——为了发现西北航线。①

为了劝谏伊丽莎白女王相信新大陆物产丰富、气候温和,那里适宜英国人去殖民,哈克卢伊特这样写道:由于"移民一直被称为是一种在必然出现的民族国家之间永恒的商业战争中的战略移动",而且殖民地可以提供英国所必需的自然资源和其他物资,英国将会征服其商业竞争对手,并"把他们赶出贸易领域,使其无所事事"②。他不但回顾了佛罗伦萨海盗、探险家乔万尼·达·维拉扎诺(Giovanni da Verrazzano)关于阿卡迪亚(Arcadia)③的描绘,法国航海家、开发加拿大先驱和圣劳伦斯河发现者雅克·卡蒂埃(Jacques Cartier)关于加拿大的记述,而且收集了大量有关航行发现的报道,试图证明新大陆对于英国未来前途的重要性。在详尽探讨了发展海外殖民事业对于英国呢绒产品出口作用的同时,他明确指出,如果用殖民地吸纳失业者,英国就可能供养得起五倍的人口,况且殖民者还要购买英国生产的呢绒产品,可见

---

① 引自 Samuel Eliot Morison, *The European Discovery of America: The northern voyages, A.D. 500—1600*, New York: Oxford University Press, 1971, p.558.

② D. C. Coleman, *The Economy of England, 1450—1750*, Oxford: Oxford University Press, 1984, p.57.

③ 现称新斯科舍(Nova Scotia)。位于北美大西洋海岸加拿大的最东端,包括加拿大的其他海滨省份,以及缅因和魁北克的一部分。法国人最早于1604年在此建立殖民地(法文称作 Acadie),18世纪初为英国人永久地占有。

这是一个广阔的、潜力巨大的市场。① 对于英国人用承载重量只有二三十吨的小船在不大的英吉利海峡之间航行来去的情形,哈克卢伊特感到极为不满,他声称:"我们要到大洋中去破浪航行,要在海上待上一个月或六个星期。这种长距离航行可以磨炼水手,并使他们了解航海的奥秘。"他坚持认为,殖民贸易将哺育出更熟练、更勇敢和更具有指挥才能的舵手和水手,英国非常需要这样优秀的水手和航海家,非常需要大吨位船,尤其是 200 吨以上的大船。他还预言说,如果借助于殖民地贸易,英国一定会拥有大吨位船,那样就可以切实加强本王国的海上防卫力量,获得最可靠的保证,以大力发展自己的海上贸易。"幸亏汉弗莱爵士,英国才能够很快地获得她在纽芬兰所必需的船舶用具,并建造 500 吨到 1 000 吨的大船"②。果真,到 1588 年时,英国已经有了这样的船舶,为赢得大海战的胜利准备了厚实的物质基础。当然这是后话。

1583—1588 年哈克卢伊特在巴黎逗留期间,阅读了大量其他民族有关航行发现和海上活动的书籍,出版了一些有关地理发现方面的著作,其中包括威尼斯地理学家、外交家兼旅行家贾姆巴提斯塔·拉缪肖(Giambattista Ramusio)的《航海与旅行》(*Navigations and Travels*)。该书于 16 世纪 50 年代出版,收录了约翰·卡波特的儿子塞巴斯蒂安·卡波特撰写的关于西北航线探险的文章。同时,哈克卢伊特重印了长期侨居塞维利亚的英国商人、军人兼地理

---

① Peter H. Ramsay, *Tudor Economic Problems*, London: Gollancz, 1963, p.69.
② Samuel Eliot Morison, *The European Discovery of America: The northern voyages, A. D. 500—1600*, New York: Oxford University Press, 1971, pp. 558 - 560.

学家小罗伯特·索恩(Robert Thorne, the younger)①分别给亨利八世和英国驻西班牙大使约克大主教爱德华·李(Edward Lee)②的信函,提出了开辟东北航线、西北航线或极地航线到达亚洲印度的建议。这两封信函1527年写于塞维利亚,哈克卢伊特将它们和一幅并不切实可靠的亚洲地图一起收入了他的著作《关于美洲发现的若干航行》,其用意依然是想激发国人到北美探险、开辟殖民地及发展海外贸易的兴趣。他指出,正如葡萄牙人和西班牙人所做的那样,"殖民地将生产无法在英国生产的原料。它们将使英国摆脱对外国商品的依赖。它们将为英国制造品提供市场。它们将为英国水手提供培训基地。它们既成为懒散的士兵和水手的输出渠道,又成为英国穷人和失业者的出口渠道。"③此外,他还出版了维拉扎诺关于北美大陆探险的考察报告(信函)。维拉扎诺长期效力于法王,他的名字是和16世纪法国的北美探险活动联系在一起的。1506年,维拉扎诺在法国港口城市迪耶普(Dieppe)开始航海家生涯,多次航行于东部地中海。此时,欧洲人已开辟了绕过非洲到达东方、绕过南美到达东方的两条海上新航路,它们都万里迢迢,又分别为西班牙人和葡萄牙人所控制。为寻找新的海上通道,与西班牙人、葡萄牙人展开贸易与殖民竞争,法王希望维拉扎诺能为法国开辟一条直达东方的、更便捷且

---

① 罗伯特·索恩曾投资于塞巴斯蒂安·卡伯特1526年的探险航行,1531年返回英国,他在身后留下一大笔财产。
② 爱德华·李曾与托马斯·莫尔的挚友伊拉斯莫就《新约》中的人文主义观点发生过争论。1526年开始效力于都铎王室,1529—1530年出使西班牙、意大利,为亨利八世与阿拉冈的凯瑟琳的离婚案进行游说,1531年起担任约克大主教。
③ D. C. Douglas (ed.), *English Historical Documents*, IX (American colonial documents to 1776), New York: Oxford University Press, 1969, p.102.

不受他人威胁的西北新航路。虽然维拉扎诺没有达到既定目标,但从他提交给弗朗西斯一世(Francis I)的考察报告中可以得知:1524年,他前往新大陆探索了卡罗来纳和纽芬兰之间的北美大西洋海岸,包括纽约湾(New York Bay)和纳拉干塞特湾(Narragansett Bay),从而成为继11世纪挪威人探险北美之后的欧洲第一人。为表达对法王的敬意,他把这一带称为"弗朗西斯卡"(Francesca),意即"新高卢"(Nova Gallia)或"新法兰西"(New France)。在给弗朗西斯一世的信中,维拉扎诺第一次令人信服地证明了北美大陆与其他大陆之间的关系。他指出,这一大片陆地,或叫新大陆,既不与亚洲、也不与非洲相连;或许通过挪威或俄罗斯,能与欧洲相连。哈克卢伊特就上述信函中有价值的部分,诸如英格兰可殖民北美地区、那里所需之商品、适宜运输之商品等内容,一一加以注释。1587年,他还编辑出版了意大利裔西班牙的人文主义史学家彼得·马特·德安吉尔拉(Pietro Martire d'Anghiera)①撰写的探险史著作《论新大陆八十年》(*De Orbe Nouo Decades Octo*)。该书是在巴黎面市的,其中包含一幅送给哈克卢伊特的铜版新大陆地图,在这幅罕见的地图上,署有F. G. 的字样,所指应是弗朗西斯·高尔(Francis Gualle)。关于北美"弗吉尼亚"的称呼,也在这幅地图上第一次出现。从地理与探险史的角度看,这部拉丁文著作具有极其重要的史料价值。

哈克卢伊特运用他手中的那支笔,以文学的形式,把英吉利民

---

① 西班牙国王斐迪南和女王伊莎贝拉的宫廷专职教士。依据书信、报告,他撰写了大量大航海大时代新大陆地理与发现方面的著述,涉及欧洲人与美洲原住民,加勒比地区、北美大陆、中美洲的原住民文明等。

族的探险和发现的业绩记录下来,载入了英帝国编年史。当代帝国史学者、哈佛大学教授阿米塔奇教授把英国文学和英帝国相提并论,认为它们"是英国文艺复兴的孪生子,是伊丽莎白一世统治时期知识和地理充分扩张的结果"①。我们有理由认为,16世纪后期哈克卢伊特"为英国人——为女王、她的大臣们、她的商人、她的船长,还有她的人民,作了建立帝国的心理准备"。美国著名史学家、博物学家和前美国国会图书馆馆长布尔斯廷(Daniel J. Boorstin)教授也直接明了地指出:"美洲是从理性经验开始的。"②对于英国人来说,1588年是一个值得纪念的年份,就在这一年,他们打败了长期以来一直对英国的安全构成威胁的西班牙"无敌舰队",有力地打击了伊比利亚人的海上霸权,这表明英国作为第一流海上强国的地位已悄悄地显现。此后,英国继续冲击西班牙的海外利益,英西之间的战争时断时续,并延及斯图亚特朝詹姆斯一世统治初期③,从而构成了十六、七世纪之交英国对外关系的重要内容。④ 正是在1588年,哈克卢伊特不但完成了他最重要的探险史著作《英吉利民族的主要航海、航行、贸易和发现》,而且回到了阔别五年之久的英国。第二年,

---

① David Armitage, *Literature and Empire*, in Nicholas Canny (ed.), The Oxford History of the British Empire, vol. 1 (The Origins of Empire: British overseas enterprise to the close of the seventeenth century), Oxford and New York: Oxford University Press, 1998, p.99.
② Josepher E. Illick (ed.), *America and England, 1558—1776*, New York: Appleton-Century-Crofts, 1970, p.3.
③ 1604年,即伊丽莎白女王去世的第二年,英国和西班牙签署《伦敦条约》(*Treaty of London*),双方停止战争。
④ Paul E. J. Hammer, "The Crucible of War: English Foreign Policy, 1589—1603", In Susan Doran & Glenn Richardson (eds.), *Tudor England and its Neighbors*, Basingstoke and New York: Palgrave Macmillan, 2005, p.238.

这部"一直被称为英吉利民族的散文体史诗"①在英国国内正式出版,大大丰富了英帝国编年史文库。

从亨利七世以来,英国人一直在寻找一条到达亚洲的捷径,他们朝北大西洋的西北方或东北方航行,主要是为了避开葡萄牙人和西班牙人对南大西洋和西部海域的垄断权,但成效并不明显,甚至可以说,基本上是以失败而告终。然而,如果编年史家对那些失败的海外探险感兴趣,并详尽记录像卡波特父子和许多商人的冒险经历的话,那么,都铎早期的殖民活动还是会给人留下深刻印象的。但遗憾的是,玛丽女王时期理查德·伊登(Richard Eden),一个布商的儿子,因受到伊比利亚国家榜样的刺激而进行写作时,都铎早期英国人远征的详情已经丢失殆尽了。到16世纪70年代,当伊丽莎白女王的统治地位获得巩固时,英国人才迎来属于自己的大航海时代;直到此时,他们才有可能突破探险航行一直遵循的传统方向。可是,当哈克卢伊特整理英国人海上航行与发现活动的业绩时,除却都铎早期一点零星的记录外,这位致力于描述和研究英吉利民族航行探险史的作家,却几乎什么可资利用的材料也找不到。他只能发出这样的悲叹:由于那个时代作家们的巨大疏忽,他们本该以更认真的态度来保存英吉利民族有价值的业绩记录。②

哈克卢伊特是英帝国的思想奠基者之一。如果说英帝国是英国民族国家形成时期不自觉发展的产物,那么可以说,对于哈克卢伊特而言,"他的发展生涯在很大程度上是不列颠帝国理性发展史

---

① Samuel Eliot Morison, *The European Discovery of America: The northern voyages, A. D. 500—1600*, New York: Oxford University Press, 1971, p.555.

② 参见 J. A. Williamson, *The Voyages of the Cabots and the English Discovery of North America under Henry VII and Henry VIII*, London: Argonaut Press, 1929.

的开端";"他的一生,从 1552 年到 1616 年,与一个庞大的英格兰的兴起相伴随,英格兰把帝国的触角伸到了东方和西方。"①总之,他的殖民思想反映了英吉利民族崛起的客观事实,也表达了英国人要求分享殖民扩张权的帝国主义愿望。正是这种权利要求,促使他们在 16 世纪后期开始挑战并逐步打破伊比利亚人的殖民垄断权,在此基础上去拓展英吉利民族的海洋帝国。

三、培根的"海上帝国"殖民论

十五、十六世纪的欧洲从沉睡的中世纪醒来,开始向现代社会过渡。在社会转型时期,由文艺复兴、宗教改革、新君主制、地理大发现和原始积累等一系列影响历史发展进程的大事相伴随,欧洲给教权主义、普世主义和封建主义的中世纪原则带来前所未有的大震荡,并为个人主义、民族主义、资本主义和冒险精神提供了极好的机遇。随着一个个民族国家的形成,人们在好奇心、物质欲和宗教信仰的驱使下,以一种从未有过的冒险精神,急于摆脱中世纪的枷锁,一往无前地迈出了传统的地中海,走向了无边无际的大西洋。

对欧洲人而言,15 世纪是大航海的起点。到 15 世纪即将结束时,他们已经绕过非洲最南端,横渡大西洋,开辟了通往东西两半球的新航路,并发现了为旧大陆所完全不知的美洲新大陆。随着海道大通的实现和精神领域与物质领域探索的进展,欧洲在哲学、艺术、文学与实验科学上,以及在贸易、航海和殖民诸方面,后来居上,超

---

① A. L. Rowse, *The Expansion of Elizabethan England*, London: Macmillan, 1955, p.159.

越了东方世界,开始保持领先的地位。当时,不论是冒险家还是思想家,也不论是商人还是政治家,似乎都没有意识到,海外发现对于欧洲或整个旧大陆究竟意味着什么。然而,那些由水手、商人和贵族组成的航海家、冒险家所完成的业绩,将人类文明推进到一个新的时代。

从15世纪后期起,在人文主义和民族主义的召唤下,英国人紧追伊比利亚人的脚步,积极争取英吉利民族向外发展的所谓"均等机会",试图通过地理探险和殖民扩张,造就一个新的英格兰。经过大约一个世纪的追赶,到16世纪后期,他们初步具备了挑战伊比利亚殖民垄断权的能力,尝试到北美新大陆去拓展殖民地,实现大洋扩张和殖民帝国的梦想。客观上,民族主义和殖民思想的发展,推动了英吉利新兴民族国家的壮大。如果说16世纪初期基督教人文主义思想家托马斯·莫尔为解决"过剩人口"等社会问题而提出移民海外的殖民主张,16世纪后期探险与探险史学家理查德·哈克卢伊特在英国战胜西班牙"无敌舰队"前后,已经全面地阐述了英国殖民北美大陆的可能性与必要性,那么16—17世纪之交的经验主义者培根则把前人发财致富、民富国强的现代殖民主义,发展成为一种带有强烈扩张主义倾向的帝国思想。

弗朗西斯·培根出生于伦敦临河街一个新贵族家庭,他的祖父罗伯特·培根(Robert Bacon)曾担任爱德蒙兹大寺院(Bury St. Edmunds)管家。由此,他父亲尼古拉斯(Sir Nicholas Bacon)得以到剑桥大学接受了良好的大学教育。后来,尼古拉斯又借助于16世纪30年代的新教改革,购买了爱德蒙兹大寺院所属的几处庄园。伊丽莎白女王统治时期,他被任命为掌玺大臣,并受封为骑士。弗朗西斯是尼古拉斯最小的儿子,由于身体方面原因,他的启蒙教育是从家庭开始的。1566—1569年,约翰·沃尔萨尔(John Walsall)担任培根的家庭老师。这是个具有清教倾向的学者,毕业于牛津大学的基督学院。12岁那年,培根进入剑桥三一学院(Trinity College, Cambridge),和他哥哥安东尼·培根(Anthony Bacon)一起,接受约翰·惠特吉夫博士(Dr. John Whitgift)即后来的坎特伯雷大主教的指导。离开剑桥大学后,培根访问了法国的布卢瓦(Blois)、普瓦提埃(Poitiers)、图尔(Tours)等几个城市,还游历了意大利和西班牙,这些经历对于他走进上流社会很有帮助。培根曾致力于法律和政治的研究,当过议员,做过皇家法律顾问、掌玺大臣、首席检察官和大法官,可谓平步青云,为英王政府服务数十年,还先后受封为骑士、男爵和子爵。不过,他奉承权势、曲意逢迎,后又因受贿而受到上院的审判,遭到罚款和拘禁的处罚,在不光彩或羞辱中结束了自己的政治生涯。然而,走出皇家监狱伦敦塔(Tower of London)后的培根,没有一蹶不振,而是迅速转向他为了功名而中断的学术活动。在科学研究上,培根大胆求索,勤奋笔耕,成为颇有建树的学问家,创立了经验归纳法,并为后世留下了《论说文集》、《亨利七世本纪》、《古今格言》、《新工具》等著述。他正是通过其精湛的学问,为自己赢得了崇高的学术地位,成为了西方哲学史和科学史上划时代的人物。

　　长期以来,由于英吉利民族一直为混乱的无政府状态所困绕,人心思治就成为他们的目标,他们对从内战硝烟中建立起来的都铎朝的服从与认同,无疑是渴求政治统一的民族国家意识的反映。作为文艺复兴时代的产儿,培根关注国家的长远利益,把物质发展和人口增长的关系看成是攸关民族命运、国家前途的大问题。他强调指出,人口增长的速度应当与物质消费的水平相适应,不劳动阶级的人口增长与劳动的供养能力应当保持平衡,否则国家就会贫困,国力就会削弱。培根时代,英国已渡过都铎朝前期的困难,逐渐增强了综合国力,对外殖民扩张活动也有了进一步发展。与其他殖民主义者被动式扩张论不同,他主张英国积极主动地向外拓殖,这种帝国思想的核心是要达成以下两个基本目标:一方面是要转移国内的人口压力和其他的社会矛盾,以此增强政治凝聚力,抵消由内耗造成的离心力;另一方面则是增强国家抵御外来威胁与干涉的力量,建立英吉利民族的"海上帝国"。在《论邦国底真正伟大之处》一文中,他就明确表达了反分裂、求统一的爱国立场。他指出:"内战真有如患病发热;但是对外作战则有如运动发热,是可以保持身体健康的;因为在一种偷惰的和平中,民气将变为柔靡而民德将变为腐败也。"[1]在对待海外殖民扩张问题上,他的态度更为鲜明,认为海上优势是一国力量强大的重要标志,英国只有掌握了海上霸权,才能像西班牙和葡萄牙那样,建立一个庞大的殖民贸易帝国,进而去分享大航海时代东西印度的巨量财富。显然,他在对外殖民问题上倡导的是一种不加掩饰的帝国主义,逻辑很简单,如他所说的那样,"就是握有海上霸权的一方是很自由的,在战争上是可多可少,一随己意的。"[2]

早期殖民活动的发展,促进了英国人对殖民的认识。16世纪初期,英国的殖民扩张尚处于探险与发现的尝试阶段,他们刚迈出国门,离真正建立现代殖民制度还有很远距离,难怪莫尔时代的英国人对殖民地本身的认识基本上还处于模糊不清的推测阶段。不过,

---

[1] 弗朗西斯·培根:《培根论说文集》,水天同译,商务印书馆1983年版,第114页。
[2] 同上书,第115页。

随着时间推移和海外殖民活动的发展,他们的殖民意识和殖民行为都在发生变化。到 16 世纪 70—80 年代,英国的政治家、学者、商人和冒险家最关心的是应当在什么地方建立殖民地、而不再是要不要建立殖民地的问题。在哈克卢伊特等一大批殖民思想家的鼓动下,英国人积极推进北美新大陆的殖民活动,他们希望通过向西拓殖,挑战西班牙和葡萄牙独享的海外殖民垄断权。到了都铎朝末期和斯图亚特朝早期,要不要和在哪里建立殖民地的问题已经解决,现在的问题是如何建立殖民帝国。培根不但积极参与国家的政治生活,长期为都铎和斯图亚特王室效力,而且在海外殖民问题上,从英国的国家利益出发,提出了许多独到的见解:

第一,培根把殖民地形象地比喻为古代诸王国再生过程的组成部分[①],为英国创建海上帝国寻找历史依据。

在《培根论说文集》(*Essays*,1597)之篇目"论殖民地"(On Plantations)中,他曾明确指出:"殖民地是古昔的、初民的、英雄的工作之一。当世界还在年少的时候,它生了许多的子女;但是它现在老了,所生的子女也就少了,因此我不妨说新的殖民地乃是旧有的国家的子女也。"[②]在《新大西岛》一文中,他还生动描述了人类早期活跃的航海活动,其目的就是要让国人相信,今天的海上事业不但拥有深厚的传统基础,而且是一种利国利民的美意善举,必然有助于英国的社会进步。他指出:"你们应该知道,不过也许是你们所不相信的,那就是大约在三千年以前或者还要更早,世界的航行,特别是远方的航程比现在还要频繁。你们不要认为我并不知道近六十

[①] D. C. Coleman, *The Economy of England*, 1450—1750, Oxford: Oxford University Press, 1984, p.57.
[②] 弗朗西斯·培根:《培根论说文集》,水天同译,商务印书馆 1983 年版,第 122 页。

年来你们的航运增加了多少,这在我是很清楚的,但是我还要说那时比现在还要频繁;不管是不是由于人类的劫余被方舟自洪水救起的先例,使人对水上的冒险增加了信心,或者还是由于别的,不过事实确是这样的。腓尼基人,特别是泰雅人,有巨大的船队。迦太基人还有他们远在西方的殖民地。在东方,埃及和巴勒斯坦的航务也同样很发达。中国和伟大的大西岛(你们叫作美洲),现在还只有舢板和独木舟,那时却已经有很多的高大的楼船。这个海岛根据那时确实可靠的记载,有一千五百只容量很大的船。所有这些,在你们也许记得的很少,或者根本不记得了;而我们却知道得很清楚。"[1] 不过,我们在这里应当指出的是,培根在宣扬他的帝国主义论时,完全没有考虑殖民运动将给殖民地人民所带来的现实痛苦和无穷贻害,这也是早期殖民主义者和其他西方学者无法诚实面对的政治伦理问题。

第二,在殖民地管理方面,培根提出了精英治理和长期经营的主张,反对竭泽而渔的短视行为。

虽然在殖民地点的选择上,培根的看法与莫尔相似,就是希望国人到荒漠的土地上去拓殖,但他的想法比莫尔在《乌托邦》中表达的模糊看法更趋成熟。他说:"我以为一个殖民地最好是在一片处女地上;那就是说,在那个地方殖起民来,无须乎因为培植新者而拔除旧者。因为否则不算是殖民,倒成了灭民了。"他告诫人们,切勿尽图眼前利益,不可急功近利,对待殖民地要作长期打算,否则殖民地的开发和利用就会半途而废,前功尽弃。他说:"培植一个新国家有如造林,必须先打算好了预备折本二十年,到末了再获利。大多

---

[1] 弗朗西斯·培根:《新大西岛》,何新译,商务印书馆1979年版,第13页。

数的殖民地之所以毁灭,其主要的原因就是在殖民事业之初年底卑污而且欲速的取利。当然,如果迅速的利润能与殖民地底利益相符,那自然是不可忽视的,但应以此为限,不可多求。"①他还告诫人们,殖民地政府不可依靠过多的居留在母国的议事官和司长、委员之流,这些人的数量应该适中才好,不可太多;而且他们最好是贵族、绅士,而不是商人,因为商人看重的是眼前之利,缺乏长久考虑。由此看来,在培根理想的殖民思想中,浸透着柏拉图精英治国的理念。他认为贵族精英依然是国家的栋梁,也是殖民地开发的中坚,因而他反对官方的过多干预,提出要发挥贵族和绅士在殖民地开发上的作用。直至殖民地根深蒂固以前,殖民地"不但要不受关税底束缚,还要使殖民地底人有把他们底物产运到可以获得最丰的地方去底自由——除非是有特殊理由应当防止这种情形。不要太快地一批又一批送移民到殖民地去,以致有人满之患。反之,应该留意殖民地底人口之减少而按比例补充之;但是务要使殖民地底人可以安居乐业,而不可使他们因为人数过多而陷于贫乏。"②他进一步认为,殖民地应当拥有贸易自由,对待殖民地,杀鸡取卵的做法不可取。然而,等到"殖民地底力量增强之后,就可以不但移殖男子,妇女也可以去了;这样那殖民地就可以世代蕃衍下去而不至于永远由外面补充了。在一个殖民地已经有进展的时候而弃绝之乃是世界上最大的罪恶,因为这不仅是一种耻辱,而且是一种残杀了许多可怜人的杀人罪也。"③

---

① 弗朗西斯·培根:《培根论说文集》,水天同译,商务印书馆 1983 年版,第 122—123 页。
② 同上书,第 125 页。
③ 同上书,第 126 页。

第三，培根主张英国人应在大陆复兴人类对自然的统治，在海外建立一个"人类帝国"①。

在向现代社会转型时期，欧洲出现了三大政治幻想小说，除了莫尔的《乌托邦》外，还有托马索·康帕内拉（Tommaso Campanella）的《太阳城》（*Civitas Solis*）和培根的《新大西岛》（*The New Atlantis*, 1623）。② 康帕内拉是意大利哲学家、神学家和占星学家，他于1601年完成的《太阳城》这部作品中，采用乌托邦著作的惯用对话体裁，把太阳城安置在印度洋中的某个小岛的一座高高的小山上，并以太阳、月亮、水星、金星、火星、木星、土星七个星球为太阳城的七个城区命名。康帕内拉关于太阳城的构想，反映了意大利下层人对幸福生活的渴望和追求，但它不免带有中世纪的痕迹，就是浓厚的宗教色彩和神秘主义因素，以及其他非科学的成分。

像莫尔和康帕内拉一样，培根晚年写过一部未完成的乌托邦式作品《新大西岛》。作者虚构了一个国家叫"本色列"（Bensalem），它是新大西岛上的理想国，坐落于秘鲁和日本之间。他指出："我们所说的这个大西岛上的国家，和秘鲁（当时叫作柯亚）、墨西哥（当时叫作泰兰贝耳）都是富强的，有强大的武力、无数的船舶和大量的财富。"③在培根设计的理想国里，科学主宰一切。本色列作为科学的乌托邦，是他对北美新大陆想象的结果，也是他所倡导的科学"伟大复兴"信念的反映。他充满热情地描绘这个和谐、繁荣、安全与舒适

---

① Sarah Irving, *Natural Science and the Origins of the British Empire*, London: Pickering & Chatto, 2008, p.64.
② Atlantis，音译为亚特兰蒂斯，意译为大西洋岛、大西国，或大西洲。据古希腊哲学家柏拉图的《对话录》所载，约公元前1600年左右，该岛毁于地震和水灾，突然没入大西洋。
③ 弗朗西斯·培根：《新大西岛》，何新译，商务印书馆1979年版，第14页。

的新大西岛,他的意图非常明显,就是要强调"帝国抱负总是与海洋联系在一起的"①,并为英国人树立一个榜样,以此强调殖民北美的合理性,从而为其海上帝国的主张作辩护。从《新大西岛》中,我们还可以看到,培根对新大陆的情况颇为熟悉:"你们对于美洲人口的稀少,对于那里人们的野蛮和愚昧不要感到惊奇。你们应该知道,美洲的居民是一个年轻的民族,至少比世界其他各民族年轻一千年,因为在世界大洪水和他们那次部分洪水之间已经过了很久的时间。在他们山上劫后留下来的可怜的人类,重新慢慢地、一点一点地在那个地方定居下来,他们是简单的野蛮人(与挪亚和他的儿子是地上的唯一家族不一样),不能给他们的后代留下文字、技艺和文明。他们像在山上住着的时候一样(那些地方特别冷),习惯于披着那里有的虎皮、熊皮和长毛的山羊皮。"②像莫尔、哈克卢伊特等学者一样,培根作为一个帝国主义理论家,同样把新大陆看作是英国拓展海外殖民地的理想场所。基于历史与现实的基础,他在《新大西岛》这篇短文中,提出开发和利用美洲殖民地,以及开创和维护海外帝国的主张,其中既有强国富民的爱国主义因素,也有希望通过建立英帝国来谋求海上霸权的帝国主义成分。

培根不仅是英帝国启动时期重要的殖民理论家,也是英帝国启动的直接参与者。他身体力行,曾把钱投资于一家公司,意图使得北美大陆的纽芬兰殖民化,即使该公司不成功,他也毫无悔意。这正如他自己所说的那样:"你必须作好几乎失去20年利息的思想准

---

① 肖厚国:《古希腊的思想与历史:自由职业古典探索》,上海人民出版社2010年版,第182页。
② 弗朗西斯·培根:《新大西岛》,何新译,商务印书馆1979年版,第15页。

备,而希望获得最终的回报。"①而事实上,培根本人就是弗吉尼亚公司和纽芬兰公司的重要成员,他在弗吉尼亚、卡罗来纳和纽芬兰等殖民地的创建中,曾经起过重要作用。②

在英国殖民扩张的问题上,培根不再像早期殖民思想家那样以减轻人口压力、寻找贸易市场为借口,抑或是以争取英国人的自由平等权为托词,而是明确提出了建立海上帝国的扩张政策,而这种殖民主义思想完全符合早期民族国家体现出来的排他性和扩张性的基本特征。对于英国人而言,殖民扩张是一项多阶层参与的冒险活动,但在培根的殖民思想中,贵族理想占有重要地位,这明显与其新贵族家庭背景分不开。可以说,培根家庭从政治上到经济上,再到宗教上,都与都铎王朝确立起来的新的经济、政治秩序息息相关。由此我们不难理解,培根在探讨殖民与帝国的问题时,何以忽视商人而特别重视贵族的作用。英国早期殖民思想的发展轨迹,以及造成这种结果的主要促成因素,可以归结为社会转型时期新贵族对专制王权的依附性,还有英国人在打败西班牙海上霸权后得以增强的民族自信心。这些就构成了培根的海上帝国殖民论形成的客观前提。他的海上帝国殖民思想和哈克卢伊特的向西殖民论一样,强调要优先解决国内的社会问题,为殖民新大陆提供合理基础,彰显英吉利民族的优越感,具有鲜明的现代殖民主义色彩。

---

① T. O. Lloyd, *The British Empire, 1558—1983*, New York: Oxford University Press, 1984, p.16.
② Sarah Irving, *Natural Science and the Origins of the British Empire*, London: Pickering & Chatto, 2008, p.23.

四、重商主义者的"商业扩张"殖民论

现代英国殖民思想与英国民族国家形成时期资本原始积累发展的趋势相一致,除了受到托马斯·莫尔、理查德·哈克卢伊特、弗朗西斯·培根等一批殖民主义、帝国主义理论家的影响之外,还通过多种形式表现出来,其中重商主义就是它早期的表现形态之一。英国是资本主义生产关系最早萌发的国家之一,也是重商主义理论和实践的策源地。十四、五世纪,封建主义在英国已经走到尽头,资本原始积累的过程已经开启。而在政治层面上,此时正值中央集权形成的阶段,代表英国民族国家利益的都铎新君主制,对内确立起专制王权的支配地位,在对外交往中则表现出民族主义的倾向,追求国家的主权独立,排斥罗马教皇、神圣罗马帝国皇帝以及汉萨同盟等一切外来势力在英国享有的特权。这一阶段上,重商主义在英国成为基本国策,促进了资本的原始积累。在古典政治经济学起始阶段,重商主义作为商业资本的思想体系,试图批驳中世纪占主导地位的"公平价格"(fair price)理论,即:同一种商品对各个阶级按不同价格出售是公平的。重商主义否定这种以阶级特权为基础的经济伦理,为资本主义生产方式做合理的解释,由此也就为海外商业贸易和殖民扩张提供理论依据。

重商主义是资本原始积累时期西方占主导地位的经济思想和政策体系,它代表着商业资本的利益,尤其代表着同海外贸易和殖民运动相联系的商业资本的利益。在英国重商主义者看来,商业、贸易和殖民从一开始就是事关国家经济与政治利益的根本问题,因

此每一代都铎君主都把对外贸易、海上探险和殖民扩张视为增强国力和维持统治的有效途径。虽然这个时期的英国人已经意识到一个强盛的英国的未来在海洋[1]，但是由于个人力量不足，他们就像托马斯·霍布斯（Thomas Hobbes）所说的那样，"把全体人的意志化为一个意志"[2]，凭借象征专制权力的"利维坦"（Leviathan）的力量，去对抗北欧商人汉萨同盟在英国的贸易特权，去反对伊比利亚人在海外探险和殖民贸易中独享的世界霸权，以争取自己的海洋利益。

海权在现代国际关系和早期殖民扩张中居于举足轻重的地位，拥有海权就赢得了国家的发展权。主要由私人经营的内外贸易，既可以增加国内物质财富的积累，又可以服务于统治者的政治目标，还有助于争夺海权。海外贸易是获得和衡量海权的重要物质基础，在处理欧洲国际关系时，贸易自然就成为不可轻视的因素。在对外交往中，各国政府越来越重视对外商业贸易，并把它视为国家间竞争和左右国际政治的强有力武器。在对外经济贸易活动中，政府可以动用国家的力量，如征收关税、控制关税水平、实行贸易禁运等[3]，来达到维护本国经济政治利益的目的。就英国的情形来看，在皇家特许贸易公司创建的过程中，政府和私人公司存在着天然联系，王室掌握着颁发特许状的权力，私人贸易公司在对外贸易活动中求助于政府，借助皇家特许状，在特定区域内行使商业、贸易、发现和殖民方面的垄断权，王室也由此而攫取可观的经济利益。事实上，不论何种组织形式的贸易公司，都是国家特权与私人经济利益的集

---

[1] J. A. Williamson, *The Tudor Age*, London: Longman, 1979, p.31.
[2] 参见梯利《西方哲学史》（增补修订版），葛力译，商务印书馆1995年版，第303页。
[3] D. C. Douglas (ed.), *English Historical Documents*, IX (American colonial documents to 1776), New York: Oxford University Press, 1969, p.187.

合,也就是王室政府和商人之间的利益交换。对于利益攸关方来说,都因有利可图而走到一起。

原始积累时期,英国的重商主义者就是从这个角度来看待经济活动的。货币即财富,尽可能地多积累金银货币,这是他们的基本信念。他们认为,金银货币是物质财富的基本形态或唯一形态,一国的贫富程度,取决于该国保持的金银多寡,对外贸易是财富增加与积累的手段。为了巩固民族国家,维护国家安全,实现民富国强,重商主义者主张国家实行贸易保护政策,禁止或减少金银的输出,增加金银的输入,一方面通过对外贸易实现贸易顺差,另一方面建立殖民制度,禁止殖民地与其他国家的贸易往来。根据积累货币或金银的方法不同,英国的重商主义区分为早晚两个阶段:早期重商主义以威廉·斯塔福德(William Stafford)为代表,他针对新大陆发现以来大量贵金属流入欧洲,导致物价暴涨,"劣币驱逐良币",金银货币外流的现象,提出了关于贮藏货币的重商理论,主要包括两点内容:其一,由于含金量不足货币出现的原因是足值货币被国王赶到国外,反对劣币和提高法定货币成色是保持国内足值货币的重要手段;其二,进口外国商品非常有害,尤其进口本国能够制造的商品更是如此,这是导致货币外流的主要原因。在《对本国同胞若干不平意见之批判的论述》①一文中,斯塔福德坚持认为,一切购买都会使货币减少,一切销售都会使货币增加;为了大量积累货币财富,就必须运用行政手段来控制货币的运动。在经济贸易活动中,早期重商主义者要求绝对地多卖少买,禁止货币输出,增加商品输出,以增

---

① 1581年,这个小册子以 W. S. 的署名方式刊行问世,其作者究竟是谁,有多种说法,除威廉·斯塔福德外,还有威廉·莎士比亚、威廉·史密斯等,尚无定论。

加金银的积累,故而被称为"重金主义"(bullionism)或"货币平衡论"(balance of money)。

托马斯·孟(Thomas Mun)是晚期重商主义的代表,出生于伦敦的商人世家,他的祖父约翰·孟(John Mun)是皇家铸币局局长,父亲与祖父同名,为伦敦的棉制品商人。孟本人因参与地中海贸易赢得了金钱和声誉,并定居于伦敦。1615年,他当选为英国东印度公司(East India Company)的董事。由于早期重商主义者攻击东印度公司在对外贸易中大量输出货币,1621年他出版《论英国对东印度的贸易》一书,极力替东印度公司的行为作辩护。该书以后不断改写,1664年发表时取名为《英国得自对外贸易的财富》(*England's Treasure by Foreign Trade, or the Balance of our Foreign Trade is The Rule of Our Treasure*),简称《贸易论》。它还有个副标题,称"对外贸易平衡是我们财富增加的法则"。这是一部划时代的经济学著作,它不仅在当时引起了广泛注意,也获得了后人的好评。"现代经济学之父"亚当·斯密(Adam Smith)在《国富论》(*An Inquiry into the Nature and Causes of the Wealth of Nations*)中称它是一切商业国家政治经济学的基本准则,马克思更称其为"重商主义的福音书"。

关于货币在对外贸易中的意义,孟的理解比早期重商主义者更为深刻。他深感早期重商主义为"重金主义"所束缚,因而希望突破"多卖少买"和禁止金银出口的外贸原则。他认为,货币是商品的价格,并不是物质财富的唯一形态;购买商品是货币的正当用途,货币的增加,即意味着财富的增加;货币会产生贸易,贸易能增多货币;国内贸易只是对外贸易的辅助手段,外贸本身并不能使国家致富或贫穷;一国因购买他国的商品而受到削弱,反而加强了其竞争对手的力量，外贸却可以使人们从少买多卖的交易中获利，并使国家走向富强。根据孟的理解，外贸是使国家致富的正当途径，因而他反对"货币平衡论"，倡导"贸易平衡论"（balance of trade），指出"对外贸易是增加我们的财富和现金的通常手段，在这一点上我们必须时时谨守这一原则：在价值上每年卖给外国人的货物，必须比我们消费他们民族国家的为多。"①他进一步指出，重要的不在于把货币保存或储藏起来，而在于把它们投入到有利可图的对外贸易中，只要英国贸易的出口总额超过进口总额，取得有形的贸易平衡，就可以带来更多的货币。在《贸易论》这个小册子中，孟结合英国对东印度的贸易，并以威尼斯、佛罗伦萨、热那亚、荷兰、比利时等地的外贸活动为参照，详细探讨了贸易平衡论的若干问题。他主张英国应当取消货币输出的禁令，争取在对外贸易中的出超，增加商品的输出，减少对外国货物的消费，以外贸顺差的方式，实现财富收入的增加，从而使国家臻于繁荣。在书中第四章"输出我们的货币借以换得商品是增加我们财富的一种手段"中，他直截了当地指出："除了通过对外贸易以外，我们就没有其他手段可以用来获得现金，这是任何一个有判别力的人所不能否认的。"②其实，在推行重商主义的手段上，早期重商主义和晚期重商主义之间的差别并不大，目的都是为了国家的富强：前者主张把征收关税作为增加国库收入的一项重要措施，同时辅之以其他必要的立法和行政措施，即以国家暴力的办法增加金银货币；后者则主张实行保护关税政策，鼓励发展民族工商

---

① 托马斯·孟：《英国得自对外贸易的财富》，袁南宇译，商务印书馆1965年版，第4页。
② 同上书，第13页。

业，推行皇家特许状式的许可证制度，把海外探险、商业贸易和建立殖民地的垄断权授予商人、冒险家，大力推进英国的海外扩张。

在商业资本占主导地位的原始积累时期，英国的重商主义者把对外贸易看作是占有货币和增加财富的主要手段，他们对于发展海外贸易、扩张殖民势力和巩固统一民族国家，都采取了积极的支持态度。他们认为，贸易是财富的源泉，要积累货币、增加财富，就必须发展和扩大对外贸易；要扩大对外贸易，就必须借助于统一国家的强大力量，争取在海外竞争中的主动地位；要在对外贸易中击败竞争对手，就必须打破外国势力独占的殖民地和对外贸易的垄断权，并把英国建成一个独立自主、具有竞争实力的主权国家。作为民族国家形成时期的主导性经济政策，重商主义本身包含了旨在获得国内政治统一和巩固国家权力的一些经济措施。在这里，建立中央集权的民族国家被置于首要地位，这是国家强盛的政治基础；货币的、保护贸易的以及其他的经济措施，仅仅被看成是达到这种政治目的的手段。所以有一点不可忽视，就是采取暴力或国家干涉的方式，也成为重商主义理论的重要内容之一。[①] 因而，原始积累时期的重商主义是民族国家形成阶段各国政府所推行的经济干涉制度，其根本目的在于倚重强权，促进民族国家走向繁荣富强。固然，重商主义常常被人们理解为一种经济的原则或政策，但它在很大程度上不如说是一种政治的手段或措施。正如当代美国学者所指出的那样："干涉经济事务的目的不仅是为了发展制造业和扩大贸易额，而且是为了使更多的财富流入国王的财库，使国王有能力建造舰队、装备军队，让全世界敬畏他的政府。因为重商主义和君主们为

---

① 埃里克·罗尔：《经济思想史》，陆元诚译，商务印书馆1981年版，第61—62页。

了增强自己权力的野心以及加强他们统治下的国家力量的野心关系密切,它有时又被称作中央集权下的经济统治。"①

当然,托马斯·孟的经济思想与早期重商主义既有区别又有联系,双方的共性远大于分歧。在这两种不同的平衡论之间,其共同点显而易见。一方面,在对财富性质的认识上,他们都将货币和财富两样东西混为一谈②,认为货币财富的多少是衡量一国富裕程度的标准,因而坚持应当尽可能地多积累货币或贵金属;另一方面,在对发展贸易的态度上,他们都认为对外贸易是致富的源泉,并主张在发展本国工商业的同时,还应当重视航运业和转运贸易,尤其重视发展远离英国的殖民地贸易。在谈到英国推行殖民扩张的优越条件时,托马斯·孟作为一个经验丰富的重商主义战略家,不无自豪地说:"英国的广大、美丽、丰饶;由为数极多的善战的人民、马匹、船舶和军火构成的海陆力量;有利于国防和贸易的地形;许多口岸与港口,都是敌人难以进来,而便于本国居民的财富如上好的羊毛、铁、铅、锡、番红花、谷物、食料、兽皮、蜜蜡和其他自然资源出口的便道;倘使我们对上述这些予以充分的考虑,我们就将发现我国是能够称霸天下的。试问有哪一个强大的国家,还能享有更大的光荣和利益,象我们那样绰有余裕和得天独厚地拥有一切的东西,可以供应粮食衣着以及战争和太平时候的需要,而且不但可以充分满足本国需要,还可以供别的国家用,从而每年就可获得大量的现金,使幸

---

① 爱德华·麦克诺尔·伯恩斯、菲利普·李·拉尔夫:《世界文明史》第2卷,罗经国等译,商务印书馆1987年版,第233页。
② Godfrey Davies, *The Early Stuarts, 1603—1660*, Oxford: Oxford University Press, 1959, p.316.

福达到无以复加的程度呢?"①但是,孟坚决反对滥用本国资源的做法,正如他所指出的那样:在"人为财富"即所谓"我们的工业品和我们勤勤恳恳地用外国商品经营贸易而来的财富"方面,英国人必须端正思想,学习邻国成功的经验。要使这两种财富不断增长,从而使英国强大起来,除非扩展对外贸易,别无其他途径。"那么请仔细看看对外贸易的真正面目和价值吧! 那就是国王的大量收入,国家的荣誉,商人的高尚职业,我们的技艺的学校,我们的需要的供应,我们的贫民的就业机会,我们的土地的改进,我们的海员的培训,我们的王国的城墙,我们的财富的来源,我们的战争的命脉,我们的敌人所怕的对象。"②

商品货币经济发展是原始积累时期西欧新的社会思潮产生的物质基础。随着经济关系的变革和阶级结构的变动,建立在新旧力量平衡之上的新君主制,不失时机地消除地方离心倾向,加强集中统一的中央权威,现代民族国家最终建立起来。在这个阶段,重商主义发挥着促进原始积累和民族国家加速发展的积极作用,这说明一方面正在兴起的市民阶级必须借助于专制王权和民族国家的政治优势,才能进一步发展壮大其经济实力;另一方面,他们在开拓海外市场、开展殖民扩张活动中,只有争取专制王权和民族国家的支持,才能真正获得成功。对欧洲人而言,要发展海外贸易和推行殖民扩张,就必须具备两个前提条件,一是把以专制王权为代表的强大民族国家作为强大的实力后盾,二是要有渴求财富的贵族和富于

---

① 托马斯·孟:《英国得自对外贸易的财富》,袁南宇译,商务印书馆1965年版,第71—72页。
② 同上书,第89页。

理想、敢于冒险的市民阶级的全力投入。西欧各国的专制王权,既然要追逐支撑君主国庞大开支的财政来源,就必然会与积极推行海外贸易和殖民扩张的市民阶级形成利益联盟,相互依存,共同推动资本的原始积累过程和巩固新兴的民族国家。这样一来,在民族主义和重商主义的主导下,发展对外贸易、争取殖民扩张的"权利",就成为新君主制加强和民族国家巩固的内在要求。

从上述的探讨中可知,重商主义的直接目的就是要加强新君主政体下的新兴民族国家,使之在对外的经济与政治交往中,在处理国际事务的活动中,保持自主和平等的独立地位,在对欧洲以外非基督教世界的经济贸易和殖民扩张中,争取和拥有所谓自由扩张的"均等机会",而"这一目标的实现有赖于积累金银以支持频繁的战争和日益庞大的官僚机构的费用。这样就要求维持贸易顺差,并尽量攫取为母国生产所需原料的殖民地。这样就有了皇家授予的特许状,准许贸易公司有指定的海外领土进行殖民和贸易时期拥有垄断的特权。"[①]这样做的结果,无疑会导致新兴民族国家间的竞争与博弈,打破既有的帝国霸权,形成新的霸权帝国。因此,在海外贸易和新君主制之间、在殖民贸易扩张和民族国家之间,由重商主义造成的趋同利益就构筑起连接彼此的桥梁。除了政治上拥护专制主义外,重商主义者还主张经济上的民族主义、外交上的扩张主义。经济民族主义是指民族国家摆脱了对外国的经济依赖,就像伊丽莎白一世时期都铎英国克服汉萨特权所做的那样,实现了国家经济上的独立自主;外交扩张主义是指鼓吹贸易立国,推行殖民主义的强

[①] 斯塔夫里亚诺斯:《全球分裂:第三世界的历史进程》上册,迟越等译,商务印书馆1995年版,第14页。

权外交,谋求民族国家的帝国主义霸权。根据霸权主义的重商原则,宗主国严格限制殖民地的经济贸易活动,殖民地必须服从宗主国的利益,不得从事制造业和航海业,它们只能向宗主国提供所需的生产原料,并尽可能多地消耗宗主国输出的制成品。"这样,它们就为母国的工业灌输生命所必需的血液,使它能够在世界贸易的斗争中取得优势。"① 按照重商主义的殖民扩张理论,宗主国借助于国家力量占有殖民地,或以武力方式夺取殖民地,可以直接从殖民地进口所需商品,包括原料和制成品,就不需要像过去那样,必须用金银货币或高价产品,从外国购买或交换;全部的海外殖民地产品,包括消费品和手工业原料,都应运往宗主国,而不准殖民地建立自己的工场手工业,使宗主国的工业可以维持有利可图的状况。就是说,宗主国把限制殖民地经济发展作为其自身发展的重要手段,并把殖民地当作倾销本国工业品的稳定市场。可见,重商主义不但起到了保护民族国家的经济利益、巩固专制王权的积极作用,也是促使新兴民族国家大力推行殖民扩张的有力工具。

为增进民族国家的整体利益,重商主义在许多方面都要求采取协调一致的国家行动,诸如鼓励农业发展,维持相当多的农业人口,保证国民的食物供给;规范工业,发展航运业;建立特许垄断公司,规范海外贸易,避免在任何方面对任何竞争对手的依赖,极力摆脱外敌入侵的威胁。② 在重商主义经济思想与政策原则的指导下,"经济和社会问题中的国家行为被期待着要达到四个主要目的:保持社

---

① 爱德华·麦克诺尔·伯恩斯、菲利普·李·拉尔夫:《世界文明史》第 2 卷,罗经国等译,商务印书馆 1987 年版,第 235 页。
② George W. Southgate, *The British Empire*, London: J. M. Dent and Sons Ltd., 1945, p.36.

会稳定和秩序；鼓励和规范国内经济；鼓励和规范海外贸易和运输；增加岁入。"①这样来看，发展海外商业和殖民事业的直接目的，在于推动王室岁入的增长，同时也增加国民财富的积累。爱德华六世和玛丽一世统治的都铎朝中期，英国出现了经济萧条的局面，这表明旧的经济制度已不适应民族国家的客观需要，而那些主张殖民扩张的著作家提出了关于英国经济、政治和社会的基本看法，这些看法与重商主义理论之间存在着广泛共识。他们认为，只有保持稳定的社会秩序，消除贫困、失业、流浪等社会问题，克服过剩人口的压力，国家才会走向富强。而此时，不断增长的地理知识告诉人们，旧大陆的外围地区另有一番发财致富的新天地，英国的代理商人可以直接从当地的生产者手中购买他们所必需的热带产品，从而免于向西班牙人和葡萄牙人支付利润；而且，英国殖民者可以在那些地方生产丝绸、染料、酒类产品和船舶用具，迄今为止英国人一直要从其他欧洲商人手中获得这些东西。在美洲地区，即在那未知的新大陆，到处都有可能贮藏着金银，它们正是英国人或所有西方人梦寐以求的财富。他们还发出疑问，为什么就仅仅认为墨西哥和秘鲁才是唯一拥有这些丰富贮藏的乐土？如果葡萄酒、丝织品、亚热带水果、糖、盐等可以在殖民地生产，那么英国对外国产品的需求就会大为减少，有益的外贸平衡就会增加，国民财富的贮藏也会随之增长。

鼓励发展对外贸易，通过贸易顺差积累货币或财富，这些主张既是重商主义的思想，也是殖民主义的诉求，都服务或服从于资本原始积累时期民族国家的需要。如果从这个角度来理解早期的殖

---

① J. A. Williamson, *A Short History of British Expansion*, London: Macmillan & Co., 1947, p.40.

民主义者,如在莫尔、哈克卢伊特和培根等人的思想观念中,同样存在着典型的重商主义因素。为消除国内大量存在的贫困、失业、人口过剩等社会现象,他们都主张移民新大陆、建立海外殖民地,这完全可以把他们看作是不自觉的重商主义。在莫尔的殖民思想中,就渗透着浓厚的重商主义观念:"当乌托邦人做到本身充足供应后……他们将剩余运销到别的国家,有大宗谷物、蜂蜜、羊毛、亚麻、木材、大红和紫色染料、生皮、黄蜡、油脂、熟皮,以及牲口。""通过这样的交易,他们运回自己缺乏的商品(实际是缺乏的只有铁一项),而且运回大量金银。这样的贸易日复一日继续下去已经很久,以致他们国内到处都有大量金银,多到令人难以相信。"①实际上,都铎时期的英国人,尤其那些殖民主义思想家和重商主义理论者,不仅相信与美洲土著人进行贸易的可能性,而且认为殖民美洲将是一件有利可图的事情。

商人冒险家乔治·佩卡姆爵士是哈克卢伊特的挚友,他曾向女王提出申请,要到未知的地方去探险,他认为英国人在新大陆可能发现金银矿藏和宝石,正如西班牙人所做的那样,而这些金银势必会增加英国财富的贮藏。后来,他如愿参加了汉弗莱·吉尔伯特的探险活动,还撰写了关于新近发现和占有纽芬兰的《一份真实报告》(*A True Reporte*)。② 商人爱德华·米塞尔顿(Edward Misselden)是稍早于托马斯·孟的晚期重商主义重要思想家,他在《自由贸易,或创造贸易繁荣的方法》(*Free Trade, or the Means to Make Trade*

---

① 托马斯·莫尔:《乌托邦》,戴镏龄译,商务印书馆1959年版,第66页。
② 参见理查德·哈克卢伊特《英吉利民族的主要航海、航行、贸易和发现》,第3卷,第165页。

Flourish，1622)等著作中，把英国贸易的衰落归咎于过度消费外国商品、东印度公司出口金银等，因而主张限制奢侈品进口，借助于国家力量禁绝外国人对英国自然资源的掠夺，同时要求英国政府放宽对本国商人从事海外贸易的不必要限制，给他们以更多的自由，包括将资金输往国外经营贸易，东印度公司、伦敦商人冒险家公司(Company of Merchant Adventurers of London)等外贸公司得到政府的支持等。[①] 约翰·洛克是17世纪著名的政治哲学家，他曾担任贸易和殖民事务大臣，为英国的殖民政策做过辩护。豪斯赫尔教授指出："洛克在1691年把几乎所有国家在重商主义时期所面临的处境，归结成为这样一个公式：对于一个没有矿产资源的国家来说，通向财富的道路只有两条，即掠夺或贸易。"[②] 毫无疑问，洛克像大多英国学者一样，也是一个思想深刻、观点鲜明的帝国主义者。所以在原始积累时期的英国，重商主义实际上是一种包罗万象的大杂烩，其主要内容及基本目标都非常清晰，就是强调在经济活动尤其在对外贸易、殖民扩张中依靠国家的力量，一方面追求英国人享有与其他民族一样的平等地位和均等机会，另一方面则追逐对海外贸易市场的垄断权和建立殖民帝国。既然葡萄牙、西班牙已从殖民帝国和商品贸易中、从源源不断流入欧洲的美洲金银中，得到了许多实际利益，其他欧洲国家由于没有盛产金银的殖民地，就只能设法从大量的制造品出口贸易、海上劫掠等殖民活动中获得一些弥补。对于

---

① 晏智杰：《亚当·斯密以前的经济学》，北京大学出版社1996年版，第25、27页。
② 汉斯·豪斯赫尔：《近代经济史：从十四世纪末到十九世纪下半叶》，王庆余、吴衡康、王成稼译，商务印书馆1987年版，第228页。1691年，洛克发表《论降低利息和提高货币价值的后果》一文，中译本参见商务印书馆1962出版、由徐式谷所译同名书。

后起的殖民国家而言,这些国家把重商主义当成一种重要武器,用以反对伊比利亚国家的殖民霸权。这就意味着,它们在与其他殖民者展开海外竞争时,会像伊比利亚国家一样动用国家力量,不遗余力地实施奖励工商业和航海业的政策,甚至默认和纵容来自民间的海盗行径,以打击竞争对手和捍卫自身的利益。

总之,重商主义作为民族国家的利益诉求和立国之本,将新君主制、海外贸易、殖民扩张链接起来,成为加强专制王权、推动原始积累和保护民族国家的最重要手段。在处理国际关系时,重商主义通常采取"零和"的原则,人们认为财富总量是一个定数,一方所得必然以他方所失为条件;同理,一国要改变自己的国际地位,达到自己的目标,就无可回避地须去掠夺他国的财富。为了追求各国的根本利益,初兴的欧洲民族国家日益自觉地致力于重商主义实践,鼓励发展工商业,扩大海外贸易和殖民,获取更多的海外利益。[①] 都铎时代,英王政府把专制王权、商人牟利与民族国家的发展结合起来,推行扩张主义的殖民贸易政策,在对外交往中追求自身权益,分享海外掠夺的果实,提升国家的综合国力。原始积累时期的重商主义充分反映了英国民族国家和殖民主义的贪欲性,在客观上促使英国从一个岛国向海外殖民贸易帝国发展。

[①] D. C. Coleman, *The Economy of England, 1450—1750*, Oxford: Oxford University Press, 1984, p.57.

第三章　跨出国门的动因

15世纪,欧洲人的意识中日益突显一种新观念,他们越来越相信,在神秘莫测的大西洋深处,应当包括一些有价值、迄今还没有被基督教国家发现的岛屿,在这些岛屿与更遥远的大陆连接之处,必定是长期以来他们渴望到达的那个神秘的亚洲东岸。这种想象在文艺复兴精神的鼓舞下,推动葡萄牙人和西班牙人走向海洋,希望在亚洲的非穆斯林地区找到盟友,联起手来去对付垄断着地中海贸易的异教徒土耳其人。

首先是葡萄牙人,他们在"航海家"亨利王子(Prince Henry, the Navigator)的鼓动和领导下,利用其靠近大海的天然优势,率先扬帆远航,开启了地理探险与贸易扩张的大航海时代。[①] 西班牙人则在热那亚航海家哥伦布的引导下,朝着大西洋深处航行,试图建立起自己的海洋帝国。在这个大航海时代,英国人并不是海外探险最迟疑的民族,他们逐渐走出中世纪的幽梦,摆脱"百年战争"和"玫瑰战争"的困扰,投入探险与扩张的竞争浪潮中。尤其是西部的英国商人,从中世纪后期起,就主动参与海外的商业、贸易与殖民的逐利活

---

① J. A. Williamson, *The Cabot Voyages and British Discovery under Henry VII*, Cambridge: Hakluyt Society at The Cambridge University Press, 1962, pp. 3-4.

动。但令人遗憾的是,他们并没有采取持续有效的行动,赢得其作为海外广阔世界早期有力竞争者的地位,其根本原因在于,当时英国的新君主制仍在形成中,无法给予刚跨出国门的商人和冒险家以强有力的国家力量保护。约克王朝时期,英王爱德华四世虽然意识到新君主制对于结束封建混战的意义,不过由于受客观环境的限制,他只能利用内战的间歇,尽可能发展商业贸易,并"在对外贸易方面显示极大兴趣,不仅支持了很多的商业项目,而且他本身就是一个商人。"[①]然而直到都铎王朝建立后,英国人才在新君主制和民族国家的庇护下真正走出国门,启动未来的英帝国。

一、英吉利的海洋民族传统

英吉利人原本是一个海洋民族,他们不仅具有海上冒险的特点,而且由于不列颠与欧洲大陆维持的复杂关系,其民族性格"确实要比德国人、法国人或荷兰人复杂得多"[②]。早在3500年前,大不列颠岛上就有人类居住,最早的居民大概属于石器时代的地中海人。公元前1700年左右,比克人(Beaker Folk)从荷兰和莱茵地区移入,他们带来了青铜制造技术,并与不列颠的土著共同创造了著名的"巨石文化"。今天,在英格兰南部的索尔兹伯里(Salisbury)白垩大平原上,遗留着史前巨型石柱群(Stonehenge),像谜一般,是英国久远而神秘的历史见

[①] 安东尼娅·弗雷泽编:《历代英王生平》,杨照明、张振山译,湖北人民出版社1985年版,第172页。

[②] Wallace Notestein, *The English People on the Eve of Colonization, 1603—1630*, New York: Harper & Brothers, 1954, p.11.

证。公元前800年,处于青铜与铁器并存时期的克尔特人(Celts),从现今的法国和德国渡海而来,登上不列颠岛,成为岛上主导性居民。但不列颠文明史的进程,却要追溯到罗马帝国,先是公元前1世纪中叶,高卢行省总督恺撒(Gaius Julius Caesar)两度进入不列颠,试图征服而未果;然而在一个世纪后,克劳狄(Claudius)皇帝征服不列颠,把不列颠置于罗马统治下,并开始了长达三百年之久的所谓"罗马和平"(Pax Romana)。4世纪末叶罗马人退出后,日耳曼人循着海道侵入不列颠,并陆续建立了许多小王国。不列颠岛上的土著克尔特居民,一部分逃进了西部和北部的山区,另一部分则逃往爱尔兰,为现代威尔士人和爱尔兰人留下了血脉。入侵者来自日耳曼三个部落,作为现代英格兰人的祖先,他们被称为盎格鲁-撒克逊人。盎格鲁-撒克逊人像罗马人一样,仅给不列颠岛带来了稳定而粗放的农业生产技术,而非动荡不定的海洋文明,所以在其后的数百年间,英吉利民族一直默默无闻地从事农业生产。直到中世纪结束时,英国远离大海的状况并没有得到根本改变。

但是不列颠人带有天生的海洋性格,撇开克尔特人不说,起初英国人都是乘东北风而来的北方海盗,盎格鲁-撒克逊人原先住在北海沿岸,由丹麦半岛延伸到莱茵河口一带,5世纪中期开始渡海征服不列颠;到7世纪时,他们把英国史推进到"七国时代"(Heptarchy,600—870)。之后,维京人(Vikings)持续进攻侵入不列颠,并逐渐不列颠化。维京人属于北方日耳曼人,居住在斯堪的纳维亚半岛,以渔猎和海上劫掠为生,而"战争和海上劫掠是自由北欧人的职业"[①]。那些来自北欧的海盗获得对大海的支配权,他们的血

---

① 汤普逊:《中世纪经济社会史》上册,耿淡如译,商务印书馆1961年版,第344页。

脉和大海的海浪一起跳动,混合成为撞击海岸的轰鸣声。早期的英国人,曾经跨越北海,航行到冰岛、格陵兰一带,并曾经到达北美的文兰。① 在不列颠岛上定居后,大海的余音并没有完全从英国人的耳际消失。作为日耳曼人的后裔,英国人还保持着坚韧、粗犷的海洋民族特性,19 世纪英国国教牧师、历史学家兼小说家查尔斯·金斯利(Charles Kingsley)在其作品《东北风礼赞》中就这样称颂道:

> 正是恶劣的气候哺育着坚韧的英格兰人。他们听见大海的声音,用深沉的目光向东或向西凝视,洞穿海雾和溅起的浪花,绝不可能完全失去曾经令维京人热血沸腾的冒险精神和对大海的热爱。②

然而,令人困惑不解的是,曾经与大海为伍的英国人,他们本该"乘船下海",可是中世纪为何经历了一段与大海无缘的历史?在海上冒险、探索未知海洋和海外殖民方面,本不该落后的英国人,却又为何让意大利人、葡萄牙人、西班牙人抢占了先机?究其原因,可以归结为以下几点:

第一,自给自足的自然经济是造成中世纪英国自我封闭、与外界隔绝的最主要物质因素。"随着撒克逊的缓慢推进,在一个半世纪中,土著布列吞人被向西驱赶,征服者定居于耕地和林地上。就自然状况而言,英格兰没有一处远离大海超过 70 英里。尽管如此,

---

① 约公元 1000 年,北欧人对北美东海岸三块陆地中最南端一块的称呼。Wineland 或 Vineland,意为葡萄之地。参见 J. A. Williamson, *The Voyages of the Cabots and English Discovery of North America under Henry VII and Henry VIII*, London: Argonaut Press, 1929, pp. 3-5.

② Philip Gibbs, *The Romance of Empire*, London: Selwyn and Blount, Ltd., 1920, pp. 15-16.

这里几乎不存在什么流动性。基督教会建立起教区教堂，一代代人居住在听得见教堂钟声的区域内，很少看见过大海。安定的生活不会产生冒险，原始状态下的自给自足造成了沉寂。海上精神趋于衰落。"①由于庄园是中世纪英格兰的自然经济单位，庄园内的生产可以满足包括领主和农民在内所有成员的基本生活需要，自给自足的乡村生活，使得人们对商业贸易和交通航运很少产生需求。直到15世纪，当葡萄牙人和西班牙人的海上活动进行得如火如荼时，英国人还没有完全恢复对大海的记忆。这就难怪伊丽莎白时代著名剧作家威廉·莎士比亚（William Shakespeare）评论说，"英国——这个坐落在银灰色大海中的小岛"，正"在大海的摇篮里安然入睡"。威塞克斯（West Saxons）国王阿尔弗雷德（Alfred the Great）最早自称"盎格鲁-撒克逊人国王"，为有效抵抗维京海盗的入侵，他最早创建了英国的海军舰队，从而获得了"海军之父"的美称。尽管阿尔弗雷德很早就认识到海洋的意义，认为大海是英格兰的"第一道防线"②，可惜他的子孙们遗忘了他重视海防建设的榜样。所以几个世纪后，直到都铎朝初期，英王尚无一支真正属于自己的皇家海军舰队。

第二，远离欧洲大陆是造成英国岛民的孤芳自赏、自我封闭心态的客观因素："不列颠是一个群岛，位于大洋之中，而又远离大陆海岸。"③不列颠岛四面环海，向东和向南，在不列颠群岛和欧洲大陆之间，是以"窄海"（Narrow Seas）而著称的北欧水域；向北和向西，则

---

① Stephen Leacock, *Our British Empire: Its structure, its history, its strength*, London: John Lane, 1941, p.17.
② David B. Quinn & A. N. Ryan, *England's Sea Empire, 1550—1642*, London: George Allen and Unwin, 1983, p.46.
③ H. J. Mackinder, *Britain and the British Seas*, Oxford: Clarendon Press, 1930, pp. 11-12.

是浪涛汹涌、浩瀚无边的大西洋。海洋作为天然的屏障,将不列颠岛与欧洲大陆自然分开,不列颠岛一直保持着自己的相对独立性。不过,在英吉利海峡最狭窄的地方,从英国东南角多佛,到法国北端加莱,两地间的直线距离只有33公里。12世纪以前,大洋依然是一条便捷的海上通道,一批又一批欧洲冒险者循此而来,络绎不绝,使得英国人不得不经常面对来自海外欧洲大陆入侵的威胁。从地理上看,英国人从未居住在距离海岸超过115公里以外的地方,岛屿环境应当造就他们的海洋民族特性。然而,这种看似优越的地理位置,在庄园经济时代并没有给英国人带来好处,反而成为在客观上束缚他们与外界交往,进而在大航海时代落伍的障碍。

第三,"百年战争"是阻碍英国人对外交往和从事海上冒险活动的又一重要因素。由于封建主义的作用,英法两国长期纠缠于历史上的恩怨,特别是英格兰人一直对海峡对岸抱有野心,他们把对岸看作英格兰真正的边界,向大陆扩张是英国人参与海外事务的理想。正是这种强烈的政治动机,推动着一代代英国君主始终把目光聚焦于海峡彼岸的法国[①],而"百年战争"就是这种动机的后果。不正常的法兰西情结影响着英国的政治、经济和对外关系。在领土、血缘和经济方面,英法间的关系颇为复杂,真是剪不断、理还乱,直至诉诸战争。在长达一个多世纪的时间里,英国人把全国的人力、物力与财政资源都消耗于那场在法国的土地上进行的唐吉诃德式的征服战争,这既限制了他们对欧洲以外世界的关注,也妨碍了他们去开拓海外贸易和从事殖民扩张。如果忽视这一点,我们就无法完整而准确地判断英国的地理特征、岛国心态和政治文化传统,也

[①] Robin Neillands, *The Hundred Years War*, London & New York: Routledge, 2001, p.viii.

就无法合理解释早期英国的海外贸易与探险活动落后、反而对大陆抱有扩张野心的真正原因。

16世纪以前,英国与对岸的大陆,尤其与法国间,始终维持着这种敌对关系,将主要精力集中于对抗法国,而忽视了发展海外贸易关系。那时在欧洲沿岸只有几个分散的贸易站飘扬着英国的旗帜,这些地方之所以存在,主要由于其本身具有军港价值。就中世纪商贸活动而言,英国的货物,尤其羊毛和呢绒产品,价廉而物美,都是欧洲人所追求的东西;英国商人也与大陆的欧洲人,如汉萨商人,保持着密切的贸易联系。此外,英国的水手还保持着与欧洲诸海岛间的联系。但是,当英国输掉"百年战争"、英国成为陆上强国的企图化为泡影后,接踵而至的"玫瑰战争",一场为争抢王冠而进行的封建混战,进一步阻碍了英国人与外部世界的联系,制约了他们到海外从事探险与扩张的殖民活动。[①] 直到15世纪末,都铎王朝才把英吉利民族重新统一起来,英国人由此而进入不列颠发展史上最值得骄傲的时代。尽管一些学者认为,及至"伊丽莎白一世时代,甚至到斯图亚特王朝早期,英国人的许多传统观念还是中世纪的"[②]。但是,这个民族由于恢复了对大海的记忆,他们对海上事业的巨大热情和探索海外世界的冒险精神才被真正唤醒。

中世纪时期,欧洲人对世界的认识十分有限,不超过欧洲旧大陆,稍远则及至地中海。古希腊学者克劳狄乌斯·托勒密(Claudius Ptolemy)长期住在埃及的亚历山大里亚(Alexandria),平生写下了一系列著作。他把地球上的陆地画成连续的一片,陆地包围两个巨大

---

① Sir Frank Fox, *The British Empire*, London: A. & C. Black, 1929, p.28.
② Wallace Notestein, *The English People on the Eve of Colonization, 1603—1630*, New York: Harper & Brothers, 1954, p.26.

的湖,一个是大西洋,另一个是印度洋。他对世界的认识,对欧洲人的影响深远。在《天文学大成》(Almagest)一书中,他指出大地位于宇宙中心,并系统论证了"地心说",为中世纪基督教神学体系提供了重要的理论依据。不列颠是欧洲人所知道的大地极限,它地处欧洲之外,远离经贸活动中心,向北是坚冰,向西是汪洋,向南远离地中海,只是向东,不列颠才与对岸的欧洲大陆有关联。① 因此,不列颠既属于欧洲,又不在大陆范围内,而在欧陆之外。由于游离于大陆之外,不列颠最有意义的地理特征,并不是无垠的大海,而是被海洋包围的陆地;又由于自然经济的发展,英国人不是一个"水手民族",而是一个"牧羊民族"。

长期以来,英国是一个以生产和出口纺织业原料羊毛为主的农业国,由于外贸市场狭小、外销渠道有限,在商业上对于大陆商人有很强的依赖性,错综复杂的欧洲海岸对不列颠来说,并不具有多么大的重要性,这可以通过一个实例来证明:中世纪欧洲的航运业,北方主要由汉萨商人控制,南方则主要为意大利商人操纵,而英国的对外贸易基本上不属于英国人。那些来自欧陆的商人,经常移居不列颠,他们不但补充着英国工匠之不足,也主导着英国的贸易经济。由于自然条件的制约和外国商人的垄断,英国的羊毛和呢绒被送往海外,海峡对岸的佛兰德斯是英国羊毛和呢绒的主要出口地。在对外贸易和海外旅行方面,英国人多依赖大陆的船只,波尔多的葡萄酒,波罗的海的圆木,里斯本利凡特(Levant)②的奢侈品,甚至鱼类

---

① H. J. Mackinder, *Britain and the British Seas*, Oxford: Clarendon Press, 1930, p. 1, pp. 10 – 11.
② 历史地理名词。意指东部地中海沿岸地区,从希腊一直延伸到利比亚东部昔兰尼加(Cyrenaica)。15世纪晚期,这个概念从法国传入英国后,转译为"太阳升起之地"。

供应，都不得不依靠威尼斯或汉萨商人提供。在整个中世纪，如果说英国人有一些海上活动的话，那么他们的活动范围，也仅限于不列颠诸岛沿岸附近，这同他们作为维京后代的岛民身份极不相称。15 世纪以前，他们在海外有一些零星的经商和探险活动，那也纯属私人性的民间行为。例如，在英国"诗歌之父"杰弗里·乔叟（Geoffrey Chaucer）生活的 14 世纪中后期，有英国水手漫游过非洲，他们的航行路径是"从波罗的海古特兰（Gootland）到菲尼斯特尔角（Finisterre），再进入布雷泰尼（Bretayne）和西班牙的每一个小湾"①。

16 世纪，随着大航海成果的不断涌现，不列颠不再处于旧大陆贸易航线的末端，而是从旧大陆到新大陆这条新航线的起点，这种变化刺激英国人去恢复他们作为一个海洋民族的历史记忆。可是，在英吉利民族的海洋文化遗产中，很少留下 16 世纪以前关于海上冒险的成就或传说；同大量的商业文献相比，有关英国人海外贸易和殖民活动的记录，显得少得可怜②，以至于在新大陆发现之后 60 年间，竟没有一部重要的地理学著作问世。但是，当英国人狭隘的中世纪观念经受着人文主义思潮、冒险精神和探险活动的冲击时，他们的海上活动热情也逐渐被其他民族的海外探险与扩张的冒险行为激发出来。其实，英国人很早就认识到了海军作为王国屏障的意义，差不多从 13 世纪起，他们已本能地感到，在大海上进行的艰苦卓

---

① George B. Parks, *Richard Hakluyt and the English Voyages*, New York: American Geographical Society, 1928, pp. 3 - 4.
② 直到 1519 年，第一部由英国作者撰写的近代地理学著作出版，才首次证明英国人对这个新时代科学与发现的理论兴趣。参见 E. G. R. Taylor, *Tudor Geography, 1485—1603*, London: Methuen, 1930, p. 6; A. L Rowse, *The Expansion of Elizabethan England*, London: Macmillan, 1955, p.165.

绝的斗争将关系到英吉利民族的生死存亡。①虽然英国人有过一段与海上活动无缘的历史,但是他们的海洋民族特性并没有改变。在关注英国海外扩张方面,人文主义者莎士比亚也不失为一个帝国主义思想家,他不仅拜读过理查德·哈克卢伊特有关英吉利民族航行发现的作品②,而且在《暴风雨》《第十二夜》《威尼斯商人》等脍炙人口的剧本中,通过对许多关于海上放逐、荒岛历险、海上遇险等冒险情节的生动描述,真实地再现了英国不同社会阶层所经历的丰富多彩的海上生活,讴歌了英吉利民族不怕牺牲的冒险精神。

文艺复兴时期,人文主义者张扬长期受到大一统教会压制的个人主义、民族主义和爱国主义,人的思想获得前所未有的解放。在人文精神的熏陶下,英国人逐渐复活了对大海的热情,于是上上下下形成了奔赴海外经商、探险与殖民的冒险浪潮。哥伦布西航成功,不论对于穷人还是富人,无疑都是巨大的刺激,"只有愚笨的乡下佬才待在家里",而哪怕是少许有点名气的人,都想把自己的子弟送往海外,去追求财富和人生理想。有些人参加战争或冒险,完全是为了试试运气;有些人离开普利茅斯、布里斯托尔、南安普顿(Southampton)和伦敦,主要是为了到远方去发现土地,或寻找工作和就业的机会;有些人是为了施展才华,实现抱负,而他们每次从海外归来,总是哼着令人激动的小曲。显然,未来的英帝国,相当程度上就是由这些不安定分子或具有新思想的人创造出来的,而这些失去土地的年轻一代,又是原始积累初期圈地运动的产儿,他们主要由约曼农、失业的水手,以及退伍的士兵所构成。都铎时

---

① Sir Frank Fox, *The British Empire*, London: A & C Black, 1929, pp. 26-27.
② Samuel Eliot Morison, *The European Discovery of America: The northern voyages, A. D. 500—1600*, New York: Oxford University Press, 1971, p.627.

期的宗教改革，进一步加强了英国民众向外发展的趋势，而正是这种不可阻挡的、来自民间的冒险热情，昭示着英帝国的未来。"我们的主要力量来自大海"，这句话已经成为伊丽莎白时代一种广泛认同。① 这充分表明，文艺复兴时期英国人的自由思想、有限的海外经历与丰富的想象力，同冒险热情和物质欲求相结合，以及正在觉醒的英吉利民族意识，与不断增长的仇外情绪相结合，不断驱动他们挑战外部世界，憧憬殖民冒险。在不知不觉中，英国人形成一种向外突破的共识，他们要像伊比利亚人一样，建立一个堪与葡萄牙人和西班牙人相抗衡的英帝国。

由于葡萄牙人和西班牙人已经率先建立起海外殖民优势，英国人最初的海外殖民活动，不得不避开葡萄牙人和西班牙人的势力范围，朝西北方或东北方探险。他们循着北方通道去冒险，却意外地发现了美洲北部大陆，从而奠定了未来英帝国的重要基础。亨利七世时期，借助于王室联姻，发展了英格兰和西班牙两个王朝间的友好关系，提升了英国的国际地位。但是好景不长，双方的利益对立逐渐显现出来。为了同西班牙人展开商业贸易竞争，长期旅居西班牙的著名英国商人小罗伯特·索恩②致函驻西大使，并附上相应略图，敦促亨利八世支持国人的海外发现事业，积极寻找通往所谓远东(Far East)地区的东北通道或西北通道，使英国早日摆脱对西班牙的依赖。索恩认为"绝没有不可能居住的土地，也绝没有不可能

---

① J. Holland Rose, A. P. Newton, and E. A. Benians (eds.), *The Cambridge History of British Empire*, vol. 1 (Old Empire from the Beginnings to 1783), Cambridge: Cambridge University Press, 1929, pp. 95-96.
② 索恩家族长期在布里斯托尔、塞浦路斯、罗德岛、塞维利亚经营葡萄酒贸易，在加那利群岛和亚速尔群岛经营食糖贸易，在冰岛经营鳕鱼贸易。

航行的海洋"①。后来英国人率先发现北美大陆,他们重新感受到了大海的召唤,也进一步增强了重返海洋的信心。在传统与变革之间、在稳定与流动之间,逐渐形成了一种向外突破的张力,并驱动着英国社会的变化。②

二、原始积累时期的扩张欲望

大航海时代的欧洲,封建主义日益衰落,资本主义萌芽初步发展。在冲破了中世纪的精神禁锢、进入了文艺复兴阶段,欧洲人对海外世界的好奇心,对物质财富的欲求,以及传播基督福音的愿望,都构成了他们进行海外探险和殖民扩张的动机。谋利是商人的理想,他们想方设法,试图通过各种手段谋利发财,不断积累和扩大再生产所需要的资本。走在海外探险与发现前面的是葡萄牙人和西班牙人,他们把海外帝国的金银等贵金属和其他财富,源源不断地输入母国,支撑着越来越庞大的王室财政,维持着国民经济的日常运转,这就是商业资本积累和资本主义萌芽的时期。推动西方殖民扩张的因素是多方面的,既有政治的,也有经济的,还有社会的和宗教的,其中对东方的香料和奢侈品的贪求,以及对海外金银财富的欲求,是构成西方人急于海外探险和殖民的两个最直接的经济

---

① J. A. Williamson, *A Short History of British Expansion*, London: Macmillan & Co., 1947, p.76; David B. Quinn & A. N. Ryan, *England's Sea Empire, 1550—1642*, London: George Allen and Unwin, 1983, pp. 19-20.

② Roger Lockyer, *Tudor and Stuart Britain, 1471—1714*, London: Longman, 1984, p.151.

动因。

对西方人来说,"香料"一直是个极富魔力的名字,它充满了"迷人的东方"的全部声望和高昂价值,是他们最迫切需要、也最适合转运的东方商品之一。香料是指具有芳香气味或防腐功能的天然植物,常见的食用香料包括胡椒(pepper)、生姜(ginger)、丁香(clove)、肉桂(cinnamon)、豆蔻(cardamon)、肉豆蔻(nutmeg)、八角茴香(fennel)、罂粟籽(poppy seed)。肉类消费的大量增长,是对香料需求增加的决定性因素。[1] 在中世纪的欧洲,香料产量很少,需求量却很大,尤其胡椒、丁香和肉豆蔻,是每个家庭的必需品。每当秋季来临时,欧洲人都会宰杀牛羊,用盐把肉类腌制起来,以备冬天食用。如果用盐量不足,腌肉就会发腐、变味,人们把香料放入肉里,这样既节省了食盐,又使肉类食品增加了特殊的香味。就香料的性质、构成和用途,当代美国学者斯塔夫里阿诺斯教授在《全球通史》一书中曾作过详尽的描述。他指出:"香料一词在当时包括各种各样的东方特产:芬芳的甘松香;可用以止血和清洗血腥的檀香;妇女们极为欣赏的树胶脂格篷香胶;龙涎香、樟脑、苦艾和象牙;诸如锡兰肉桂、肉豆蔻干皮、肉豆蔻、丁香、多香果、姜和辣椒之类的调味品,其中,辣椒居于首要地位。香料在只晓得用盐处理食品、对其他食品保存技术知道得很少的世界里,是极受欢迎的。"[2] 从图利的角度看,香料质地轻、价格高,方便运输,利润丰厚,对商人们来说,经营香料贸易自然就有利可图。这就不难理解,在中世纪东西方贸易中,香

---

[1] Pierre Chaunu, *European Expansion in the Later Middle Ages*, New York: North Holland Pub. Co., 1979, p.298.
[2] 斯塔夫里阿诺斯:《全球通史:1500 年以后的世界》,吴象婴、梁赤民译,上海社会科学院出版社 1992 年版,第 51 页。

料贸易始终占有重要地位,正如西方史家在谈到中世纪贸易问题时所说的那样:"这些货物的高昂价值,它们所提供的巨大利益,以及对于这些物品的普遍需求,单凭这几点就足以抵消到远距离经营这种危险事业的风险。"①

经济因素是刺激西方人寻找新航路的主要动机,这也是原始积累时期商业资本作用的体现。一位威尼斯商人曾夸夸其谈,对贵金属的种种好处大加赞赏。他认为,贵金属不管是黄的还是白的,"都是每个政府的神往,决定政府的脉搏跳动,构成政府的精神和灵魂,赋予政府以存在和生命……它能主宰一切,克服任何困难。"②针对西方人的拜物教心态,恩格斯曾作过准确而生动的描述。他指出:"葡萄牙人在非洲海岸、印度和整个远东寻找的是黄金;黄金一词是驱使西班牙人横渡大西洋到美洲去的咒语;黄金是白人刚踏上一个新发现的海岸时所要的第一件东西。这种到远方去冒险寻找黄金的渴望,虽然最初是以封建和半封建形式实现的,但是从本质上来说已经与封建主义不相容了。"③因此,如果忘记即使在原始积累时期,最初的资本业已具备流动或扩张的本性,那么就无法真正理解早期西方人急于去东方探险与殖民的真正动因。

大航海时代,物欲已经转化成一种咒语,刺激着无数的西方冒险家奔向海外。受东方富饶传说的影响,十五、十六世纪的西方人,已经把对金银财富的贪欲变成了殖民扩张的实际行动,他们试图找到传说

---

① 卡洛·M. 奇波拉主编:《欧洲经济史》第 1 卷,徐璇译,商务印书馆 1988 年版,第 219—220 页。
② 费尔兰·布罗代尔:《菲利普二世时代的地中海和地中海世界》第 1 卷,唐家龙、曾培耿译,商务印书馆 1996 年版,第 694 页。
③《马克思恩格斯全集》第 21 卷,人民出版社 1975 年版,第 450 页。

中的七城岛,到黄金国(El Dorado)去圆黄金梦。西班牙有位方济各会①的匿名修士,他在《知识》一书中记录了关于七城岛的传说。8世纪初,穆斯林征服伊比利亚半岛,在基督教的波尔图(Porto)②主教的率领下,七个西哥特人主教带着羊群,乘船朝大西洋方向逃亡,去寻找古典学者柏拉图在《理想国》中提及的那个沉没于大西洋底的亚特兰蒂斯(Atlantis),也就是大西岛。经过漫长的海上航行,他们登上了一个美丽的岛屿,一块与欧洲相距遥远的西方陆地。上岸后,七位主教各建立了一座城池,这就是"七城岛"的由来。他们还烧毁了船只,以杜绝随行而来的基督徒返回故乡的念头。③

关于黄金国的传说,西方就流传着许多不同的说法:其一,离西边大海非常遥远、在太阳落下的地方,有一片富庶的土地,居住着奇特的怪物,那里就是可能的黄金国之所在。其二,在中南美地区,据说有一个"镀金人"统治的国家,那里蕴藏着大量的黄金和宝石。每天早晨,这个镀金人都要把细小的金粒涂擦到自己的身上。到了傍晚,他又洗去周身的金粒,金粒便沉入了一个圣湖的水中。④ 此外,还有关于圣布兰丹(St. Brendan of Clonfert)航行的传说和圣马洛(St. Malo)⑤航行的传说等。西方人对这些传说并不感到陌生。尽

---

① 中世纪天主教托钵修会之一。由意大利人方济各所创立,又称法兰西斯修会(Franciscans)。
② 葡萄牙北部港市,拉丁文意为"温暖的港湾",葡萄牙国名可能即源于此。
③ 雅依梅·科尔特桑:《葡萄牙的发现》第2卷,王华峰等译,中国对外翻译出版公司1997年版,第324页。
④ 约·彼·马吉多维奇:《世界探险史》,屈瑞、云海译,世界知识出版社1988年版,第307页。
⑤ 6世纪中叶创建布列塔尼(Brittany)的七圣徒之一,可能出生于英国的威尔士。布列塔尼的圣马洛城就以他的名字命名。中世纪,该城以海盗猖獗而臭名昭著,今天则是法国西北部重要的旅游胜地。

管大多数知识阶层的人不相信"诸圣徒岛"(Isles of the Saints)①的神奇传说,他们也不相信"幸福岛"(Isle of the Blessed)上到处是水果、香料和宝石的传说,但是许多人都认为,在这些古老传说背后,在大西洋那未知海域的对岸,必定存在着一块实实在在的陆地。无论如何,受到这些美丽传说的影响,西方早期殖民主义者带着对财富的渴望,踏上了远渡重洋的冒险之路。

葡萄牙是欧洲最早从事大航海的现代西方国家。在那些思考地理学诸问题和关注国家未来发展的葡萄牙人中,就包括以伟大的航海家之誉而载入世界航海史册的亨利王子。亨利像许多同时代人一样,相信必定有一条航路,沿着这条航路,绕过非洲南端后,再向东行驶,就可以直达亚洲的印度;他还坚信,如果一直朝着太阳落下的方向航行,就可以发现一条到达"遥远的中国"的最近航路。亨利王子是个有抱负的人,他很清楚自己有着与一般贵族子弟不一样的人生追求,归结起来就是这样几点:一是撩开笼罩在未被发现的世界上的面纱,二是建立一个葡萄牙人的海外帝国,三是通过建立与东方的稳固贸易来增加葡萄牙的财富,四是把基督教传入非基督教的异教国度。约1418年,亨利首创了萨格雷斯航海学校(Sagres School of Navigation),网罗了一批占星学家、天文学家、地图制作家、航海探险家,着手研究宇宙学、航海学,着手培养航海探险人才。这是欧洲史上的第一所国立航海学校,它为葡萄牙培养了大量优秀的航海人才。正是在亨利的大力推动下,大航海时代的葡萄牙,取得了一个又一个探险发现的伟大成就。有学者不无夸张地认为,在亨利王子的带领下,葡萄牙的海外探险活动已经发展"成为一门艺

---

① 指爱尔兰和苏格兰的大西洋海岸的诸岛屿,据说那是灵魂升天的圣人的住所。

术和科学"①。在此基础上,葡萄牙人绕过了非洲最南端,来到东方,为葡萄牙带来了东方的产品,包括香料。

为了同葡萄牙展开竞争,同时又要避开葡萄牙人开辟的东向航线,1492年哥伦布在西班牙王室的支持下,率领西班牙船队沿着西偏南方向,寻找他所谓的去东方之路。船队经过大西洋海域中的加那利群岛②,朝大洋深处驶行,最终到达了中美洲的巴哈马群岛。在加勒比地区,哥伦布看到了一些新的岛屿,就是他所声称的印度,也是他始终未能明白的"新大陆"。他率领船队折向南,航行到古巴岛北部海岸,他假设这里是中国大陆的一个海角,因而他沿着海岸朝东,想绕着古巴航行,不过,他又把他发现的海地岛误认为是日本,并予以重新命名,称为"伊斯帕尼奥拉岛"(Hispaniola)。③

尽管哥伦布未能给西班牙带来财富,但南美洲确实为西班牙送来了无数的金银,西班牙对南美进行残暴的征服与开发,并把南美变成了庞大的西班牙海外帝国。西班牙人和葡萄牙人的海外殖民活动给本国带回了大量的金银财富,这些东西让所有的欧洲人垂涎,当然也让英国人无比羡慕。由于不列颠处在香料贸易航线的末端,英国人要以最高的价格才能获得从东方运来的香料,而英国人对金银的渴望程度,也毫不逊色于西班牙人和葡萄牙人,因而他们对寻找一条到达东印度的便捷航路、并且能避开西班牙人和葡萄牙人的海洋优势,就表现出极大的兴趣。恰好就在此刻,约翰·卡波

---

① 参见张箭《地理大发现研究:15—17世纪》,商务印书馆2002年版,第81页。
② 位于离开非洲西北海岸大西洋海域,13世纪时热那亚等水手到过这里,15世纪初西班牙人要求对其所有权。
③ 也即海地岛。位于加勒比海地区的古巴和波多黎各之间,16世纪初为西班牙人所占领。

特出现在不列颠,对他这位意大利航海家来说,英国可能会是一个愿意向他提供探险资助的国度。此前,亨利七世曾拒绝过哥伦布的建议,英国就错过了成为"第一"的机会①。这一次,为了寻求资助而来的卡波特,明确提出不会让英王花太多的钱②,他表示愿"承担自己的一份责任",为英国去作冒险航行。亨利七世不想再失去良机,更何况卡波特提出的条件并不高。于是,亨利七世希望卡波特能在英王室的旗帜下,"给他的王国或至少给他所喜爱的布里斯托尔商人带来利益"③。卡波特的到来激发了英国人参与海外冒险的热情,不过,他和布里斯托尔的商人都怀疑哥伦布发现了亚洲和中国的说法,他们相信黄金国仍是一个未解之谜,因而要继续去海外探寻传说中的黄金国。后来,虽然英国人的黄金梦破灭了,但他们对殖民新大陆的兴趣却有增无减,然而,他们必须同时面对两大强敌,而无论是挑战西班牙还是葡萄牙的殖民霸权,无疑都会冒着巨大的危险。

经过都铎朝的宗教改革,天主教在英国的势力受到了沉重打击,英国已经变成一个地道的新教国家,它原来同西班牙和葡萄牙在海外殖民方面的矛盾,现在愈加表面化和尖锐化。从根本上说,英国人对海外贸易活动的兴趣,既是由原始积累时期商人资本初步发展和资本的内在属性驱动的产物,也是民族国家初期向外争取发

---

① 1486年,克里斯托弗·哥伦布曾派他的弟弟巴塞罗缪·哥伦布(Bartholomew Columbus)到英国送信,寻求英王对克里斯托弗西航探险计划的支持。详见本文第四章第二目。

② Samuel Eliot Morison, *The European Discovery of America: The northern voyages, A. D. 500—1600*, New York: Oxford University Press, 1971, p.159.

③ 参见 G. E. Weare, *Cabot's Discovery of North America*, London: John Macqueen, 1897, p.107.

展权的结果,主要表现在如下几个方面:

首先,英国的封建生产关系解体较早,自给自足的自然经济逐渐被纳入商品经济发展的轨道。16世纪的英国,由于商品经济关系日益渗入农村,资本主义性质的农牧场不断出现。尤其在15世纪最后30年和16世纪最初几十年,英国掀起的圈地浪潮促进了本国毛纺织业的发展,提高了毛纺织品的商品率。圈地运动使牧场增加、耕地减少,这只是一种表面现象,由圈地所引起的新旧生产关系的消长,才真正反映了英国农业社会中资本主义生产关系发展的实质。旧的土地贵族减少,破产的自耕农增加,新的租地农场主和农业工人增多,以剥夺农民土地为特征的圈地运动,构成资本积累的典型形态,加速了资本主义生产关系的成长。在对外贸易方面,英国主要是一个羊毛输出国,14世纪前半叶,英格兰的输出总值为25万镑左右,输出的羊毛3500到4万袋。[①] 15世纪以前,它生产的大宗羊毛,除了少量用于粗呢生产外,大部分输往呢绒业发达的佛兰德斯。[②] 随着国内毛纺织手工工场的发展,羊毛出口量锐减,呢绒出口量激增,到16世纪中叶,英国已经像佛罗伦萨、佛兰德斯一样,跻身于呢绒产品出口国行列,因而对传统的海外市场提出了新的要求。由于当时英国对佛兰德斯市场存在着很大的依赖性,而这个市场又为享有贸易特权的汉萨商人所控制,英商就不得不为不断增加的手工业产品尤其呢绒制品寻求新的销售渠道,因此,拓展新的海外市场成为他们的迫切需要。

[①] 卡洛·M. 奇波拉主编:《欧洲经济史》第1卷,徐璇译,商务印书馆1988年版,第249页。

[②] 参见张子恺《竞逐富强:近代早期低地国家南部城市的经济转型研究(14至15世纪)》,南京大学2016年博士学位论文(未刊)。

其次,人们的谋利动机受到商品经济的推动,特别是重金主义成为他们追金逐银的行动指南。如果说西方人对金银财富的欲求,很大程度上是受早期重商主义理论和关于东方富饶传说驱使的结果,那么,英国人奔向海外去进行探险的热情,主要来自伊比利亚人榜样的力量。起初,西班牙和葡萄牙的海外探险,始于寻找到达东方的"财富之路",进而建立起无与伦比的殖民帝国,并从东印度和西印度给母国带回了大量财富。都铎朝统治时期的英国,正值资本的原始积累阶段,当时英国人在追逐金银财富和谋取商业利润方面表现出巨大的热情,他们不但对传说中的黄金国深信不疑,而且垂涎伊比利亚人的富有,一心想到海外去追逐自己的黄金梦。

再次,广阔的大西洋蕴藏着丰富的渔业资源和其他大量海产品,有无尽的宝藏等待发现和开发。对那些渴望发财、敢于冒险者来说,许多海洋之谜和丰富的自然资源都具有无限的吸引力。随着一股股黄金热的到来,英国殖民者考虑建立海外殖民地,并在殖民地上生产国内无法生产的东西,从而摆脱对欧洲大陆商人的经济依赖。虽然欲求不能直接等同于殖民运动,但是欲求的因素却能转化为推动殖民扩张的动力,引导着那些虔诚的传教士、冒险的商人和好战的骑士,以及做发财梦的贵族,到大海深处、到海外去,传播基督教福音、追逐商业利润和建立功勋伟业。

最后,早期市民阶级功利主义的价值观,发展成为一种推动英吉利民族追求国家富强的精神动力。资本原始积累时期,市民阶级对财富的认识,体现了新教的财富观和天职观。在当代西方思想家马克斯·韦伯(Max Weber)看来,合理谋利是上帝赋予基督徒的基本义务和神圣天职,当然也是现代社会经济发展的客观需要和内在动力。韦伯说:"在现代经济制度下能挣钱,只要挣得合法,就是长于、精于某种天职的结果和表现。"①16世纪宗教改革以后,新教思想与新兴市民阶级的义利观相吻合,合理地解释了英国商人的逐利行为。在被人们称为"重商主义者的圣经"的《英国得自对外贸易的财富》一文中,托马斯·孟就把那些勤勉经商的人描绘为创造"贸易奇迹"的主人②,并对商人的"高贵职业"③溢美有嘉,甚至称之为"国家财产的管理者"。民族国家形成时期,在精神上走出中世纪的英国人在各个方面都取得了长足的进步,以致18世纪的法国启蒙思想家孟德斯鸠(Charles Louis de Secondat Montesquieu)就说:英国"是世界上最能够同时以宗教、贸易和自由这三种伟大的事业自负的民族";英国人在虔诚、商业和自由这三件大事上走在了其他民族的前面。④

随着财富观的变化,逐利行为已成为英国人日常生活的重要组成部分,"金钱是十六世纪的真正统治者"。金钱、黄金白银和一切追逐金银财富的谋利的动机,不仅统治着人的外在世界,也支配着人的内在世界,并为灵魂开辟了通往天堂的道路。正如一位作家所指出的那样,在"当时最冒险的企业和投机活动中产生了真正的狂热病。……在这种狂热病中,无论是羊毛、土地投机、企业经营,乃至直接的掠夺,都是津津有味。利润!金钱!这就是上至女王下至贩夫走卒大家所热烈追求的"⑤。著名探险家马丁·弗罗比歇爵士是英帝国

---

① 马克斯·韦伯:《新教伦理与资本主义精神》,于晓、陈维纲等译,三联书店1991年版,第38页。
② 引自 阿萨·勃里格斯:《英国社会史》,陈叔平等译,中国人民大学出版社1991年版,第197页。
③ 托马斯·孟:《英国得自对外贸易的财富》,袁南宇译,商务印书馆1965年版,第1、3页。
④ 孟德斯鸠:《论法的精神》下册,张雁深译,商务印书馆1963年版,第19页。
⑤ 施脱克马尔:《十六世纪英国简史》,上海外国语学院编译室译,上海人民出版社1959年版,第87页。

早期开拓者之一,16 世纪 70 年代他率领一支远征探险队,分乘两艘小型三桅帆船及一艘二桅小船,出海寻找到达东印度的西北通道。他从第一次航行中带回一些不知名的矿石,据说可以从中提炼黄金,因而引起了人们的极大兴趣。为了获得更多的利润回报,伊丽莎白女王及其廷臣们纷纷认捐,为弗罗比歇的第二次航行提供资助。但是,这一次他根本没有再去探寻西北通道,而是运回了 200 吨矿石。德国采矿专家伯查德·克拉尼希(Burchard Cranich)曾宣布,他期望从这些矿石中分离出黄金,故而激起了一场空前轰动的黄金投资热。女王认购 1 350 镑,牛津伯爵(Earl of Oxford)认购 2 000 镑,其他廷臣认购数各不相等。1578 年,第三次探险航行活动的规模更大,参与其中的船只多达 15 艘。可是,矿石检测的结果却令人十分沮丧,它们只是普通石头,根本不包含人们期待的黄金。[①] 尽管如此,对黄金和财富的贪求,已成为许多英国人,尤其是那些逐利的商人、不顾一切的冒险家,还有无所畏惧的绅士们踏上海外冒险之路的最重要刺激因素。

  西方人对美洲新大陆,或其他地区探险和扩张的殖民要求,从理论上讲,是以他们所坚持的"发现优先权"(discovery priority)或"有效占领"(effective occupation)的殖民主义原则为基础的。根据这种原则,在没有明确的合法所有者的情况下,发现国对海外土地拥有优先控制权,就是在所谓的无主土地上享有建立贸易站、垄断贸易,或者开辟殖民地的优先权,其他国家不得染指。其实质是谁先占领某个地区,谁就得到了拥有这个地区的"权利",早期殖民主义者依据这种强盗逻辑,大肆征服和掠夺广大地区。尽管哥伦布的

[①] A. L Rowse, *The Expansion of Elizabethan England*, London: Macmillan, 1955, pp. 192 - 194.

西航探险并没有为西班牙找到到达东印度的新航路,但其发现的实际价值是不言而喻的。一块新大陆就在欧洲大西洋的对岸,它的存在是确凿无疑的。于是,西班牙人根据哥伦布的发现,确认了他们对新大陆的殖民优先权和垄断权。罗马教皇发出的教谕(Papal Bull)①是葡萄牙和西班牙占领殖民地的"合法"依据,以此确认所谓新发现土地的归属权。由教皇充当仲裁人,不仅可以延续教廷的普世主义权威,也可以暂时地解决早期殖民主义者瓜分世界的矛盾。1492—1494年,教皇亚历山大六世(Pope Alexander VI)发布一系列教谕,使西班牙和葡萄牙实现了对非基督教地区的人为瓜分,并取得海外贸易与殖民统治的垄断权。1492年教谕确认了葡萄牙和西班牙对世界的瓜分,西班牙国王有权占有由哥伦布第一次航行时所发现的土地,葡萄牙人则得到了"教皇子午线"(Papal Meridian)以东的地区。根据1494年的《托尔德西拉斯条约》(Treaty of Tordesillas),西葡两国同意把这条分界线移动到佛德角群岛(Cape Verde of Islands)②以西370海里处,正是由于这个变化,葡萄牙人得到了在巴西殖民的权利。③

此时,英国是一个正在积聚力量、寻求对外发展机遇的新兴民

---

① 1454年教皇尼古拉五世(Pope Nicholas V)就曾发布教谕,授权葡萄牙人占有他们在沿非洲西海岸向南探险时"发现"的一些地方。参见斯塔夫里阿诺斯:《全球通史:1500年以后的世界》,吴象婴、梁赤民译,上海社会科学院出版社1992年版,第139页。

② 位于离开非洲西海岸350英里大西洋中。热那亚航海家安东尼·德·诺利(Antonio de Noli, c.1415—?)以葡萄牙航海家亨利王子的名义,最初发现了这些岛屿。在欧洲人到达前,这里尚无人居住。

③ 1501年,葡萄牙贵族、航海家佩德罗·阿尔瓦斯·卡布拉尔(Pedro Alvares Cabral, c. 1467—1520)发现巴西。

族国家。虽然促使英国人走出去的原动力,在发现和获得金银财富,但他们很快就发现:一方面,只有打破伊比利亚人把持的贸易与殖民垄断权,才能在海外探险和贸易扩张中发现有价值的东西,才能建立起属于他们自己的殖民地[①];另一方面,只有建立和保持永久性的海外殖民地,才能提升和加强用以对付那些限制其发展的海上力量。这也是民族国家形成时期英国人在拓展海上事业时首先要考虑的问题。当他们追求发展的努力受到其他殖民国家的压制时,他们就力排外来干扰,到海外去"合理谋利",进行发现和占有尚未被其他国家所拥有的"处女地",通过建立殖民帝国,来抗衡葡萄牙和西班牙。

三、布里斯托尔的民间海外冒险

英国早期的殖民扩张,起步于民间的海外探险和贸易活动。虽然英国人拥有海岛民族的天然优势和文化传统,但是当大航海时代到来时,他们似乎没有做好迎接这个时代的充分心理准备,其作为一个海上民族的冒险精神还没有被唤醒。

起初,英国的民间殖民行为带有极大的盲目性,他们对于探险目标、船队规模、航行方向等具体的操作方案,几乎没有周详计划可言,当然也就没有什么规律性。15世纪早期,来自英国东部港口的渔民作业范围,已经到达北方的冰岛一带。北大西洋海域盛产鳕

---

① George W. Southgate, *The British Empire*, London: J. M. Dent & Sons Ltd., 1945, pp. 36-37.

鱼,头大肉嫩的鳕鱼是北欧国家餐桌上常见的美味佳肴。"百年战争"后,英商停止进口法国加斯科尼(Gascony)的葡萄酒,而增加了从西班牙和葡萄牙进口的酒类,还从爱尔兰进口鱼类、兽皮和亚麻制品,并向爱尔兰出口英格兰产的宽幅细毛织品、食品、服装和金属材料。由于汉萨同盟控制北大西洋贸易,英国从冰岛购买冷冻鳕鱼干的活动受到阻挠,布里斯托尔的渔民就不得不放弃到冰岛海域捕捞鳕鱼,而是向西航行,到北大西洋中去寻找新的鳕鱼资源。有一份含糊不清的哥伦布早年生活记录表明,1497 年他曾航行到达冰岛;另一份记录则表明,他还访问过爱尔兰西部港城、毗邻大西洋的小镇戈尔韦(Galway)。如果说哥伦布是一个敢为天下先的冒险者,那么可以说,布里斯托尔商人开拓冰岛贸易的事实就表明,他们同样是视野开阔、敢作敢为的探险者。[①] 正是在南欧风情浓郁的塞维利亚,布里斯托尔人首先知道了关于西班牙殖民帝国的秘密,了解了它的贸易和航海情况。在哥伦布航行冰岛的前几年,就有几支英国远征队从布里斯托尔港出发,到北方海域和爱尔兰西边海域去寻找传闻中的几个岛屿。[②] 英国人与冰岛的交往,使他们有机会了解格陵兰岛以及更遥远的美洲,也许还有西部渔场的情况。

事实上,在中世纪的布里斯托尔人那里,有关北美、格陵兰、冰岛的知识并未消逝。据说,9 世纪挪威冒险者就找到了通向冰岛之路,他们撵走了已经定居下来的爱尔兰殖民者。到这个世纪末,挪威探险家弗洛基·维尔吉尔达森(Floki Vilgerdarson)是第一个航行

[①] J. A. Williamson, *The Cabot Voyages and British Discovery under Henry VII*, Cambridge: Hakluyt Society at The Cambridge University Press, 1962, pp. 13 – 14.
[②] A. L. Rowse, *The English Spirit: Essays in history and literature*, London: Macmillan, 1946, pp. 61 – 62.

到冰岛的北欧人,他还将这里命名为"冰岛"(Iceland)。① 985 年左右,挪威探险家"红发"埃里克(Eric the Red)率领一队殖民者占领格陵兰。当时东西各有一股殖民潮,分别在法尔韦尔角(Cape Farewell)西边和格陵兰南端。格陵兰东边最接近冰岛,海岸为永久性冰原所阻,因而未被欧洲人殖民。在东西殖民区,北欧人发现海湾径直延伸到内陆,并被草原所环抱,而这里的草原完全可以用作牧养羊群和牲畜的地方。北欧人对北美的发现传奇,经历了"发现—探险—尝试殖民"三个阶段。② 从冰岛传说中可以得知,11 世纪左右,埃里克之子利夫·埃里克森(Leif Ericson)已经发现了赫卢兰(Helluland)③、马克兰(Markland)④和文兰(Vinland)⑤等地。埃里克森航行到北美洲的北大西洋海岸,据认为他是最早登陆北美大陆的欧洲人,这要比哥伦布探航加勒比美洲早五个世纪左右。在大西洋发现方面,格陵兰探险具有重要意义。从 11 世纪起,驶往格陵兰的欧洲船只,已经绕过冰岛的南部,到达了美洲沿岸的赫卢兰、马克兰和文兰。

布里斯托尔的民间海外冒险,是大航海早期英国殖民扩张运动的起点。布里斯托尔西临爱尔兰海,埃文河(River Avon)穿城而过。作为英格兰西南部的最大城市和拥有最多英国传统建筑的港市,它

---

① F. D. Logan, *The Vikings in History*, London & New York: Hutchinson & Co., 1991, pp. 63 - 64.
② 参见 F. D. Logan, *The Vikings in History*, London & New York: Hutchinson & Co., 1991, p.86.
③ 意为石地(Stony Land),实际上是指今天的巴芬岛(Baffin Island)。
④ 意为林地(Wooded Land),位于赫卢兰南部和文兰北部,即是今加拿大东部拉布拉多海岸的组成部分。
⑤ 大概位于纽芬兰岛北端。

的历史可以追溯到一群海盗定居者,他们在这里建立了最初的据点。11 世纪中叶,诺曼人征服不列颠,并在此建立城市。至今,这里还保持着一座 12 世纪建造的布里斯托尔大教堂(Bristol Cathedral)。到中世纪末期,布里斯托尔已经发展为重要的渔业中心和繁华的海滨城市,其经济贸易地位,毫不逊色于泰晤士河畔的伦敦城。这里充斥着前来进行交易的众多商船,它们悬挂着各国王室的旗帜,有西班牙和葡萄牙的,也有威尼斯和热那亚的,还有法兰西和佛兰德斯的,装载着丰富的舶来品,有水果、丝织物、香料、酒类和金属制品,等等。在一星期中的任何一天,在布里斯托尔的小酒馆里,都可以看见以航海为生的外国船员的身影,他们与当地的小商船主们挤在一起,掷骰子、喝酒,好不快活。许多人操着难懂的外国方言和浓重口音的英国西部方言,绘声绘色地描述着他们的海外奇遇,叙述着道听途说得来的天方夜谭,以及神秘莫测的海岛故事。他们说那些海岛上的每个沙粒都是金子,还有难以置信的怪物派人站岗、守卫,打击任何敢于接近它们的船只和胆大妄为的海盗。

进入大航海时代,有些布里斯托尔渔民每年都航行到冰岛沿岸,与当地人开展正常的贸易活动。偶尔与格陵兰人进行交易的布里斯托尔商人,已经作试验性航行,试图在西北方向找到一条通向亚洲的新航路。兰开斯特王朝末代国王亨利六世(Henry VI)时期,英国在输掉了持续百年之久的对法战争后,很快又陷入了争抢王位的封建内战。大约就在此时,布里斯托尔商人尝试开展东地中海贸易,虽然没有取得实质性进展,但他们逐渐建立起与西部地中海的葡萄牙和西班牙的贸易联系。[①] 葡萄牙和西班牙都是最早向海外发

[①] George Holmes, *The Later Middle Ages, 1272—1485*, London: Nelson, 1962, p.154.

展的西方国家,他们彼此间为了争夺海外利益经常发生冲突,英国人往往抓住有利时机,乘隙而入,争取自己的海外利益。随着卡斯提尔王位继承战争(War of the Castilian Succession,1475—1479)结束,以卡斯提尔和阿拉贡的君主为一方,葡萄牙国王阿方索五世(Afonso V)和他的儿子为另一方的战争双方,于1479年9月4日签署《阿尔卡索瓦斯条约》(Treaty of Alcacovas),据此,葡萄牙放弃卡斯提尔王位继承权要求,并放弃对加那利群岛的权利要求。此外,西葡两国还就北非和大西洋的势力范围进行分割,位于非洲摩洛哥西边大西洋中的马德拉群岛(Madeira Islands)①划归葡萄牙,而葡萄牙人继续保持着对位于其西边大西洋中的亚速尔群岛的权利。② 早在15世纪初,位于大西洋东北部的加那利群岛,就已经落入了西班牙人手中,但是土著人对西班牙入侵者进行了顽强的抵抗。当西班牙从整体上占有加那利群岛时,英国人则因站在西班牙人一边参与征服行动,依据1489年的《梅迪纳·德·坎波条约》(Treaty of Medina del Campo)获得了该群岛的部分土地转让权,从而获得了与西属、葡属大西洋岛屿开展贸易活动的可能性,并且在群岛上住下来,经营蔗糖与葡萄酒等贸易。③

---

① 位于离开非洲西北海岸560英里之遥的大西洋海域,与葡萄牙相距930英里。14世纪中期被热那亚水手发现,1418—1420年葡萄牙人在这里殖民,19世纪初为英国人占领。
② 参见G. R. 波特编《新编剑桥世界近代史》第1卷(文艺复兴),张文华、马华译,中国社会科学出版社1999年版,第452页;另见J. H. 萨拉依瓦:《葡萄牙简史》,李均报、王全礼译,中国展望出版社1988年版,第125页。亚速尔群岛,由九个小岛组成,位于里斯本以西800英里大西洋海域,1427年为葡萄牙人发现。1580—1640年葡萄牙失去独立,该群岛为西班牙控制。
③ 保罗·布特尔:《大西洋史》,刘明周译,中国出版集团东方出版中心2011年版,第92页。

对于布里斯托尔人而言,15世纪是一个大有希望的百年。到这个世纪中后期,布里斯托尔已经传来了一些有关热那亚水手、葡萄牙水手在海外探险与发现的消息。有些传闻让人觉得不可思议,有些则不免令人毛骨悚然,如摩尔人强盗和爱尔兰海盗的故事,还有各种叛乱和海难事件,以及在外国沿海发生的野蛮行径。在与葡萄牙人和西班牙人的接触中,布里斯托尔人学到了很多海上经验,正如他们从冰岛获得了许多海洋航行的知识一样。直接来自马德拉群岛和亚速尔群岛的葡萄牙船只,也已经到达了布里斯托尔港口。很有可能,在为亨利王子效力的葡萄牙海员中,有一两个水手曾参与佩德罗·阿尔瓦斯·卡布拉尔(Pedro Alvares Cabral)①或安东尼·冈萨雷斯(Antonio Gonzales)②的航行;或者,有些著名的船长此时来到了布里斯托尔,正是从这些船长、水手那里,布里斯托尔商人听到了关于北大西洋中亚特兰蒂斯、圣布兰丹岛和玛姆岛(Isle of Mam)的传说。既然海外的"新大陆"已经被发现,那里有许多令人着迷的黄金宝藏,而在这些诱惑面前,英国人为什么不能去分享呢?下院议员、康瓦尔治安法官理查德·格伦维尔爵士曾向枢密院建议,要求王室派遣海盗船去抢劫西班牙从美洲运送金银财宝的船只,并扬帆"南海"(South Sea)③,希望能找到一条到达香料群岛(Spice Islands)④的便捷通道。他是"复仇"号(Revenge)的船长,有

---

① 葡萄牙著名航海家,1501年发现巴西。
② 1441年受亨利王子派遣,冒险家安东尼·冈萨雷斯和努诺·特里斯唐(Nuno Tristao)绕过西非海岸的布兰科角(Cape Blanco),带回了第一批非洲奴隶。布兰科角,意为白色之角,在毛里塔尼亚(Mauritania)北部沿海。
③ 即太平洋。
④ 摩鹿加群岛(Moluccas),或称马鲁古群岛(Maluku Islands),位于印度尼西亚东北部。

自己的船只,后来他的计划被弗朗西斯·德雷克爵士(Sir Francis Drake)付诸实施。格伦维尔爵士参与过早期新大陆殖民冒险活动,这也是他的理想,正如一首歌中所吟唱的那样:

> 谁寻找赢得名誉之路,或展翅飞向崇高的希望;
> 谁寻求戴上月桂花冠,或拥有渴求的思想,
> 让他离开家乡故土,让他漫游寻求新的家园。①

谜一般的传说,强烈地刺激着布里斯托尔商人的想象力和好奇心。船主约翰·杰伊(John Jay)装备载重 80 吨的"三一"号(Trinity),自费招募布里斯托尔船员,参加了 1480—1505 年间的北美冒险活动。1480 年 6 月 15 日,小船驶离布里斯托尔的金罗德(Kingroad),向爱尔兰西面的大西洋航行,目的是寻找最早于 1325 年出现于地图上的幽灵岛(Phantom Islands)②——"海—布拉希尔"(Hy-Brasil,即巴西,也写作 Brasylle)。由于运气不佳,船员们顶着风暴,在苍茫的大海上持续航行了六周,竟连一点儿陆地的影子都没看见,托马斯·劳埃德船长只好决定返航。这样,他们在离开三个月零三天后,于 9 月 15 日回到了布里斯托尔。1481 年 7 月 6 日,另一支由"三一"号和"乔治"号(George)组成的探险队驶离布里斯托尔,去寻找圣布兰丹岛和七城岛等神秘的陆地,以及"寻找与发现某个称之为海—布拉希尔的岛屿"③,同样毫无结果。虽然没有这次航

---

① J. Holland Rose, A. P. Newton, and E. A. Benians (eds.), *The Cambridge History of British Empire*, vol. 1 (*Old Empire from the Beginnings to 1783*), Cambridge: Cambridge University Press, 1929, p.97.
② 传说中岛屿。一度出现在历史地图上,后来证明并不存在。
③ J. A. Williamson, *The Cabot Voyages and British Discovery under Henry VII*, Cambridge: Hakluyt Society at The Cambridge University Press, 1962, pp.23, 29.

行的有关记录,但它确实发生了,因为关税征集官、船只八个所有者之一的托马斯·克罗夫特(Thomas Croft)受到从事与其身份不符的贸易活动的指控。① 可以肯定,到15世纪80—90年代,英商尤其是布里斯托尔的商人,已经形成了自己的商业拓展计划,其探险活动主要限于北大西洋的温带纬度线范围之内。

15世纪后半期,英国进入封建主义解体和资本主义萌芽的社会变迁期。在这个阶段,早期英国人对海外贸易、探险拓殖的追求,是与资本的原始积累和民族国家形成的步调相一致的。由布里斯托尔人领头的贸易与探险等早期殖民活动,具有民间性、私人性的特征,反映或代表了刚刚跨出国门的英国人谋求生存与发展的民族利益。1448年,一名威尼斯水手在伦敦绘制或至少看到了一幅大西洋航海图,上面标注了一些为英国人所熟悉的岛屿;1480年,一个与布里斯托尔商人有联系的人,也见过一张标有岛屿的航海图,该图还对这些岛屿的所处位置作了评论性说明。当时许多已经被欧洲人发现的大西洋岛屿,都在佛得角群岛以北,英国人同它们保持着公开的贸易联系。还是在1480年,布里斯托尔人已经直接把货物装运到马德拉群岛。1481—1482年,他们打算开辟与北非的贸易,还试图发现那些不为人知的陆地或海岛,如"布拉希尔"等。布拉希尔岛,又叫"幸运岛"(Fortunate Island),在中世纪晚期地图上,常被绘制成圆形、半月形的小岛,或两个相对的半月形小岛,地点紧挨着爱尔兰西海岸,似乎易于被驶往戈尔韦去的船只发现。实际上,制图学家所描绘的布拉希尔,是对地理探险史研究者的误导,因为探险

---

① 参见"Croft, Thomas," in David B. Quinn, *Dictionary of Canadian Biography*, vol. 1 (1000—1700), University of Toronto / Université Laval, 1966.

者寻找的布拉希尔根本就不是那么回事。在布里斯托尔人的心目中,布拉希尔比地图上标明的那个爱尔兰小岛更为遥远。他们认为,神秘的布拉希尔是一块值得发现的陆地,其实际位置应当位于爱尔兰西面遥远的大西洋里,而不是靠近爱尔兰的地方。尽管布里斯托尔人的计划因葡萄牙人的反对而受阻,他们还是与伊比利亚人控制下的大西洋诸岛建立了广泛的贸易联系。1486年,又有一艘装载货物的葡萄牙船只,直接从马德拉群岛驶往布里斯托尔。为了报复葡萄牙国王,1488年,葡萄牙逃亡贵族德·阿尔布开克(D. Lopo de Albuquerque)向英王提出非洲探险方案,要求英国发展与几内亚的贸易,但遗憾的是他的方案遭到了亨利七世的拒绝。

然而,15世纪末期约翰·卡波特来到英国,他不但带来了大航海时代意大利的航海技术和经验,也带来了文艺复兴时期得以重新恢复生机的古典文化精神,还带来了关于外部世界的诸多信息和大西洋种种可能性的猜想,这一切都激发了英国人探求未知世界的热情。都铎朝初期,走在探险发现前面的布里斯托尔人,与葡萄牙的远洋水手保持着关系,和马德拉群岛建立了贸易联系,可能还同加那利群岛、亚速尔群岛有贸易往来。对葡萄牙人发现或占有的大西洋诸岛屿,他们已经有了初步认识,并试图去探索不列颠群岛以西的未知陆地,这样就在不知不觉中启动了英国的发现事业。

四、"商人国王"的谋利行为

约克王朝是在红白玫瑰战争中发展起来的,约克王朝的出现标志着新君主制在英国形成。15世纪后半期,封建主义和普世主义的式微,以新君主制为标志的民族主义和民族国家时代来临。在英国,民族国家的形成同新君主制的发展保持着同步关系,"国王成为民族统一的象征、民族抱负的核心和民族尊严的目标"[①]。15世纪中后期爆发的内战即玫瑰战争,是英国的新君主制和民族国家的催化剂。爱德华四世(Edward IV)是约克王朝的缔造者,在内战初步结束时,他就依靠新兴的市民阶级进行国家重建,以重商主义的经济政策发展对外贸易,并突破了君主不直接介入经济活动的中世纪传统,通过代理人参与商业活动,意在改善王室的财政状况,从而奠定了重商主义经济发展的初步基础。爱德华四世主要采取了以下几个方面的措施:

第一,开展对外贸易活动,从经济上摆脱对封建贵族的依赖,实现王室的收支平衡。由于受到封建习惯法的限制,特别是13世纪内忧外患的打击,英国的王权一度跌至中世纪衰落的谷底,这就严重制约了强大王权出现的可能。长期以来,英王不得不依靠封建贡金、地租和关税过活,王权对封建贵族没有威慑力。爱德华四世通过武力夺取王位后,"极力讨好商人和伦敦市民,为了自己的利益参加贸易,并与佛兰德斯和德意志几个港口的汉萨同盟保持良好关系"[②],由此改变王室的财政状况,巩固了约克王权。早在1463年春他就开始从事羊毛贸易,还出口其他商品,尤其是呢绒和锡。爱德华四世对国王的经济自立十分清楚,1467年他在议会下院曾明确表示:"朕欲自以为生,除非事出紧急,一定不扰我民。"所以到15世纪

[①] A. F. Pollard, *Factors in Modern History*, London: A. Constable, 1921, p.68.
[②] 肯尼思·O. 摩根主编:《牛津英国通史》,王觉非等译,商务印书馆1993年版,第220页。

70年代,他已成为一个活跃的进口商,并在历史上留下了"商人国王"(merchant King)的美名。对此,传记作家安东尼娅·弗雷泽(Antonia Fraser)指出:"爱德华在对外贸易方面显示极大的兴趣,不仅支持了很多成功的商业项目,而且他本人就是一个商人。"①爱德华经过不懈努力,逐渐摆脱了王室债务,不再要求议会增加税收②,这也减轻了其臣民的负担。

第二,鼓励商人参与海外竞争,振兴国家的经济实力。如果说英国的商业资本寻求对外发展纯粹出于经济动机,他们要从海外的经营活动中获得利润回报,那么,作为一国之君的爱德华四世,不是一个普通商人,他从事对外贸易活动就已超出了纯经济的意义,还包含明显的政治导向。他的经济行为能起到某种示范作用,鼓励了英国人走向海外的积极性。早在15世纪60年代,他就鼓励英商渗入北非沿岸,到葡萄牙势力范围内开展活动,结果招致葡萄牙人的反对。③ 对于海外的商业竞争,即使他没有实力向本国商人提供财政支持,但他对开拓海外贸易市场的兴趣,也直接激励了他们的探险计划,并为商人们提供了国家力量的保护。这类例子不少,1474年他巡视布里斯托尔时,曾向该城所有建造新船的人提供奖赏;1476年他又奖赏一位伦敦布商,因为后者自费修造了一艘名为"乔治·科布罕"号(le George Cobham)的商船。他还首开先例,动用皇家舰队为私人船只提供护航。④

---

① 安东尼娅·弗雷泽编:《历代英王生平》,杨照明、张振山译,湖北人民出版社1985年版,第172页。
② 同上书,第178页。
③ Charles Ross, *Edward IV*, London: E. Methuen, 1983, p. 353.
④ 参见 Charles Ross, *Edward IV*, London: E. Methuen, 1983, pp. 353—354.

第三，依靠商人制衡封建贵族，巩固萌芽中的新君主制。撇开其个人偏好和私人利益不谈，爱德华有许多理由促使他对那些依靠贸易致富的商人和敢作敢为的冒险家产生兴趣。仅就王权本身来说，他是在伦敦人的帮助下赢得王位的，因此很重视保持与伦敦市民的密切关系；反过来，伦敦商人也乐于成为约克王朝的支撑力量。正是在爱德华统治时期，伦敦成为英王宫廷和政府的永久性中心，这与先前的情况形成对照。1462年11月爱德华授予伦敦城特许状，确认该城于1444年获得的特权，并增加了一些新特权，包括对外国商人征税的权利。1461—1471年，他还给至少18位伦敦市民授了爵位。[①] 1480年6月，他又把一张特许状授予海关官员托马斯·克罗夫特和三个布里斯托尔商人，允许他们从事三年除了日用品以外的任何贸易。其中，斯宾塞(William Spencer)做过布里斯托尔的英国议会下议员，斯特劳恩(Robert Straunge)数度担任布里斯托尔市长。[②]

爱德华四世既是一位革新图治、有所建树的新君主制开创者，又是一个具有经济头脑、精明能干的商人。如果说布里斯尔人闯入地中海和大西洋的行为，代表着英国民间的向外扩张，那么爱德华追求的经贸利益，则同时具备了英国殖民扩张的民间色彩和官方色彩的双重性。一方面其经营活动的私人性，主要体现为他以个人名义从事的经商行为，收入完全归其个人所有，归约克王室所有。另一方面，作为英格兰的一国之君，他追求的私人利益，又无法同英王国的利益完全区别开来，况且，他在经营对外贸易时，还直接动用国

[①] Charles Ross, *Edward IV*, London: E. Methuen, 1983, p.354.
[②] E. M. Carus Wilson (ed.), *The Overseas Trade of Bristol in the Later Middle Ages*, New York: Barnes & Noble, 1967, p.155.

家权力,把象征着这种权力的皇家特许状授予商人。无疑,这就使其商业贸易活动又具有了官方属性,具备了重商主义色彩。也就是说,他既像普通商人一样,希望通过贸易赚钱;又区别于一般商人,把特许状赋予本国或外国的商人,使之可以获取低关税或免除关税的权利,而他本人也可以从中谋利,增加王室收入。这里需要明确的是,在这种双重属性中,官方属性更重要,这不仅因为爱德华是一国之主,代表着英国的利益,而且因为他推行了重商主义政策,运用国家力量来促进本国工商业的发展。这种官方色彩强烈的垄断性政策,不仅是约克新君主制的重要表现,也是资本原始积累时期英国重商主义的生动体现。

约克王权是借助于武力建立的,相较于欧洲其他国家,其强势地位自然不容置疑。其中通过皇家特许状,实现对城市及市民的控制,是英国王权强势的重要表现。特许状原是英王用以奖赏臣属的一种见证,因为后者为王室效力是无偿的,于是他们就希望通过王室特许权能给他们带来经济利益的回报。对于贸易从业者来说,他们必须持有皇家特许权,从而从垄断的经济活动中获取利益。在正常情况下,英国的进出口商品或在国内加工的产品,均具有垄断性质,爱德华四世以及后来的都铎诸王都把颁授特许状当作鼓励臣民从事航海、工商和对外殖民的重要手段。通过颁授特许权,英王也可以获得可观的利益回报,从而增加王室收入,改善政府的财政状况。就商人们来说,通过向国王提供贷款,往往可以轻易获得某项商品的专项垄断权。因此,特许状把国王和商人、国家和冒险家的利益联系起来,特许权就成为英国推动原始积累的重要手段之一。

大约14世纪早期,意大利商人就已经控制了英国的羊毛贸易①,"当时,英国仰赖于意大利和汉萨的资本、德意志的采掘力量和佛兰德的羊毛购买者和加工者。"②富庶而精明的意大利代理商颇得爱德华四世的偏爱,他们不仅通晓经商之道,而且富有冒险精神和航海经验,加之只是逐利而为的个体商人,不带政治色彩,因而尤受爱德华的垂青。反过来,意大利商人借助于英王的庇护,可以合法地获得英国皇家特许权,直接把英国的羊毛出口到意大利。1464年5月,意大利代理商詹姆斯·德·桑德里可(James de Sanderico)以英王的名义,在南安普顿装运了至少8000匹呢绒,很快出口了其中的3000匹,价值达到6589镑。当时,爱德华四世控制着南部天然良港南安普顿的锡贸易,这些业务的承揽商主要是意大利人。1467—1468年,英王出口锡1.2万磅,均由意大利代理商艾伦·德·蒙蒂费拉托(Alan de Monteferrato)负责装运。1470年2月,有不少于25艘满载货物的商船进入伦敦港,全由英王的代理商和他们的副代理商负责装运。爱德华时期,这种商贸活动一直在持续。③ 1483年2月,爱德华还授予入籍的意大利人约翰·德·萨尔伏(John de Salvo)和安东尼奥·斯皮诺拉(Antonio Spinola)特许状,允许他们从国外引进20个工匠,向英国人传授捕鱼和染布的新技术。④ 正是有爱德华四世这样有商业头脑的国王,还有像后来重视贸易活动的都铎君主,再加上布里托斯尔人的冒险热情,才在英国人追求商业利

---

① 卡洛·M. 奇波拉主编:《欧洲经济史》第1卷(中世纪时期),徐璇译,商务印书馆1988年版,第229页。
② 汉斯·豪斯赫尔:《近代经济史:从十四世纪末到十九世纪下半叶》,王庆余等译,商务印书馆1987年版,第240页。
③ Charles Ross, *Edward IV*, London: E. Methuen, 1983, p.351.
④ Ibid., p.352.

益时悄悄地启动了早期的殖民活动。

中世纪晚期,绸布商公司(Mercers' Company)和纺织原料商公司(Drapers' Company)是伦敦外贸的主要从业者组织,他们均由早先从事香料进口业务的杂货商发展而来,其主要成员曾制定关于海外呢绒贸易的相关规则。然而,在海外购买和销售呢绒的英商,却并不是这两家公司,而是建于英王理查二世(Richard II)时期的伦敦商人冒险家公司。伦敦商人冒险家公司总部设在伦敦的基尔特(guild),由伦敦、布里斯托尔和其他港市的商人集合而成。[①] 其实,类似的商人团体早就在林恩(Lynn)、约克和纽卡斯尔(Newcastle)等地出现,同时也就开始了从地方性商人团体向全国性的商人规约公司(regulated company)的演变。由英王以法令形式批准设立的伦敦商人冒险家公司具有垄断性和排他性的特点。例如,与一般羊毛商应交25%的关税相比,伦敦商人冒险家公司出口的羊毛仅交2%—3%的关税,其价格优势源于皇家特许权。伦敦商人冒险家公司的呢绒出口吸纳了日益增长的大量原毛,却只承担关税中一个极小部分,这就直接威胁到另一个商人团体的利益。这个团体是英格兰羊毛出口贸易商公司(Company of Merchants of the Staple of England),也是英国最早的商人团体。1319年,该公司依据爱德华二世(Edward II)颁发的特许状,开始经销羊毛、皮革、铅和锡,并垄断向欧洲大陆出口的羊毛贸易。1347年英国人夺取法国的加莱港后,它从1363年起将总部设在加莱,加莱就成为羊毛出口贸易商公司的货物集散中心。它不仅官方色彩较重,而且组织得非常紧密,其商业活动限制在狭小的范围内。对于该公司的控制权,英国的呢

---

① J. A. Williamson, *The Tudor Age*, London: Longman, 1979, p.6.

绒商非常不满,他们就把商品销往西班牙、葡萄牙和波罗的海地区。虽然伦敦商人冒险家公司由许多地方公司所组成,组织不像羊毛出口贸易商公司那样紧密,但该公司已经在一些主要的省城诸如布里斯托尔、约克或纽卡斯尔尤其在伦敦地位稳固。尽管这样,羊毛出口贸易商公司还是利用其官方地位,设法限制伦敦商人冒险家公司的活动,如鼓动勃艮第公爵(Duke of Burgundy)禁止英国呢绒向尼德兰进口。爱德华四世时期,羊毛出口贸易商公司根据政府要求,承担对加莱要塞的财政责任;同时,它还迫使外国客户,如要求来自低地国家(Low Countries)的客户,必须大部分使用现金来购买英国的商品,以解决英国存在的金银短缺问题。

如果说英格兰羊毛出口贸易商公司享有官方地位的话,那么,伦敦商人冒险家公司则代表强有力的商业院外活动集团。到爱德华四世末年,伦敦商人冒险家公司已经控制了英国38%的出口贸易和66%以上的进口贸易;形成对比的是,羊毛出口贸易商公司的出口贸易份额仅占27%,而且50%以上的出口都是制成品形式的呢绒。[1] 总体来看,羊毛出口贸易商公司在政治上的重要性,较少来自它在英国贸易中所占的份额,相反,其在政府财政体系中占有的地位却极为重要。尤其14世纪中叶以来,英国绝大部分羊毛出口,都是由英格兰羊毛出口贸易商公司垄断的,这种官方形式的垄断,十分便于国王对羊毛贸易征收关税和向羊毛商借款。[2] 从15世纪起,英国的对外贸易逐渐走向兴盛,商人除了依靠旧的规约公司外,还

---

[1] 引自 Charles Ross, *Edward IV*, London: E. Methuen, 1983, p.358.
[2] 卡洛·M. 奇波拉主编:《欧洲经济史》第1卷(中世纪时期),徐璇译,商务印书馆1988年版,第290页。

有赖于两三个模仿中世纪模式建立的新规约公司。他们想方设法为英国开拓对外经贸渠道,借以增强自身的竞争力。由于国王可以把皇家特许状授予任何人,本地商人、皇室成员和外国人,如意大利人或汉萨商人,都可以获得英国贸易的专利特许,因而颁授特许状就成为国王偿清借债的重要手段,当然也是新君主制下王权实施有效统治的一种策略。正因为如此,加莱(Gallay)虽然拥有羊毛出口的垄断权,仍有许多优质的英国羊毛可以绕过这个羊毛集散中心而直接出口海外,意大利商人享有英王业务代理权就是典型例子。由于英国的商人集团多是按同业公会(Livery Companies)形式联合起来的贸易公司,结盟和制定规章就成为贸易商生存的必要条件。他们经常利用国王对财政资金的需求,争取到在某个地区经营某种贸易的特权,国王则顺势而为,借助于商人的力量来增强王权的经济实力。

在英国历史上,爱德华四世享有"商人国王"的美名是符合实际的。15世纪中后期,他本人和英商积极参与对外贸易,不仅表明民族国家形成时期英国经济力量的增长,也表明萌芽中的新君主制和新兴市民阶级形成一种向外突围和发展的民族力量。在维护国家的经济与政治利益方面,他们彼此间保持着基本一致的目标。爱德华初期,议会通过一批法案,意在从法律上保护国内工商业的发展,促进海外经济贸易和扩张活动。[①] 1463年爱德华召集的第一届议会,重新通过了亨利六世颁布的一项法律,禁止通过外国商人出口羊毛,限制对外国羊毛购买商的信用贷款,并要求从加莱购买的所

---

① Henry Atton & Henry Hurst Holland, *The King's Customs*, vol. 1 (*An Account of Maritime Revenue & Contraband Traffic in England, Scotland, and Ireland, from the Earliest Times to the Year 1800*), London: Frank Cass & Co. Ltd., 1908, p.44.

有货物都必须以现金的方式支付。该项法律的颁布,意味着英国人可以从对外贸易中积累更多的货币,还能打击通过伦敦、桑德威奇(Sandwich)①和南安普顿把羊毛出口到地中海的意大利商人,从而更好地保护英国商人的利益。该项立法的实施,还使一项"航海"条款得以具体化,就是规定所有英国商人必须使用本国船只装运货物。② 为了使英国本地工匠免于贫困,有一项法案规定,禁止从外国大量进口制成品,主要是呢绒和金属制品。为了保护英国农民的利益,另有一项法案规定,禁止进口外国谷物,除非是为了在饥馑年代保持英国粮价的适当水平。根据此项法案,热那亚的丝织品在英国市场上早期享有的特权将被取消,而伦敦的丝织业将受到禁止进口外国精丝的法律保护。③ 可见,在推行重商主义方面,爱德华四世同英商立场一致。另一方面,从他在位时期批准的立法来看,半数以上涉及的是工商业,这不但反映了他作为"商人国王"对经济、贸易与海外扩张的关注,也反映了他在加强王权过程中寻求市民阶级支持的倾向。同时,英国商人集团对爱德华四世的民族主义和重商主义两大原则所施加的影响,在议会立法中也得到了充分的反映。如在爱德华四世的第二届议会(1465年)上,他不得不接受三个关于加紧控制羊毛出口的法案,其中,有一项法案批评爱德华损害了本国商人的利益,指责他越过羊毛集散中心而滥发出口特许状;另一项攻击他不对北方羊毛出口进行控制;第三项则要求他加强羊毛出口管理,并要求政府在原料购买方面向英国生产者倾斜。此外,该议会还通过一项法案,禁止进口毛线和半成品呢绒,目的是保护本地

---

① 英国古镇。位于东南部的马盖特(Margate)和多佛之间。
② Charles Ross, *Edward IV*, London: E. Methuen, 1983, pp. 359-360.
③ 1463: 3 Edw. IV. , C. 3.

的呢绒织工。① 爱德华四世接受了这些法案,反映出他对商业和市民阶级的依赖;当然,他也获得了相应的回报,如议会于1465年赋予他终身享用关税的权利,尽管关税税率被降低了。

尽管市民阶级已经上升为一种不可忽视的政治力量,但由于英国的新君主制尚处于萌芽阶段,以新君主制为核心的民族国家还无法真正成为市民阶级追求其经济利益的政治保障,因此在约克王朝统治时期,市民的要求并不总是被采纳,而议会所制定的若干具有经济上民族主义倾向的方案,也难以得到切实执行或长期保持。1465年,爱德华四世拒绝了一项来自下院的提案,内容涉及剥夺汉萨商人所享有的镑税免除权。而且1465年以后,英国议会再也没有通过任何旨在保护民族工商业发展的法案。就已获通过的法案来看,它们多涉及贸易、工业、关税、金银和流通诸领域的组织与管理问题,而很少触碰外国商人尤其是汉萨同盟的贸易特权。显而易见,对英国的新君主制和民族国家而言,仍有一条漫长的路要走。

---

① 1467: 7 Edw. IV., C. 3.

第四章 都铎王权的政治保障

1485年,约克王朝因内讧而崩溃,来自威尔士的一个小贵族亨利·都铎夺取了王位,建立都铎王朝。这是英国历史上一个重要的王朝,它的出现表明以专制王权为核心的英国早期民族国家得以形成,而以重商主义为指导的海外殖民扩张正式启动。都铎君主坚定地维护英国民族国家的主权和独立,而争取海外扩张的权利,被看作是主权民族国家的权利。"英吉利王国是一个帝国",在这种思想指导下,扩张被赋予民族主义的正当性。都铎君主比爱德华四世更加仰赖市民商人阶层,在更大的层面上代表他们的利益。王权与市民的同盟关系更加紧密,英帝国也在都铎王朝时期渐渐露出了雏形,英帝国的前史开始向英帝国史转变。

一、都铎初期商人的冒险活动

新君主制肇始于约克朝,发展于都铎朝,衰落于斯图亚特朝。15世纪晚期,英国经过数十年的封建内讧,逐渐走出混乱的无政府状态,迎来了王权统治的新时期。从都铎朝建立之日起,英国在政治上实现了比以往更大程度上的统一,君主更加关注本国的对外贸易,执行重商主义政策,并采取积极主动的措施,推进与王室利益相联系的海洋事业,进而达到增强国家实力的根本目的。

随着30年之久的内战"玫瑰战争"的结束,亨利七世在经历了社会动荡和颠沛流离之后,登上了英格兰王位。作为都铎朝的开国之君,他清醒地意识到,长期以来王权受到削弱的根源,就在于封建领地军事贵族的力量太强大,而这恰恰是等级君主制的致命弱点。都铎王权建立后,他面临着对内恢复秩序、安抚民心和对外谋求发展、打开国际局面的两大任务。为了打击贵族分裂势力,他起用出身低微的新人,主要是乡绅和市民阶级,并通过扩大都铎王权阶级基础的办法,树立新生王权的形象和威信。这也是他对内施政的出发点。同时,他还调整对外政策的基调,就是在重商主义的指导下,一方面保护和发展工商业,增加王室收入,巩固都铎朝统治的经济基础;另一方面鼓励本国商人开展对外贸易和航海活动,反对外国人在英国享有贸易特权和对外殖民扩张的垄断权。为此,他采取了如下具体措施:

首先,施展"均衡外交"(diplomacy of balance),避免卷入国际纷争,谋求欧洲列强对都铎王权的承认。亨利七世运用灵活的外交手段,不失时机地与丹麦、佛罗伦萨、尼德兰、法兰西等国缔结双边条约,在巩固新王朝地位的同时,改善英国人从事贸易活动的外部环境。他把发展海外贸易同加强王权联系起来,主张英国的未来"必须依赖于贸易和海权"。由于都铎朝刚建立,王权地位并不稳固,亨利在处理对外关系时不得不考虑多方面因素,如国内贵族敌视法国的传统心理,英国商人在海外的切身利益,如何与欧洲大国相处、打开英国外交关系的新局面等等。此时的英国,不是要像西班牙、法兰西那样去角逐欧洲的霸权,而是要谋求海外的实际利益。1486年,英国同法国签订贸易协定,清除一切有碍英法贸易关系的限制;

1490年,亨利七世与丹麦国王约翰订立和约,结束双方的海上敌对状态,使英国渔民获得了到波罗的海自由航行的权利,也大大便利了英国人赴北大西洋海域开展探险活动。① 葡萄牙的商人和水手在英国西部布里斯托尔等地的影响一直较大,现在他们把剩余产品主要向低地国家的安特卫普(Antwerp)出口,与英国争夺传统的海外贸易市场。为了避免贸易战,1496年英王政府与尼德兰签订条约,奠定了16世纪上半叶两国贸易关系发展的稳定基础。

其次,推动联姻外交,促成都铎王室与大陆诸王朝的婚姻联盟,依托欧洲大国提高自身的国际地位,并且为英国商人拓展海外市场。西班牙是当时欧洲最强国,贸易关系是英国发展与西班牙之间政治关系的前提。1489年3月签订的《坎波条约》(*Treaty of Medina del Campo*),旨在保证英西两国商人的人身自由,规定他们在对方国家应当承担的义务。同时,双方还同意废除所有对海上伤害实行报复的文件,把15世纪中期以来盛行的海盗行径降下来。此后,英商也可以在西班牙和加那利群岛进行贸易。该条约还就西班牙公主凯瑟琳与英国王子亚瑟(Prince Arthur)订婚作出决定,据此1501年两人结婚,使英西关系进入蜜月期。这样,都铎政权第一次得到大陆一个强国的承认,为英国进一步发展与欧洲国家间的关系开辟了道路。次年,亚瑟王子因病去世,亨利七世又积极促成次子亨利与凯瑟琳的婚姻,以延续英西两国的联盟关系,避免法国与西班牙的联合。② 1502年,亨利七世还让长女玛格丽特(Margaret

---

① J. A. Williamson, *Maritime Enterprise*, *1485—1558*, Oxford: Clarendon Press, 1913, p.20.
② J. M. Currin, "England's International Relations, 1485—1509: Continuities amidst Change", in Susan Doran and Glenn Richardson (eds.), *Tudor England and its Neighbours*, New York: Palgrave Macmillan, 2005, p.32.

Tudor)同苏格兰国王詹姆斯四世(James IV)订婚,此举埋下了日后苏格兰的斯图亚特王室入主英格兰的伏笔。王室联姻虽然是中世纪欧洲的一种政治传统,但是亨利七世推动的联姻外交,一方面反映了当时弱小的英国急于打破欧洲强权封锁、争取国际承认的愿望;另一方面则促进了英国呢绒的销售,使英国的船只可以进入冰岛渔场,逐步改变英国人在对外经济活动中的被动局面。

再次,实施《航海法》(Navigation Act),提升英国人参与海外贸易、殖民竞争的能力。中世纪后期,英国始终处于内忧外患的混乱状态,妨碍了国家的统一,也削弱了英国发展经济的能力。由于外国人控制着英国的大部分外贸经营权,英商在与外商的竞争中处于劣势地位。1381年,理查二世时期颁布了第一个《航海法》,它规定英商必须用英国的船只输入和输出货物,当时由于缺少船只,这些规定并未能得到切实执行。都铎初期,外国人在英国仍旧享有贸易特权,这种情况使英国人不满,他们迫切希望排除外商特权。在亨利七世的推动下,英国议会于1486年通过了新的《航海法》,规定向英国输入波尔多(Bordeaux)的葡萄酒和图卢兹(Toulouse)的菘蓝等,均须由英国的船只、且由英格兰、爱尔兰或威尔士的船员从上述地区或从加莱装运,违者将没收货物。[①]《航海法》实施后,不但降低了因雇用外来船只运输而上升的英国呢绒价格,也大幅度增加了英国产品的出口。不过由于客观条件的限制,该条例仍然难以得到严格的执行,[②]所以像1381年的《航海法》一样,都铎初期颁布的《航海

[①] John A. Wagner & Susan Walters Schmid (eds.), *Encyclopedia of Tudor England*, Santa Barbara, CA: ABC-Clio, 2012, p.785.

[②] G. N. Clark, *The Earlier Tudors, 1485—1558*, Oxford: The Clarendon Press, 1957, p.220.

法》多停留在法律条文的层面。有所不同的是,亨利七世颁布条例的目的是为了鼓励发展英国的海外贸易和航海事业,反映了英吉利民族意识增长和商业资本活动加强的事实。

最后,采取发放新船建造补助金等措施,扶持和推动造船业和航运业的发展,为英商顺利进入海外市场创造条件。"英国正如其他西欧国家一样,认为它很有必要去分享新世界的财富,并且发现安特卫普市场是它采取这种措施的方便之门。"[①]在英王室的默认和支持下,英国人稳步推进自己的海外事业,他们同西班牙人和葡萄牙人直接开展贸易,以及后来开拓同伊比利亚人主导下的马德拉群岛和亚速尔群岛的贸易,初步奠定了英国未来大西洋航线和北美殖民扩张的基础。亨利七世把巩固都铎新君主制与推行对外贸易紧密结合,为发展与东部地中海沿岸的长途贸易开辟了通道。除了由亚洲转运到叙利亚的阿勒颇(Aleppo)[②]、大马士革(Damascus),埃及的亚历山大里亚的香料外,意大利的精美织物、珠宝、武器和玻璃制品,以及希腊的坎迪亚(Candia)和开俄斯(Chios)[③]的烈性白葡萄酒,也都为英国各地的冒险商人提供了丰富的装载货物。在重商主义政策的驱使下,英国人从坎迪亚运来大量酒类商品,对威尼斯人在该地区的垄断利益构成了直接威胁。于是,威尼斯政府试图通过增加进口关税来排挤竞争对手,英王则在意大利的其他城市中寻找盟

[①] G.R. 波特编:《新编剑桥世界近代史》第1卷(文艺复兴),张文华、马华译,中国社会科学出版社1999年版,第610页。
[②] 古希腊人称其为"贝洛雅"(Beroea)。利凡特的最大城市之一,现今叙利亚第一大城市。公元前333年被亚历山大征服,中世纪时为阿拉伯人控制。
[③] 坎迪亚是地中海克里特岛上的一个要塞,现今的伊拉克里翁(Heraklion),中古时期为威尼斯人所占据;开俄斯为古希腊岛邦,位于爱琴海东部,公元前10世纪爱奥尼亚人移民并最先定居于此。

友,对威尼斯的商业垄断实施报复。由于佛罗伦萨等城市赞同英王的政策,亨利七世便同这些城市订立了商约。此外,他还着手在比萨建立一个类似于加莱那样的羊毛出口集散中心,这项计划使比萨成为英国羊毛在地中海贸易区独一无二的集散地,而这个体系将威尼斯人排除在外,最终威尼斯人被迫放弃敌对态度,英国人在利凡特的贸易顺利发展起来。

英国的海外贸易与殖民扩张,作为一种有意识的官方行为,起步相对较晚。爱德华四世经营对外贸易,很大程度上是国王的一种私人行为。在哥伦布为西班牙王室发现新大陆、达·伽马为葡萄牙国王曼努埃尔一世(Manuel I)开辟到达东印度的新航路之后,亨利七世才接受了威尼斯航海家约翰·卡波特的建议,同意他代表英国去冒险,寻找一条绕开西班牙和葡萄牙殖民势力范围、直通东方的黄金与香料之路。对于英国人来说,他们走出国门、向外发展的过程并不顺利,起初遇到了许多来自外部的压力或障碍。先是汉萨商人的贸易特权,这个以德意志北部城市为主结成的商业同盟,是中世纪德意志地区王权力量弱小、地方割据势力强大的产物。由于德意志始终未实现国家的政治统一,这个组织松散的城市同盟缺少民族国家的支撑,在与以专制王权为核心的英国民族国家进行的斗争中失败后,被排除出商业竞争。此后,伊比利亚人成为英国人发展海洋事业的最大障碍。15世纪,当葡萄牙、西班牙将阿拉伯人赶出伊比利亚半岛时,专制王权和民族国家在这里确立起来。他们还充分利用罗马教廷的神权力量,扼制其他民族国家的成长。在这种限制与反限制的竞争中,英国与西班牙、葡萄牙的冲突在所难免,这个冲突涉及国家的核心利益,其结果将决定英国未来的发展方向,并决定整个欧洲海洋利益的格局。

我们不可低估都铎初期在推进海外殖民事业中的开创性作用。实际上,"英格兰海上贸易在都铎王朝前期经历了一系列重大转变:本国商人逐渐取代外国商人;贸易海域扩大;毛纺织工业的发展给英格兰商人在海外的竞争带来了优势。"①由于呢绒业发展步伐加快,都铎初期的英国,已从单纯的羊毛原料输出国,开始向呢绒输出国转变,而呢绒业的进步又促进了对外贸易的扩大,反过来进一步增加了对羊毛产品销售市场和原料市场的需求。②经济变化同重商主义的基本国策一起,推动了英国的殖民扩张。不论英国巨量的海上贸易是何时增加的,"为了保护海上贸易,发展海上强权几乎是必不可少的。的确,任何海上力量获得发展,除了贸易保护这个直接或间接原因之外,是否还有其他原因,这是值得怀疑的。同样,如果没有大量的海上贸易作后盾的话,海上舰队不论何时为了其他原因而建立起来,它们都会很快地消失和死亡……"因而有学者认为,"亨利有理由成为不列颠贸易之父,这种说法很有说服力。"③在同时代的欧洲君主中,亨利七世"在推动新大陆发现上的贡献仅次于斐迪南和伊莎贝拉"。尽管这个说法有所夸张,15世纪英国人的海外活动尚无法与伊比利亚人等量齐观,但从亨利七世对贸易的重视来看,这种说法也不是没有道理。

对于那些进入北大西洋水域开展探险活动的冒险者,或者对于那些追求发展与新大陆的联系、或发现通往东方海上通道的航海

---

① 臧小华:《陆海交接处:早期世界贸易体系中的澳门》,社会科学文献出版社2013年版,第360页。
② 斯·尤·阿伯拉莫娃:《非洲:四百年的奴隶制度》,陈士林、马惠平译,商务印书馆1983年版,第18页。
③ Michael Van Cleave Alexander, *The First of the Tudors: a study of Henry VII and his reign*, London: Croom Helm, 1981, p.142.

家,亨利七世给予一定的支持,这不但是为了褒奖他们的贡献,也是希望他们能带来利润回报。15世纪90年代,在西班牙经商的那些英国人中,有一群活跃的布里斯托尔商人,像索恩家族(Thornes)、巴洛家族(Barlows)和弗兰普顿家族(Framptons)等,在南部的安达卢西亚古城塞维利亚较有影响,他们参与了西班牙对加那利群岛的征服活动,其中,索恩家族长期在布里斯托尔、塞浦路斯、罗德岛、塞维利亚经营葡萄酒,在加那利群岛和亚速尔群岛经营食糖,在冰岛经营鳕鱼。在加那利群岛,他们还拥有自己的贸易代理人,甚至远及西印度也有其代理人。从1479年起,在将近40年时间里,老罗伯特·索恩(Robert Thorne, the elder)积极从事从布里斯托尔到西班牙、葡萄牙、冰岛以及其他地方的贸易,曾和休·埃利奥特(Hugh Elyot)一起参与对纽芬兰的"发现"。他在给国王的信中强烈要求:"英国应在海外探险事业中勇往直前,应该尝试寻找西北航道,到达一个比葡萄牙国王的黄金和香料更多的地方。"[1]休做过布里斯托尔治安法官,1492年以后经营法兰西、西班牙和其他地方的贸易。老罗伯特做过布里斯托尔市长,他死时留下一个儿子,和自己同名。小罗伯特·索恩也是个商人,长期侨居西班牙的塞维利亚,他在那里听说过被西班牙和葡萄牙发现的热带地区国家。他梦想为英国建立一个与伊比利亚的海外帝国相竞争的新帝国,还声称他父亲和休是先于约翰·卡波特发现美洲的英国人,时间大约在1494年以前。这个说法得到了约翰·迪博士的支持。[2]

---

[1] William Hunt, *Bristol*, London: Longmans, Green, and Co., 1889, p.131.
[2] David B. Quinn, "ELIOT, HUGH," in *Dictionary of Canadian Biography*, vol. 1, University of Toronto/Université Laval, 2003—, accessed July 13, 2013, http://www.biographi.ca/en/bio/eliot_hugh_1E.html.

1501年和1502年，布里斯托尔商人两度到新大陆冒险，为英王带回了"战利品"，其中包括野猫、鹦鹉和爱斯基摩人（Eskimoes）。[①] 不过，保罗·布特尔教授认为，从纽芬兰岛上抓来的俘虏"并不是爱斯基摩人，而是印第安人，他们也是第一批抵达英格兰的美洲印第安人"[②]。

在新君主制的庇护下，都铎君主和英国民族国家构成一种相辅相成的依存关系，前者是后者的象征和保障，后者是前者的依托和后盾。民族国家初期，英国的最显著特点是，新君主制的巩固、宗教改革的推进和海外贸易、地理探险与殖民扩张等海洋事业的发展。都铎初期，英国人的海外贸易与远征探险等活动更加活跃，亨利七世不但意识到扩大海外贸易与殖民扩张之间的关系，而且十分重视外贸之于都铎君主制和英国民族国家的重要性。

不可否认，亨利七世通过各种手段打破了英国的外交困局，为民族国家发展和海外殖民贸易扩张创造了有利的国际环境。到他去世时，英国的外贸总量已经大大超越前代，英国的海上力量稳步进展。其实，亨利七世对英国海洋事业的最大贡献，不在于他建造了多少新的船只和港口设施，或者提供了多少财政支持，而在于他把重商主义作为一项基本国策确定下来，并加以切实的贯彻，而这项国策对于英国的经济持续发展和海洋事业的崛起，产生了持续而长期的重要影响。他借助于新君主制和民族国家的力量，为英国带来了丰厚的经济利益，他死时为国家留下了一笔数量可观的遗产，

[①] A. L Rowse, *The Expansion of Elizabethan England*, London: Macmillan, 1955, p. 165. 爱斯基摩人，又称因纽特人（Inuits），生活在北极地区，属蒙古人种北极类型。
[②] 保罗·布特尔：《大西洋》，刘明周译，中国出版集团东方出版中心2011年版，第70页。

提升了英国参与海外竞争的物质力量。亨利七世死后,英国人继续执行重商主义原则,履行英国和西班牙之间的商约,并与低地国家结盟,缓和与丹麦的关系,取消汉萨同盟在英国的特权,确保英国对外贸易和海洋事业的发展。

都铎早期海洋事业的发展,既要归功于亨利七世,又应归功于他的儿子亨利八世。在英西关系问题上,如果说亨利七世对西班牙联盟有所依赖的话,那么,亨利八世一方面遵从父命,娶其兄长亚瑟的遗孀凯瑟琳为妻,使英西王室联姻关系得以延续①,另一方面则试图摆脱对欧洲列强和罗马教廷的依赖,推动英国朝着政治上独立自主的方向发展。在处理外交事务时,他充分利用民族国家的力量,让英国人服从或服务于他的个人欲望和专制野心。他先是与英国的传统宿敌法国展开斗争,继而借助于宗教改革,对抗欧洲最强大的国家西班牙,把外来干涉势力的象征天主教教会赶出英伦三岛,在实现王权与民族国家有机结合的方向上,将都铎君主制推向了极致。

继位之初,亨利八世耽于享乐,无心政事,把几乎所有的国务都交给了位高权重的红衣主教、坎特伯雷大主教兼大法官托马斯·沃尔西(Thomas Wolsey)。亨利八世不像他父亲那样精明,也没有那样勤勉,但他敢作敢为、好大喜功,又是一位具有人文精神的君主。他也是海洋事业的赞助者,敢于藐视看起来强大的西班牙,支持普利茅斯、南安普顿和伦敦的商人从事与非洲几内亚及南美洲巴西的贸易,支持冒险家去开拓英国人一直在寻求的、通向东方的西北通

---

① D. C. Douglas (ed.), *English Historical Documents*, V (1485—1558), London and New York: Routledge, 1967, p.697.

道。1521年,亨利八世和沃尔西推动一项探险计划,他们建议伦敦的同业公会资助西北通道探险活动。由于伦敦商人对约翰·卡波特的失败记忆犹新,他们对这种探险能否成功持怀疑态度,并拒绝捐款。而与伦敦的冷漠形成反差,布里斯托尔商人愿意为探寻承担资费,他们装备了两条船,但遗憾的是方案尚未付诸实施就流产了。1525年,意大利人保罗·森图里奥尼(Paolo Centurioni)来到英国,他就北方探险问题与英王交换看法,可惜他不久病逝了。此后,亨利八世为了离婚问题与教皇争执,并进而发动宗教改革,因此无心他顾,海外探险的方案遂被搁置了。如果不是这些事务的干扰,他或许在海外拓展方面会有更大作为。

尽管如此,英国的私人海上活动仍在进展。16世纪初,英国的商船冒险向西远航,抵达西班牙南部安达卢西亚的重要港口加的斯、圣卢卡(San Lucar),以及15世纪时就已成为贸易中心的内河港口塞维利亚。1517年,西班牙的第五代梅迪纳·西多尼亚大公(Duke of Medina Sidonia)授予英国人特权,允许他们在圣卢卡港开展贸易活动。于是,英商把其业务集中到圣卢卡。在西班牙南部的莫雷纳山(Sierra Morena)和内华达山(Sierra Nevada)之间的安达卢西亚地区,他们不仅获得了西班牙的酒类、水果、油等商品,而且取得了通过转运来的意大利和利凡特的商品,以及产于西印度群岛西班牙殖民地的兽皮和蔗糖。布里斯托尔依靠有利的地理条件,在向西拓展的海外贸易中取得了明显的优势;伦敦和英国南部沿海诸港口也参与了这种贸易活动。在加那利群岛,布里斯托尔商号保持着代理商的地位。1526年以前,布里斯托尔人托马斯·提森(Thomas Tison)已发现了通往西印度群岛之路,他在那里住下来,为索恩家族和其他英国商人提供代理业务。①

1519年8月,一支西班牙船队在葡萄牙航海家麦哲伦的率领下开始环球航行。船队在1522年9月初回到西班牙,这是人类历史上第一次成功的环球航行。但此航行却引发西班牙人和葡萄牙人的激烈争论,双方都坚持认为香料群岛位于自己的势力范围内,归自己管辖。此时,神圣罗马帝国皇帝查理五世(Charles V)考虑出售他的权利,他暗示英王可能是买主。亨利八世指示英国驻西班牙大使爱德华·李,要他报告有关香料贸易的价值,李便与在西班牙经商的小罗伯特·索恩进行商讨。从小罗伯特1527年的一封答复函②中可以看出,他一直在考虑英国的太平洋冒险计划。他不但论证了借助于北方通道到达亚洲的可行性,而且在备忘录中提及了一个具体的探险方案,想以此表明他所期望的就是"要弄明白北方海路能否到达北极"的难题。1530年,小罗伯特·索恩和罗杰·巴洛(Roger Barlow)共同起草了一份《印度群岛之声明》(*The Declaration of Indies*),呈交给国王,其中声称老索恩和休·埃利奥特发现了美洲海岸。虽然文稿中使用了"发现"一词,这并不意味着老罗伯特和休就是那块陌生土地的最早发现者,这里只是想表达他们对一块已知的陆地进行了充分考察的意思。③巴洛出生于经营呢绒贸易的商人家庭,16世纪20年代赴塞维利亚经商,后来追随塞巴斯蒂安·卡波特(Sebastian Cabot)赴南美冒险,探查了南美仅次于

---

① Richard Hakluyt, *Hakluyt's collection of the early voyages, travels, and discoveries of the English nation*, III, London: Printed for R. H. Evans, … J. Mackinlay, … and R. Priestly, …, 1810, p.595.
② 参见本文第二章第二目。
③ J. A. Williamson, *The Cabot Voyages and British Discovery under Henry VII*, Cambridge: Hakluyt Society at The Cambridge University Press, 1962, pp. 26 – 27.

亚马孙河的第二大河拉普拉塔河（Rio de la Plata）。离开西班牙返国后，巴洛支持国王对威尔士的政策，又在宗教改革解散修道院的运动中获益，1546年购买了彭布罗克郡（Pembrokeshire）的斯莱拜切庄园（Slebetch Manor），同时又保持着他在伦敦和布里斯托尔的贸易网。据说，他是第一个踏上广阔的阿根廷大草原的英国人，也是一个到过圣克鲁斯（Santa Cruz）①的早期航行者。他的最大愿望就是乘英国航船横渡大西洋，获取有关这条航路的信息。在《地理学概要》(*A Briefe Summe of Geographie*)一文中他曾说那条最近的北方通道是上帝为英国人保留的。罗杰·巴洛和小罗伯特回到英国后，购买了一条用于探险的船只，但后者很快就死了，而巴洛则因境况不佳，无法单独实施探险计划。巴洛曾向英国政府提出过他们的航行方案，结果也是一无所获。

不过，人们发现《印度群岛之声明》是现代散文的一朵奇葩，值得一读。按照小罗伯特·索恩的理解，"印度"是指一块迄今尚未被发现的大陆，它和许多岛屿一起被统称为"尚未确认的南方大陆"(Terra Australis Incognita)。他坚持认为，由于西班牙人绕过美洲南部到达了东印度，英国人就有可能绕过这块新大陆的北部，找到一条到达亚洲的捷径。根据他对地球的测量，这条便捷通道比经过好望角，或经过麦哲伦海峡（Strait of Magellan）的那条航线要短，而且，由于热带地区并未被证明热到难以忍受的程度，北极地带也不至于冷到不可忍受。小罗伯特据此建议，探险队离开英国后，可适当朝北航行，然后穿越北极，进入太平洋，他希望在广阔的太平洋中

---

① 加那利群岛特内里夫岛（Tenerife）上的主要港口和首府，葡萄牙人位于摩洛哥沿岸最南部的商站。

发现一个既不属于葡萄牙、也不属于西班牙的新地理区域,这个区域将由英国人控制。小罗伯特关于北方航路的设想,对英国探险方向的选择,长期起着支配作用。1527年,来自埃塞克斯的水手约翰·卢特(John Rut)在意大利航海家的帮助下,率领一支由两艘船组成的探险队,按照托马斯·沃尔西设定的方案去探寻北方通道。他指挥"玛丽·吉尔福德"号(Mary Gilford)沿着北美海岸向南航行,行驶至西印度群岛,在东部的波多黎各(Puerto Rico)和圣多明各(Santo Domingo)停靠了一段时间,试图找到在哈德孙河(Hudson River)入口因风暴而失散的"萨姆森"号(Samson)伴船。有记录以来,英国船只第一次闯入了属于西班牙势力范围的美洲加勒比海地区,①但是,探险者寻找一条到达东亚捷径的愿望最终没有成功。

15世纪中后期,英国的海外探险殖民活动几乎都以失败告终,主要原因是,英国人受到了西班牙和葡萄牙垄断势力的排斥,还有罗马教皇司法管辖权的束缚,以及航海经验和科技水平的制约。当然,不可以一时成败论英雄,帝国启动之时的英国海外活动成也好、败也罢,都构成英国早期殖民扩张史的重要内容,透过这些历史的现象可以看到,它们为后来的英国海上事业提供了一个重要的学徒期。可以说,狂热的帝国野心、成熟的航海技术、丰富的远洋经验,以及关于新大陆的地理学知识,都是通向成功的海洋探险和伟大的地理发现的前提。此外,如何从一次次的失败中总结经验、记取教训,也是英国人在开拓海洋中必须面对的问题。都铎早期的海外探险尝试,对于后来繁盛的英国海洋事业来说具有不可多得的意义。

---

① George W. Southgate, *The British Empire*, London: J. M. Dent & Sons Ltd., 1945, pp.11, 28.

都铎君主把加强王权同民族国家结合在一起,他们推行的重商主义政策促进了英国海外贸易和海外探险的欲望,从而为未来的英帝国奠定了基础。

二、卡波特探险北美新大陆

在早期海洋发现事业中,意大利人对未知的海外世界抱有强烈的好奇心和征服欲,并取得了许多令人称奇的成果。在欧洲各国中,意大利位于地中海区域,具有发展航海业和海上贸易的独特优势,他们将这种优势发展得淋漓尽致,创造了中世纪商业贸易和海上活动的辉煌。

早在13世纪,威尼斯商人马可·波罗(Marco Polo)就曾追随其父亲和叔叔,途经两河流域、伊朗高原,再越过帕米尔高原,横穿塔克拉玛干沙漠,涉险往东方经商。后来,他留下了著名的《马可·波罗游记》(*The Travels of Marco Polo*)。这部珍贵的历史文献记录着波罗家族两代人的东方历险和沿途见闻,所以又叫《东方见闻录》。作者不仅最早把中国介绍给西方,而且由于绘声绘色的描述,使得古老、神秘而富庶的东方像磁石一样,深深地吸引着那些好奇的探险者、敛财的冒险家和虔诚的神学家,令他们向往东方,并对后来大航海时代西方人开辟直达东方的新航路产生了重要影响。14世纪中叶,热那亚水手先于其他欧洲人,已经把探险与发现的触角,从地中海区域伸到了遥远的大西洋沿岸。随后,意大利人又以发达的手工业和活跃的商业贸易为支撑,率先发动了文艺复兴。这样,无论在人文思想还是在自然科学方面,在造船计划还是在航海经验方面，意大利人都曾领先于西方世界。然而，意大利长期以来在政治上四分五裂，像一盘散沙，以至于在大航海时代来临时，它不能形成统一的民族国家，尽管在中世纪像威尼斯、热那亚、佛罗伦萨这些城市都一度繁荣，领先于欧洲，但是当其他地区兴起了民族国家的潮流之后，这些中世纪的城市共和国就不足以与它们竞争了，意大利开始落后于时代，拱手把地理大发现的领导权交给了最早进入民族国家历史阶段的葡萄牙和西班牙。美国学者斯塔夫里阿诺斯教授指出："早期探险者虽然绝大多数是意大利航海冒险家，但他们的资助者都是新兴的民族君主国，而不是他们的家乡、微不足道的城邦，这一点绝非偶然。西班牙和葡萄牙朝廷给哥伦布和达·伽马以大力支持，英国和法国朝廷也紧随其后，热情支持卡波特、韦拉扎诺及其他许多人。"[1]在这种特定的现实环境下，意大利的水手、航海家纷纷把他们的目光投向了葡萄牙、西班牙、英格兰这些新兴民族国家，以获得那些强势君主的支持。

就在葡萄牙航海家巴托罗缪·迪亚士（Bartholomew Dias）到达好望角的前两年，有个意大利热那亚的年轻探险家从葡萄牙首都里斯本出发，乘上一条驶往英国的小帆船。这个年轻人就是后来名声显赫的克里斯托弗·哥伦布的弟弟，他的名字叫巴托罗缪·哥伦布（Bartholomew Columbus）。早在15世纪70年代，巴托罗缪就在里斯本从事制图工作，并和哥哥克里斯托弗一起构思他们的"印度事业"计划，就是：走西部航线，而不是东部航线，航行到香料群岛去。这两位热那亚水手雄心勃勃，迫切希望能驾船闯进大西洋，然后朝

---

[1] 斯塔夫里阿诺斯：《全球通史：1500年以前的世界》，吴象婴、梁赤民译，上海社会科学院出版社1992年版，第467页。

西航行，去探索那遥远对岸的神秘陆地。克里斯托弗坚信，亚洲东面和欧洲西面的全部空间均为一望无际的大海洋，如果从葡萄牙或西班牙出发，向西沿着直线向前航行，航船终将到达东方的印度。不过当时的意大利，没有一个城邦具备支持哥伦布远洋冒险所必需的全部条件，而要完成这样的计划，必须仰赖于有实力王室的支持。于是，克里斯托弗把他的首选目标瞄准了刚刚摆脱阿拉伯人统治、形成中央集权君主制的伊比利亚。1484年，哥伦布首先向葡萄牙国王提出资助其远征探险的请求，虽然约翰二世（John II）表示乐意"考虑这个问题"，可他迟迟不予答复，非但如此，他还秘密派出三艘轻快帆船，按照哥伦布呈献的航海图向西航行，不过未能成功。对于葡王背信弃义的行为，后来哥伦布的儿子评论道："当这个欺诈事件传到我父亲耳边时，他对里斯本和葡萄牙国家产生了反感。"[1]既然约翰二世不讲信义，哥伦布就把目光转向了另一个伊比利亚国家西班牙。不过，当时西班牙的收复失地运动正接近尾声，斐迪南二世（Ferdinand II）和伊莎贝拉一世（Isabella I）无暇他顾，因而1486年和1489年哥伦布与西班牙王室的两次谈判均以失败告终。

哥伦布没有完全失去希望，他一边继续在西班牙谋求资助，一边派弟弟巴托罗缪前往不列颠寻求英王的支持。可是，巴托罗缪的船只遭到海盗的袭击，当他来到英国时，已经变成身无分文的穷光蛋，并且弄丢了随身携带的一封致英王的信函和大量的航海图。空手而去，自然无法见英王。为了满足基本的生存需要，他只得靠草拟和出售地图挣些钱，这样就浪费了许多宝贵的时间。当他能有一

---

[1] Philip Gibbs, *The Romance of Empire*, London: Selwyn and Blount, Ltd., 1920, pp.18-19.

套像样一点的衣服时,他就觐见英王,向亨利七世诉说了关于越过大西洋向西航行的冒险计划。虽然此前以布里斯托尔商人为代表的英国民间海外探险活动已经开始,但英王尚未做好大规模探险的心理准备,亨利七世没有立即考虑该计划,而是像葡王一样,仅仅允诺"考虑这个问题"。就这样,英国把走向海洋对外探险的领袖角色让给了西班牙。

1492年1月,西班牙夺取被穆斯林侵占的最后一个据点格拉纳达(Granada),完成了收复失地运动。不久,哥伦布第三次应召进宫,他的雄伟计划终于得到了伊莎贝拉女王和斐迪南国王的首肯。在哥伦布的帮助下,西班牙人抢先一步,最早踏上了新大陆的土地。随着美洲的发现与征服,一个从未被梦想、富裕而庞大的西班牙美洲帝国建立起来,西班牙也成了欧洲最富有、最强大的国家。①

亨利七世未接受哥伦布的提议,错过了最早踏上美洲的机会,制约他的因素其实很多:其一,虽然亨利七世是欧洲当时最有学问的君主之一,但他谨小慎微,尤其在财政上精打细算,甚至"变得极其吝啬小气";②其二,英国与法国之间似乎要爆发战争,亨利七世无暇顾及那些无法确定的事,况且在他看来,哥伦布的西行计划极具冒险性;其三,到1490年,虽然亨利七世和他的顾问们对取道西航到达亚洲的设想已经有所了解,但他们缺少亨利七世、伊莎贝拉女王那样的远见,也许还有对外国人的不信任。无论如何,亨利七世错过了率先发现新大陆、进而建立殖民大帝国的最早机会,这个失误

---

① Philip Gibbs, *The Romance of Empire*, London: Selwyn & Blount, Ltd., 1920, p.19.
② 肯尼思·O. 摩根主编:《牛津英国通史》,王觉非等译,商务印书馆1993年版,第250页。

是很难弥补的。

　　历史不能假设，不可重演，但是历史的教训值得注意。1494 或 1495 年，正当哥伦布第二次踏上美洲新大陆探险之际，又一位意大利水手来到了英国，他就是哥伦布的同乡，可能也出生于热那亚的约翰·卡波特。和他一起登陆的，还有他的妻子马蒂亚(Mattea)，以及他们的三个儿子卢多维克斯(Ludovicus)、塞巴斯蒂安和桑切斯(Santius)，一家在对外贸易活跃、拥有良好航海基础的布里斯托尔定居下来。[①] 约翰·卡波特是英文名字，他在意大利叫乔万尼·卡波特(Giovanni Caboto)，或朱安·卡波特(Zuan Caboto)。关于他的早年，由于没有留下什么文献资料，人们知之甚少，包括他究竟出生于热那亚还是威尼斯，一直没有定论。卡波特差不多 11 岁时，举家移居到威尼斯。他父亲朱利奥·卡波特(Giulio Caboto)是个香料商人，拥有自己的作坊。他从父亲那里知道一些关于东方探险的故事，开始对遥远的中国和日本有了模糊不清的认识。从此，他萌生了令他着迷的人生梦想：他要成为像马可·波罗那样的探险家，有一天去东方冒险。不过，这种梦想却与他父亲对他的期待相左，父亲的愿望是把他培养成为一个商人。在父亲的教导下，卡波特开始学习经商之道，虽然他的兴趣还是在航海和冒险之类的事情上。根据威尼斯归化法，1476 年，即卡波特在威尼斯连续住满 15 年后，他入了威尼斯籍，成为一个正式的威尼斯公民。就在这一年，他开始出海经商，第一次踏上了前往东方的香料之路。约翰·卡波特到过红海，接触过阿拉伯水手，还游览了伊斯兰教圣城麦加。从这次的

[①] Michael Van Cleave Alexander, *The First of the Tudors: a study of Henry VII and his reign*, London: Croom Helm, 1981, pp. 145–146.

利凡特之行中,他开阔了眼界,也增强了航海信心。回到威尼斯以后,他一边学习航海技术和绘图技能,一边构思着他那宏伟的航海计划,并极力寻找可以帮助他实现梦想的赞助者。早在 1484 年,他就曾决定举家移居西班牙,一个临近大西洋的航海国度,一个有可能使他圆梦的地方。1490 年,他定居在瓦伦西亚(Valencia)。[①] 他曾受聘为西班牙政府建设新港口的顾问,提出过一项建设新码头的计划。不过由于王室不能提供必要的"配套基金",他感到前途无望,只好离开西班牙,前往葡萄牙。

人们知道,哥伦布从第一次西航中归来后,宣布他已经发现了那个接近亚洲的岛屿。对哥伦布的这种说法,卡波特不以为然。据说,还在西班牙的时候,卡波特在巴塞罗纳可能见过哥伦布,他们有过交谈。到底有没有这回事,现已无从查考,但是可以得到确证的是,卡波特相信哥伦布并没有航行太远,哥伦布所描述的那些地方,大概与 13 世纪马可·波罗记述的中国和日本毫无关系。[②] 因而,卡波特决定自己做一次探险航行。有人认为,在哥伦布的成功尚未被人们知晓以前,卡波特就制定了自己的航行计划,也就是后来为英王亨利七世效力时付诸实施的西航方案。[③] 因此,经过向西的航路,到中国的探险,就成为都铎时期及日后的英国的主要探险方案之一,也是英帝国的奠基性工作之一。[④]

卡波特在被葡萄牙的约翰二世拒绝后,便携带着自己的西航计

[①] 15 世纪时西班牙最繁荣的东部港市。
[②] Michael Van Cleave Alexander, *The First of the Tudors: a study of Henry VII and his reign*, London: Croom Helm, 1981, p.146.
[③] A. L. Rowse, *The Spirit of English History*, London: Jonathan Cape, 1943, p.46.
[④] H. J. Mackinder, *Britain and the British Seas*, Oxford: Clarendon Press, 1930, p.25.

划到了英国。在英国人看来，他在布里斯托尔传播的地圆学说，确是一种全新的知识。卡波特认为，中国或亚洲东岸向远方伸展，必定接近来自于欧洲的西航船只；离开欧洲海岸向西航行应当是切实可行的，而促进这种航行的动力，主要来自具有诱惑力的东方财富和香料贸易。当时，由于土耳其人在东地中海崛起，威尼斯人正在失去长期以来几乎完全为他们所垄断的香料贸易，葡萄牙人则尚未从达·伽马开辟的新航线中获得这种贸易。卡波特还认为，哥伦布的早期发现，并不能够证明他已经到达了中国或日本，当然也不可能发现香料群岛。他相信，布里斯托尔人的早期努力与意大利人的世界地理知识相吻合，而他的到来激发了布里斯托尔商人对未知世界的幻想与热情，所以他们同样相信，越过大西洋将有一块神奇的大陆，那必定是他们在较早的某个时候已经发现、后来又被丢失的巴西岛；也许，那就是他们一直在苦苦寻找的亚洲之所在。虽然布里斯托尔人自己所说的发现并无法证实，但是，他们同西班牙和葡萄牙的贸易，以及同马德拉群岛和亚速尔群岛的贸易，将西班牙和葡萄牙的大西洋航线连接了起来。可以说，布里斯托尔人早先的活动给卡波特的北美发现打下了基础。

1496年3月，亨利七世巡游英格兰西部，并在布里斯托尔作了逗留，其间卡波特被准予觐见英王。他请求亨利七世允许他以英国人名义到"大汗的国度"航行，并占有任何迄今为止尚未被其他基督教国家占领的土地。他向英王解释说，如果他沿着比哥伦布航线更高的纬度向西航行，就可以大大缩短欧洲和远东之间的距离，必定会取得惊人的成功；如果有精良的装备，他可以到达向北伸展的亚洲大陆，还可以通过它的西部海岸和南部海岸到达中国和日本。按照卡波特的说法，在开阔的海上所花费的时间，只会是这次航行所需时间的很小一部分,这样就减少了远征探险的危险性,也可以让英国去分享远东的香料贸易。①

卡波特的建议为亨利七世所接受,主要原因有三点:第一,此前,亨利七世已与哥伦布失之交臂,现在他不想再错失这送上门来的良机,因而乐意接受哥伦布的同乡卡波特为英国的航海活动提供帮助。第二,亨利七世意识到,在海外殖民方面,由于伊比利亚国家已走在英国前面,现在他必须追赶上去,打破伊比利亚的殖民霸权,为英国争取平等的扩张权。第三,长期以来,英商一直在苦苦寻求新的海外贸易市场,卡波特如能为英国开拓这样的贸易场所,那么既可以增加王室收入,又可以满足英商的要求,②岂不是一举两得!卡波特的愿望与英王的思考,还有英商的希望不谋而合。

1496年5月,卡波特从亨利七世手中接过皇家特许状,据此,他获得了一些颇有吸引力的承诺,得到了"到东方、北方或西方去寻找迄今尚未被基督教徒触及的岛屿、国家和地区"的特权,而且对所发现的任何新贸易享有垄断权。在这份皇家特许状上,第一次出现了"有效占领"的字眼,这也是都铎朝日后在海外殖民扩张中一贯坚持的原则,以挑战伊比利亚国家坚持的所谓"发现优先权"。卡波特原本希望英王能够向他提供一些远征探险的费用,但是让他失望的是,这位都铎君主以精打细算闻名,真是小气而吝啬。按照特许状的规定,都铎王室不仅不需要作任何投资,还可以从卡波特父子未

---

① George W. Southgate, *The British Empire*, London: J. M. Dent & Sons Ltd., 1945, p.146.
② G. E. Weare, *Cabot's Discovery of North America*, London: John Macqueen, 1897, p.107.

来的发现中获取五分之一的收益;①卡波特父子将为英国王室占领和拥有任何新发现的、迄今为止尚未被基督徒开发的地方,包括陆地、岛屿、城镇、城市和城堡等。② 特许状回避了南航路线,那是为了避免与西班牙和葡萄牙发生利益冲突。卡波特得到这份由英王亲自签字的官方文件后,就在没遇到什么困难的情况下,获得布里斯托尔商人们的帮助,建造了质量好、适合远航的船只,并准备了远航用的所有必需品。③

1496 年,卡波特为英国人作了第一次远洋航行。关于这次的探险情况,如具体时间、详细经过等,均不得而知。不过,西班牙驻伦敦副代表佩德罗·德·阿亚拉(Pedro de Ayala)在一份呈送斐迪南国王和伊莎贝拉女王的报告(1498)中,涉及了卡波特从布里斯托尔航行到北美大陆的内容。他写道:"有一个像哥伦布一样的人,向英王提出要进行如同哥伦布朝印度航行那样的探险建议。"而且"在最近的七年中,布里斯托尔商人习惯于每年派出一支由两艘、三艘或四艘轻快帆船组成的舰队,根据这位热那亚人的想象,去寻找布拉希尔岛和七座城"④。

1497 年春末,大约是 5 月,第二次探险开始。卡波特从布里斯托尔出发,他没有带特许状所允许的五艘船,而由一艘"马太"号

---

① "First Letters Patent granted by Henry VII to John Cabot," 5 March 1496 in H. B. Biggar (ed.), *The Precursors of Jacques Cartier, 1497—1534*, Ottawa: Canadian Archives, 1911, pp. 8-10.
② H. S. Commager & Milton Cantor (eds.), *Documents of American History*, I, Englewood Cliffs, N. J.: Prentice-Hall, 1988, p.5.
③ 参见 Philip Gibbs, *The Romance of Empire*, London: Selwyn and Blount, Ltd., 1920, pp. 22—24.
④ J. A. Williamson, *The Cabot Voyages and British Discovery under Henry VII*, Cambridge: Hakluyt Society at The Cambridge University Press, 1962, p.23.

(Mathew)载着18名船员,其中包括布里斯托尔水手、商人,以及一个勃艮第人(Burgundians)和一个热那亚理发师等。卡波特没有沿着直线向西航行,而是在爱尔兰西海岸沿着北纬50°线朝偏北方向行驶一段时间,然后再折向西南方,横渡大西洋,如查尔斯·金斯利的诗句所歌唱的那样,"航行到西方去"。"他发现大海中有一堆堆巨大的漂浮冰块和持续不断的白昼。由于看到前面有那么多的冰块,他不得不转头向西",继续向前,"北极星直对着他的右手"。圣约翰纪念日(St. John's Day),即6月24日,他们终于接触到了新的陆地。上岸以后,卡波特和几个同伴竖立起一个巨大的木头或石头做成的十字架,还插上了标有英王亨利七世、教皇亚历山大六世和威尼斯的圣马可(St. Mark)①徽章的旗帜,以英国人的名义,宣布占领这块地方。这是英国人在海外殖民活动中的第一个斩获,也是第一次在海外升起英格兰王旗。②

不过,卡波特像哥伦布一样,也误以为自己到达了东北亚一带。他自信地报告说,他已经到达中国的最东边海岸。由于他没有留下航海图,也没有登陆地点的经纬度记录,人们还是无法确定他登陆的地点。不久,追随他的英国人就意识到,他并没有到达中国,因为他所说的东北亚既无香料、也无中国的城市,中国显然在更远的地方。尽管如此,他也像哥伦布一样,来到一块全新的大陆,这就成为英国对北美大陆进行所谓"有效占领"的依据。③ 后来有人认为,卡

---

① 或称约翰·马可。《新约·马可福音》的作者、福音传道者(Evangelist)和基督教最初四个主教之一。在传统上,他被视为埃及亚历山大尼亚教会的创建者。
② Philip Gibbs, *The Romance of Empire*, London: Selwyn and Blount, Ltd., 1920, p.24.
③ A. L. Rowse, *The Spirit of English History*, London: Jonathan Cape, 1943, p.46.

波特最初的登陆点是在加拿大东南部的布莱顿角岛（Cape Breton Island），或新斯科舍（Nova Scotia）的某个地方；还有人认为它在纽芬兰、拉布拉多或美国的缅因（Maine）一带。可以肯定，不管卡波特最初"发现"的是什么地方，他并没有直接为英国人建立殖民地。至于纽芬兰，早在亨利八世时期，英国水手就经常航行到这里，还开辟了鳕鱼场。① 特别有意义的是，"纽芬兰渔场培育了接连好几代训练有素、能胜任远洋航行的海员。后来探察北极区，寻找一条东北或西北航道的船只，开始拓居北美洲的远征队，与西葡两国的舰队作战的英国和荷兰的舰队——所有这些基本上都配备了由纽芬兰浅滩渔场这所严格的学校培养出来的海员。"②

卡波特一行考察了加拿大东部的海岸线，还命名了许多海岛和海角。他们又花一个月时间，继续向南航行300海里，考察了土著人居住的海岸，尽管没有看到任何居民，还是发现了足以证明有人存在的确切痕迹，如砍伐的树木、伪装的陷阱，等等。卡波特认为，这里是"一个非常好的、气候温和的国家"，其土著居民习惯于用针编织渔网，设陷阱捕捉猎物。总的来说，这次航行"相当幸运而又富有成效"。③ 按探险史家彼得·马特·德安吉尔拉④的说法，卡波特一行是8月6日回到布里斯托尔的，前后持续不到三个月。其间，他们发现了用兽皮掩体的海岛居民，还有大量的以鱼为食的熊。在返航

---

① George W. Southgate, *The British Empire*, London: J. M. Dent & Sons, Ltd., 1945, p.10.

② 斯塔夫里阿诺斯：《全球通史：1500年以后的世界》，吴象婴、梁赤民译，上海社会科学院出版社1992年版，第159—160页。

③ J. A. Williamson, *A Short History of British Expansion*, London: Macmillan & Co., 1947, p.69.

④ 参见本文第二章第二目。

途中，他们还发现了大群鲱鱼和鳕鱼，所以后来他宣布，英国的渔民可以不用到冰岛沿岸，而直接到大纽芬兰浅滩渔场去捕鱼。此次探险的目的，主要是为了寻找一条通过海路到达亚洲的西北通道，虽然没有达成这个目标，但卡波特的北美之行还是非常有价值的。至少可以说，他是继11世纪埃里克森之后航行到北美大陆的欧洲第一人。

8月10日，卡波特在伦敦受到王室的热情款待，并被授予海军上将称号。此外，他还从英王手中接过了10镑奖赏，这大约相当于一个普通劳工或工匠差不多两年的收入。同年12月，他又获得了每年20镑年金的奖赏。关于卡波特探险的报道，当时有个侨居伦敦的威尼斯商人，名叫洛伦佐·帕斯奎列戈（Lorenzo Pasqualigo），1497年8月23日他写信给他的两个远在威尼斯的兄弟阿尔瓦斯（Alvise Pasqualigo）和弗朗西斯科（Francesco Pasqualigo），声称威尼斯人卡波特乘上一条小船，为了寻找新的岛屿而离开布里斯托尔，现在已经从远航中归来。据说，卡波特在700海里之外发现了陆地，"那个地方就是大汗国（Grand Khan Khanate），他沿着它的海岸航行了300海里，上岸后竟然没有发现一个人"；为了节省返航时间，他没有登上那两个他们在返航途中发现的岛屿。回到英国后，"他被赋予巨大的荣誉，他身着绸缎行走（在大街上），英国人像发疯了似地追在他后面。真的，他能随意招募多少人，还可以招募大量的无赖。"[①]当时，英王"许诺第二年春天给他10艘武装船只，这也是他所希望

[①] Reproduced from H. P. Biggar (ed.), *The Precursors of Jacques Cartier, 1497—1534: A Collection of Documents Relating to the Early History of the Dominion of Canada*, Ottawa: Government Printing Bureau, 1911, p. 14 (Original document housed in the Biblioteca Marina, Venice).

的,而且所有的囚犯,都可以随他一道去冒险。"另一个意大利人,米兰公国驻英大使雷蒙多·德·桑切诺(Raimondo de Soncino),1497年12月18日致函米兰公爵路德维柯·玛丽亚·斯福查(Ludvico Maria Sforza, Duke of Milan)说,"就在几个月前,英王曾派遣一个技术娴熟的威尼斯水手去发现新的海岛,他平安地返回了,而且找到了两个大而富有的新岛。在离英国400海里之遥处,他还发现了七座城,就在距离英国400海里的西方通道上。"来年春天,亨利七世还"有意派遣15或20艘船"①,资助他出海探险。可见,卡波特的美洲之行,也受到了在英国的意大利人的热情关注。

1498年2月3日,卡波特从英王手中接过了新的皇家特许状。5月初,他率领一支由五艘船组成的探险队作第三次探险航行,去寻找那富饶的东方航路。这次远航的目标之一,就是建立巩固贸易的前哨阵地。参与探险的船只承载量较小,不超过200吨,装载着呢绒、花边、羊毛等许多适合贸易的货物。② 显然,卡波特要用它们去交换东亚的货物,如丝绸、瓷器、香料和珍宝等,希望拓展与东方的贸易。其中,有一艘船是由英王本人提供的,卡波特必须向亨利七世支付每吨每月1先令的租金。据说,探险队在离开布里斯托尔后,直到9月末也没有什么消息,有一艘船因风暴受阻,不得不在爱尔兰靠岸。由于没有留下任何可靠的记录,人们无法得知卡波特的所终,此后也没有关于他的任何消息。这是大航海时代的一个不解

---

① Michael Van Cleave Alexander, *The First of the Tudors: a study of Henry VII and his reign*, London: Croom Helm, 1981, pp. 148-149; A. B. Hinds (ed.), *Calendar of State Papers, Milan*, vol. 1 (HMSO, 1912), No. 552, (English Translation from Italian) pp. 336-368.

② Marian Rengel, *John Cabot: The Ongoing Search for a Westward Passage to Asia*, New York: The Rosen Publishing Group, 2003, p.80.

之谜。

在1492年的第一次探险中,哥伦布希望找到直达东方的新航路,但是,他的航海方案低估了欧亚两洲之间的实际距离。在此前提下,他作出判断,认为从欧洲直航到中国和日本完全可行。于是,他沿着加那利群岛的纬度,在赤道以北,略小于30度的地方横渡大西洋。他的判断是错误的,就造成了结果的错误。卡波特看出了哥伦布的错误,他自信地认为,从北纬不到60度的地方开始横越大西洋,球面距离短了,完全可能到达亚洲。虽然卡波特的方案相对合理,但他也同样低估了欧亚两洲间的实际距离,以为只要穿过大西洋,就可以直达亚洲,结果到了北美大陆,而不是中国。其实,早在哥伦布和卡波特之前,向西航行的设想就已经被提了出来,但是,哥伦布和卡波特将这种设想付诸实践。客观地说,他们的目标是共同的,由于犯了相同的错误,结果发现了美洲:哥伦布来到中美洲,卡波特到达北美洲大陆。

卡波特对北美地区的大规模远征探险,受到国王、廷臣、商人、水手……整个英吉利民族的支持。离开了这种支持,卡波特的个人力量不足以完成如此的海外冒险。由于有了英王和他的臣民们的支持,他终于抵达北美新大陆,这是大航海时代西方人在探险方面的又一重大成就。但追随他的那些人,在随后几年内都不得不承认,不但中国在更遥远的地方,而且他发现的那个巨大而不为基督教世界知晓的大陆——"新发现的土地"(New Found Land,即纽芬兰),正是通向东方之路上的障碍,而这种认识本身就是一个进步。为了克服这个障碍,寻找经西北通道到达亚洲的捷径,卡波特一家前赴后继,孜孜以求。

塞巴斯蒂安是卡波特的第二个儿子,也是他事业的继承者。16

世纪,有几位作家提及过塞巴斯蒂安的航行情况,说他可能参加过他父亲1497年的北美探险。他后来在英王的赞助下,独立进行了类似的探险活动。1504年,他组织了一次到新大陆的航行,布里斯托尔的"耶稣"号(Jesus)和"加百利"号(Gabriel)两船随行,从美洲带回了一些腌鱼。第二年4月3日,他从英王那里得到10镑年金的奖赏。1508—1509年,他带领探险队,循着他父亲第一次经过的西北通道,到北美一带开展新的探险活动。这或许是16世纪早期英国最后一次重要的航海活动。这次航行获得了亨利七世提供的资助,被视为"一次皇家与商人的联合行动"。[1] 船队经过美洲北部的顶端时,遇到了大量浮冰带来的危险;在穿过哈德孙海峡(Hudson-Strait)时,船员们突然发现了一个宽阔无边的大海,塞巴斯蒂安认为它必定是通往亚洲的大洋,其实那只是著名的哈得孙湾(Hudson's Bay)。他们还沿着北美南大西洋海岸航行,试图去寻找温带气候下的大陆入口处,结果什么也没有发现。

同时代的意大利史家德安吉尔拉认为,塞巴斯蒂安承担了这次远征的全部费用;J. A. 威廉森教授则认为,此次航行的大部分经费是由英格兰—亚速尔辛迪加(syndicate)的合伙人、布里斯托尔的商人休·埃利奥特和托马斯·阿什赫斯特(Thomas Asshehurst)提供的。由于两方面的原因,这次探险被看作是都铎朝早期海外殖民的重要事件之一:一是从这次航行中,塞巴斯蒂安获得了更多的地理学知识,尤其是关于新大陆的知识,认识到大西洋对面的那块陆地,是根本不同于亚洲的新大陆;二是这次航行推进了西北通道的探寻

---

[1] Michael Van Cleave Alexander, *The First of the Tudors: a study of Henry VII and his reign*, London: Croom Helm, 1981, pp. 153-154.

工作,使这位年轻的英国探险者比亨利·哈德孙(Henry Hudson)①提早一个世纪发现了哈德孙湾(Hudson Bay)。② 遗憾的是,塞巴斯蒂安返回英国时,他的最重要赞助人亨利七世已经去世,16世纪早期英国的探险活动由此停顿下来。

亨利八世时期,先后发动三次对法战争(1512—1514、1522—1523、1544),在第一次对法战争中,塞巴斯蒂安受聘为制图人,效力于皇家军官罗伯特·霍华德爵士(Sir Robert Howard),参加过对法国西南部的加斯科尼和盖纳(Guienne)的军事远征。来到法国西南部后不久,他就越过比利牛斯山,在西班牙定居下来,开始为西班牙王室服务。不过有一种说法认为,作为英王雇佣的格林威治皇家制图师,1512年塞巴斯蒂安随多塞特侯爵托马斯·格雷(Thomas Grey, Dorset Marquis)③远征西班牙后,被西班牙国王任命为海军上校。1516年斐迪南国王死后他返回英国。在同一年,他和英国海军中将托马斯·珀特爵士(Sir Thomas Pert)率领两艘船,考察了南美洲的巴西海岸和中美洲的西印度群岛。在其后30年中,塞巴斯蒂安主要在西班牙生活,为西班牙人效力,直到1547年重返英国服务,当时爱德华六世的枢密顾问向他提供了一笔基金。在英国早期的航行与探险活动中,塞巴斯蒂安的影响可以归结为这样几个方面:首先,作为一个水手和地理学者,他为英国确定了今后一个时期航行与发现活动的总方向;其次,作为一个远征探险的组织者,他规定了航行活动中的纪律以及与贸易相关的要求;再次,

---

① 1610年,亨利·哈德孙首次为荷兰人考察哈德孙湾。
② H. J. Mackinder, *Britain and the British Seas*, Oxford: Clarendon Press, 1930, pp. 25-26.
③ 英国都铎朝廷臣、军人,"九日女王"简·格雷的祖父。

作为一个商人,他在组建英国人的商业公司方面起过重要作用,被推为总裁;最后,作为一个航海训练者,他为英国培养了一批有经验的航海探险家。①

都铎朝早期,英国的海上航行、海外的探险与殖民活动尚处于启动阶段,卡波特父子的活动具有突出的意义:第一,卡波特父子对北美新大陆所作的连续探险与考察,开启了英国人参与海外发现与殖民贸易的过程。虽然布里斯托尔商人早就冒险进入大西洋海域,他们也极力推进远洋航行,可是由于缺乏必要的地理知识和航海技能准备,他们的船只出海去探索大西洋始终无果。现在,卡波特父子为英国人带来了许多海外的讯息,传授了许多有关地中海和大西洋的知识,丰富了他们的航海知识,激发了他们的远航热情。第二,卡波特父子探寻北方通道的活动,推动了英国人走向海洋、走向深海、走向帝国的扩张过程。卡波特首次航行的登陆地点,也许就在加拿大新斯科舍省东部的布雷顿角岛附近,他探查了新斯科舍,看见了纽芬兰。实际上,这是英国人,也是欧洲人,第一次对北美大陆进行的实地考察。根据优先发现权,都铎后期的英国人开始要求对北大西洋和北极水域的支配权,以此来挑战西班牙和葡萄牙的海洋垄断权。约翰·迪以此为基础,试图证明在伊丽莎白时代,英国人已经享有对北美、格陵兰和尚未被俄罗斯人占有的其他北极地区的所有权。第三,卡波特父子的探险活动,激发了英国人向海外冒险扩张的强烈欲望。在亨利七世和布里斯托尔商人的支持下,他们利用都铎君主制和英国民族国家提供的有利条件,率领英国探险队朝

---

① A. L. Rowse, *The Expansion of Elizabethan England*, London: Macmillan, 1955, p.166.

北方航行,试图寻找到达亚洲的大西洋航路。① 从此,朝西北方向进行探险就成为都铎时代,乃至其后很长一个时期内英国海外扩张活动的主要方向。

三、反对汉萨特权的斗争

长期以来,由于以下两个方面的原因,英国的对外贸易一直受到外国人的垄断:一是地理方面的问题。英国是欧洲的一个离岛,地处中世纪商路的末端,与北方的北海、波罗的海贸易区和南方的地中海贸易区的交通往来不是非常方便。相比之下,莱茵河流域的法国、佛兰德斯和德国一些城市,意大利北部城市,在传统贸易活动中均占据着优势,他们不仅可以用自己的产品与外界进行交流,还可以操纵其他国家的贸易,其中就包括对英国进出口贸易的操纵。二是商人的职业素质问题。当时,德意志、意大利、佛兰德斯、法国等地的商人组织良好,训练有素,且拥有较为雄厚的财力基础,而同一时期的英国人差不多还处于学徒期,他们根本无法与其对手,即那些长期活跃于北海和波罗的海贸易区的汉萨同盟商人、垄断着地中海贸易区的威尼斯商人和热那亚商人、介于南北两大贸易区之间的佛兰德斯商人和德国商人展开贸易竞争。英国虽拥有丰富的羊毛资源,但是发展毛纺织业所需的其他原料,诸如白土、染料、明矾等,都必须依赖进口,而且在呢绒业生产技术上他们也落后于佛兰

---

① William H. Woodward, *A Short History of the Expansion of the British Empire, 1500—1930*, Cambridge: Cambridge University Press, 1952, p.12.

德斯人。这样,提高工商业从业者的技能,增强自身的综合国力,排斥外国人在英国享有的贸易特权,就成为英国人独立开展贸易活动,以促进民族经济发展的迫切需要。

商路和贸易区是理解大航海时期英国走上海外贸易、探险和殖民扩张之路的两个重要因素。中世纪时期,从亚洲延伸过来的传统交通干道,主要有北方商路和地中海商路,前者沿着俄罗斯河谷地区,到俄罗斯西北部的诺夫哥罗德(Novgorod)①,再到波罗的海湾口处的里加(Riga)②,或穿越波兰,可以到达波罗的海诸港口;后者借助于商队,到达黑海沿岸,或叙利亚的大马士革、阿勒颇,或通过阿拉伯船只进入红海,再经过短暂的陆路,便可抵达埃及的亚历山大里亚。在国际贸易方面,围绕着南北两大商路,欧洲形成了南方的地中海贸易区和北方的北海—波罗的海贸易区。意大利人在地中海贸易区扮演主角,他们因经营转运来的亚洲奢侈品贸易而发财致富。北方贸易区先由北欧人或斯堪的纳维亚人经营,后来北德的汉萨同盟占据主导地位。14 世纪中叶,汉萨商人垄断着冰岛、挪威、英国、佛兰德斯地区的贸易,入盟城市虽然在政治上互不隶属,但是在商业上彼此协调,共同行动。他们在外国的港口享有许多贸易特权,到处都有它们的仓库或贸易站,别人在它们的港口内却毫无权利可言。毫无疑问,以德意志为基地的汉萨同盟是英国在与北欧开展贸易活动面临的最大障碍。

长期以来,英国的对外贸易一直受到外国人控制,只是从 13 世纪中叶起,英国才启动了摆脱外国人控制的过程,而这个过程持续

---

① 俄罗斯最古老的城市,建于 859 年。
② 波罗的海区域最大的城市。历史上曾加盟汉萨同盟,今为拉脱维亚(Latvia)首都。

了三个世纪之久。1353年,爱德华三世(Edward Ⅲ)与布鲁日(Brugge)①市政当局发生争吵,便把羊毛市场从欧洲大陆转移到了国内,规定商人只可以在英格兰境内的十个城市销售羊毛,同时禁止任何英国人将羊毛销往国外。这种商业限制措施,表面上是为了保护本国出产的原料,实际上也制约了英国贸易的发展,阻碍了英国人参与海外贸易和分享大航海时代探险和发现的成果。在这种情况下,外国人便雇佣自己的水手,乘上自己的商船,前来不列颠经营英国的出口产品。至少在15世纪以前,英国王室根本不重视发展本国的工业生产和海外贸易,任由外国商人在英格兰收购羊毛及粗呢,国王本人则满足于数量不大的关税收入。国王的收入主要由王室土地、其他土地上的各种税费、某些固定的或古老的习惯确定的贸易税等几项组成。13世纪末,羊毛输出关税就是英王室收入的重要来源之一。长期对外战争导致财政困难,爱德华三世不得不寻找额外收入,以弥补亏空,其中大部分依靠征收出口关税。由于王国政府给予外商种种优惠或特权,英商却受到多方面的限制,致使本国的工商业长期落后于欧洲大陆。中世纪后期,虽然英国的海外贸易有所发展,但在14世纪以前,竟然没有任何关于英国船只进入利凡特地区的记录。② 当时,许多外国船只停泊在不列颠的港口,英格兰对外贸易的大部分都为威尼斯、热那亚和汉萨同盟所操纵。英商与意大利地区进行少量的贸易,他们主要通过陆路,就是溯莱茵河而上,翻越阿尔卑斯山,入亚平宁半岛,开展贸易活动。当时,意大利人是教皇的理财者和税收征集人,他们常常以原毛的形式从英国

---

① 14世纪时欧洲最大的商港之一,位于比利时西北部。
② J. A. Williamson, *A Short History of British Expansion*, London: Macmillan & Co., 1947, p.14.

为教皇征税。随着呢绒业的繁荣,意大利对羊毛原料的需求也不断增加;威尼斯和热那亚遂派遣商人,长途跋涉,穿越直布罗陀海峡,到达不列颠,从事经营活动。实际上,意大利商人长期垄断着英国与地中海之间的贸易,英国对地中海贸易体系具有很大的依赖性。

此外,英国人对汉萨同盟也存在着较大的依赖性。汉萨商人通过他们在丹麦和挪威的贸易垄断权,成功地将英格兰人排除在北海、波罗的海和斯堪的纳维亚的市场之外,自己却在英国享受着崇高的贸易特权,包括在伦敦设立会馆的治外法权,以及所有出口贸易的镑税免除权等。镑税是一种法定关税,任何商人,包括英国人在内,都必须缴纳,按规定每镑缴纳12便士,然而汉萨商人却可以免除。英王爱德华三世为了对法战争,以出口特权作为抵押,换取汉萨同盟的经济支持,汉萨商人也因此控制了一些英国港口的出口税管理权,还有重要矿藏的开采权。15世纪上半期,汉萨同盟的势力达到顶点,他们的商船队在比斯开湾(Bay of Biscay)装满酒和盐后,驶往波罗的海和斯堪的纳维亚,再装上北欧的粮食、木材、毛皮、鱼类、矿石和金属品等货物。"这种巨大的贸易建立在商业分支机构网的基础上,分支机构广布在从诺夫哥罗德、斯德哥尔摩(Stockholm)和卑尔根(Bergen)起,直到布鲁日这个东方贸易中心城市和伦敦,在伦敦,为保护它们的'院子',他们享有特权,这些特权在英格兰人看来是太过分了。"[①]汉萨同盟在海外设立五个重要办事处,它们是瑞典哥特兰岛威斯比(Wisby)会馆、东欧的诺夫哥罗德会馆、卑尔根的挪威会馆、佛兰德斯的布鲁日会馆和伦敦的英国会馆。

[①] 卡洛·M. 奇波拉主编:《欧洲经济史》第1卷(中世纪时期),徐璇译,商务印书馆1988年版,第239页。

设在伦敦的英国会馆又称"铁院子"(Steelyard),建有仓库、过磅房、教堂、会计室和住宅区,相当于一个享有治外法权的"租界"。虽然英商对此一直不满,但汉萨的特权直到很晚才被取消。

在中世纪传统的贸易体制下,英国远离欧洲商路。在15世纪以前的大部分时间里,英王政府很少关注对外贸易,也没有意识到这样一个事实,即商人力量的强大不仅有利于巩固王权的地位,也有助于增进王国的利益。然而,普通的英商越来越感到废除外国人贸易特权的必要性,就迫切希望看到英王在保护英格兰人利益上发挥作用。到约克王朝的爱德华四世时期,英国人从这种危机感和竞争压力中觉醒,于是一种强烈的英吉利民族意识开始形成。但是由于新君主制处于萌芽状下,王权面临着内部离心倾向和外部干涉力量的严峻挑战,爱德华不得不借助意大利商人的财力来支撑约克朝的统治。这不但解释了意大利商人何以几乎垄断了英国和地中海之间贸易的主要原因,也揭示了新君主制巩固以前英国商人处于劣势地位的重要根源。在对外交往中,当英国人的切身利益不断遭到外国人伤害时,一种自我保护的意识自然而然地萌发出来,并逐渐转化成为民族的集体意识,就是英吉利民族主义。在英国尤其在伦敦的外国商人和侨民,如意大利人、汉萨人、佛莱明人(Flemings)①、荷兰人等普遍不受欢迎,16世纪50—60年代在伦敦、南安普顿等地爆发的排外运动就是最好的证明。1463年5月,英王撤掉约翰·佩恩(John Payne)的市长职务,因为爱德华四世在贸易上依赖意大利商人,南安普顿暴力排外事件攻击意大利人,对口岸贸易构成了危害,

---

① 中世纪的佛兰德斯人,因讲佛兰芒语(Flemish)而得名。

佩恩对此应当负责。①

　　不管这些排外运动多么激烈,英国人还是摆脱不了困境。由于汉萨商人控制着北方市场,英国人又不得不从波罗的海进口货物,如谷物、沥青、焦油和桦木②等,于是就不得不受制于外国人。起初爱德华四世对汉萨商人并不友善,1463年他取消了汉萨同盟在英国的经商特权,尽管很快又恢复了他们的特权。他这样做是想缓和与汉萨同盟的关系,并借助汉萨商人及勃艮第人的帮助,集中力量对抗国内的反对势力。然而,爱德华在1471年3—5月间接连取得巴内特(Barnet)和图克斯伯里(Tewkesbury)两次战役胜利后,③发现为了酬谢外国人的帮助他不得不付出昂贵的代价,如汉萨同盟就要求他确认和扩大他们在英国的贸易特权。由此可知,外国人在英国保持特权地位的原因,就在于他们利用了英国国内形势不稳定和王权尚不强大的客观现实。

　　利用英王的财政困难和英国国内的政治混乱,是汉萨同盟获取在英国特权地位的惯用手法;而英国的崛起,有赖于王权的强大和对本国贸易的支配程度。当时,英国人到海外贸易,时常受到暴力干涉,而享有特权的汉萨成员则对英国人的"非法闯入"持排斥态度。"英国商人向东闯入波罗的海,销售宽呢给荷兰人和普鲁士人,或向南从克里特购得希腊醇香的葡萄酒,他们和外国竞争对手的摩擦日益敏感。呢绒出口的22%、蜂蜡出口的97%,以及英国其他近

---

① Charles Ross, *Edward IV*, Berkeley and Los Angeles: University of California Press, 1974, pp. 358-359.
② 又称白蜡木。橄榄类植物,呢布工业原料。木质细密而有韧性,有奇怪的羽状叶子,果实能飞散。
③ 1471年4月13日,巴内特之战重创玫瑰战争中的兰开斯党人;同年5月4日图克斯伯里之战,再次重创兰开斯党人,奠定了约克王朝爱德华四世后期统治的基础。

7％的外贸,都用汉萨船只装运。"①同时,在挪威的卑尔根,在与德意志争夺斯堪的纳维亚的贸易战中,英商经常受到粗暴对待,他们的房屋有时遭袭或被焚,使得英国势力在挪威市场立足变得非常困难。其实,在北极水域也有类似的斗争。由于欧洲最佳的鳕鱼基地冰岛贸易为丹麦人所垄断,丹麦国王通过出售特许证给渔民和商人的办法来获利,他把特许证授予汉堡、不来梅和但泽等汉萨城市,英商则遭到排挤。于是,斯卡伯勒(Scarborough)、大雅茅斯(Great Yarmouth)、诺威奇、波士顿(Boston)②、伦敦和布里斯托尔的英国人就私下同冰岛人进行赚钱的"禁运贸易",他们用布匹、面粉、面包和酒换取冰岛人的鲸鱼或咸鱼。

汉萨同盟的优势和特权,阻碍了英国对外贸易的成长,损害了英国商业资本的利益,也破坏了英国的新君主制和民族国家的形成与发展。英国人反对汉萨商人的斗争是长期的、复杂的。1471年英国爆发了激烈的反汉萨运动。伦敦商人冒险家公司对那些享有特权的外国竞争者深恶痛绝,商人们设法向议会施加压力,并进言国王向外国侨民征收人头税,要求剥夺汉萨人在伦敦的一切特权。但是,由于王权还没有强大到足以抵制或克服外来势力的程度,在1474年签署的《乌得勒支条约》(*Treaty of Utrecht*)中,英王答应"停止一切敌对",并采取让步措施,使得汉萨同盟依然可以享有爱德华四世和他的先辈给予的全部特权。例如,在英国的汉萨商人涉及民

---

① H. A. L. Fisher, *The Political History of England*, V (*The History of England from the Accession of Henry VII to the Death of Henry VIII, 1485—1547*), London: Longmans, Green and Co., 1906, p.97.
② 斯卡伯勒,英格兰东北部海滨城市;大雅茅斯,英格兰东海岸一渔业中心;诺威奇,英格兰东部一地区;波士顿,英格兰东北部海滨城市。

事和刑事纠纷时,可不受英国的司法管辖,有权免除海事法庭及其他法庭的裁判,由英王任命的官员可不经法律手续来处理纠纷;在伦敦城,汉萨商人在原有办事处之旁又获得一些房屋设施,在这些建筑物及其附近场所,他们享有类似"租界"的治外法权。在出口税方面,出口一匹呢绒布的应税额,英国商人是 14 便士,汉萨商人是 12 便士,其他外国商人是 33 便士,此外还要缴补助税 12 便士。这样,汉萨商人不但可以加强其在"铁院子"里的防卫和建立自治机构,而且在关税方面享有比其他外国人甚至英商更有利的条件,还获得了一些现款补偿。① 尽管《乌得勒支条约》中含有保证英商在汉萨同盟城市安全的条款,在当时的条件下,那只不过是停留在纸上的条文而已。

  英国长期处于战乱之中,内讧和软弱的王权使外国人常常处于竞争的有利地位。大多数英国人都希望早日结束内战,祈盼着国家早日走向统一,"新君主制"应运而生。这正是 1485 年都铎王朝建立时英国所处的状态。② 亨利七世的统治建立在两大支柱之上:专制主义和重商主义,这是助力民族国家崛起的两个因素。作为都铎朝的开创者,亨利七世在结束长期内讧的基础上,紧紧抓住久乱思治的国人心理,顺从民意,沿着爱德华四世开始的新君主制方向,推进了民族国家的形成。他延续爱德华四世开始的重商主义,积极发展对外贸易、殖民探险和商业扩张,竭力提高英国的国际地位。他对待汉萨同盟的总体政策是抑制其特权,限制其在英国的活动。他依

---

① D. Macpherson, *Annals of Commerce, Manufactures, Fisheries, and Navigation, with Brief Notices of etc.*, vol. 1, London: Nichols and Son, 1805, pp. 690-691.

② J. A. Williamson, *Great Britain and the Empire: a discursive history*, London: A. & C. Black, 1944, p.18.

靠英国新兴市民阶级的力量，进行了一场以反对汉萨同盟特权为核心的斗争，意在谋取英国参与海外商业扩张的可能性。1488年，他谴责在卑尔根的英商遭受粗暴对待。第二年，他又派一位全权大使，与丹麦王约翰（King John）谈判，于1490年签订商约，结束了双方长达40年的争执。该条约保护英国人在斯堪的纳维亚享有的特权，如冰岛贸易，最惠国待遇，英国人在挪威、瑞典、芬兰若干城市及丹麦全境拥有房地产；在刑事案件中丹麦王向英国人提供特别保护；英国人有权当选市政高级官员，有权在哥本哈根、马尔摩（Malmo）、兰兹克罗纳（Landskrona）等地开办代理机构；英国呢绒获准零售；等等。[1] 1495年，为报复汉萨同盟不允许英商进入格但斯克，亨利七世下令禁运汉萨同盟的小麦。

在反对汉萨同盟的斗争中，英国商人有一个胜过对手的竞争优势，就是英国已经建立了中央集权。此时，英商反对汉萨同盟和意大利商人的斗争，不再停留在封建时代单纯的个人或团体层面上，商业利益之争具有了反对外来势力、争取民族权利的性质。随着民族意识的成长和中央集权的发展，英国人反对汉萨商业垄断的斗争日益高涨，1488年，他们要求汉萨人离开英国东北部港市赫尔（Hull），据说德国商人如果白天出现在伦敦大街上，他就有被打的危险。1491年，根据英王的建议，英国人与汉萨商人在安特卫普举行会谈，但是双方没有找到解决争端的办法，在关键点上亨利七世不愿作出让步："我们的臣民们"，他写道，"必须像在普鲁士，以及在所有隶属于汉萨同盟城市的其他人一样，享有自由，正如汉萨人在英

---

[1] H. A. L. Fisher, *The Political History of England*, V (*The History of England from the Accession of Henry VII to the Death of Henry VIII, 1485—1547*), London: Longmans, Green and Co., 1906, p.98.

国享有自由一样"①。1495年英国人的愤怒在伦敦爆发,人们以武力袭击汉萨同盟在伦敦的办事处。虽然抗议人群被驱散了,但事后人们怀疑,这次袭击可能受到了英王的支持。几天以后,被关进伦敦塔的80个闹事者全部被释放了。后来,亨利七世又采取两项重大举措,进一步把矛头对准汉萨特权。一方面,他与丹麦王签订条约,恢复了英国人到冰岛渔场捕鱼的权利;另一方面,他与波罗的海城市里加谈判,试图把它从汉萨同盟中分离出来,以打击在英国享有贸易特权的汉萨同盟。

亨利八世统治时期,因王位继承人、个人婚姻以及宗教改革等问题,与罗马教皇以及和天主教的西班牙发生激烈的冲突,故无暇顾及汉萨同盟在英国的特权。亨利八世去世前,已经耗尽了亨利七世留下的国库,还欠下了大量的债务。这样,年仅九岁的爱德华六世继位后,为了弥补政府的财政亏空,不得不求助于经济实力雄厚的伦敦商人冒险家公司。萨默塞特公爵和诺森伯兰公爵是爱德华六世时期的两位摄政者,他们虽然是政治上的对手,但在对外事务上,却都坚持英吉利民族主义。大商人托马斯·格雷沙姆爵士(Sir Thomas Gresham)②是诺森伯兰的支持者,他领导的商人冒险家公司有条件地向王室贷款,其条件反映在一份公司起诉德国人的长长条文中,主要内容是要求政府采取坚决手段,打击英国公司的劲敌,收回颁发给汉萨同盟的特许状,取消以《乌得勒支条约》为依据的所有汉萨特权。诉讼案进行得非常迅速,1552年2月24日,在诺森伯

---

① H. A. L. Fisher, *The Political History of England*, V (*The History of England from the Accession of Henry VII to the Death of Henry VIII, 1485—1547*), London: Longmans, Green and Co., 1906, p.99.

② 王室驻尼德兰金融代理人、皇家交易所创始人。

兰公爵的操纵下,枢密院宣布"取消汉萨办事处的地位"。[①] 据此,汉萨同盟的特权被废除,汉萨商人被降到了与其他外国商人一样的地位。不过,玛丽一世上台后,由于她执行亲西班牙的对外政策,查理五世及汉萨同盟对英国的影响大有卷土重来之势。汉萨城市扣留了英国人在其港口的所有船只,并宣布中止与英国的交往,还散布不祥的传闻,说丹麦、法国将和他们结成反英海上联盟。到1557年,双方已处于剑拔弩张的战争边缘。

但汉萨的时代终究过去了,他们的敌视已不及当初那样可怕。1560年,新继位的伊丽莎白女王一世与汉萨同盟签订条约,虽然允许汉萨商人重返伦敦,但他们必须满足英国人提出的条件,这就打破了德国人在北海和尼德兰贸易中的传统优势地位。1579年,女王政府进一步采取措施,把汉萨商人降低到与其他外国人同等的地位。1598年,汉萨同盟关闭其在伦敦的办事处,汉萨商人最终退出了英国。英国的胜利证明,一个政治上松散的中世纪城市商业同盟完全无力与中央集权的民族国家相抗衡。这也充分表明新君主制的建立和民族国家的形成,是英吉利民族反对任何外来威胁和控制的最根本政治保障,在这个前提下,英国人得以放开手脚去拓展他们的海上扩张事业。

[①] J. A. Williamson, *Maritime Enterprise, 1485—1558*, Oxford: Clarendon Press, 1913, pp. 164-167.

第五章　民族国家的海洋事业

英国民族国家形成时，也是英国人追求海外贸易、推进地理发现的殖民扩张时代。这绝不是纯粹的巧合，而是与民族国家的排他性、与原始积累时期资本的扩张性相联系的。英国人把海外贸易与殖民扩张看作是国家正当的发展权，为了维护国家利益，他们要打破外国人的垄断局面，反对外来势力的束缚与限制，实现经济的自主和贸易的自由。伊丽莎白女王大力推行重商主义，推动英国的对外贸易，以增强国家的实力。英国商人在追求自身利益时，需要强大国家的保护，都铎君主制恰恰就为他们提供了这样的保护。16世纪，在专制权力的庇护下，英国商人和冒险家走出国门，不畏艰险，朝着西、西北和东北方向突进，为英国商品寻找新的海外市场，也为英国的"过剩人口"寻找出路。在都铎王室的支持下，商业公司把商业利益与政府目标巧妙地结合在一起，推动了英国海洋事业的发展。1588年英国人击溃"无敌舰队"，打败了欧洲最强国西班牙，清除了他们通向海外扩张之路的重要障碍。这是都铎王权的胜利，也是英国民族国家的胜利，意味着一个可以与欧洲所有强国相抗衡的、正在形成的英帝国初现端倪。

一、英国海军力量的快速发展

不列颠位于北大西洋，是大西洋中的一个海岛。英国人凭借英吉利海峡、多佛海峡构筑起来的天然屏障，与欧洲大陆保持着若即若离的状态。中世纪，英国的海上力量相当有限，具有地方性、防御性和暂时性等几个特点。早在阿尔弗雷德大王时期，英国就曾经建立了一支用于海上防卫的舰队，像这样有建制的海上力量，在英国历史上是第一次。威廉一世统治时期，多佛、桑德威奇、罗姆尼（Romney）、黑斯廷斯（Hastings）和海斯（Hythe）五个港口组成特别港，执行英国的海上防卫任务。但当时英国船只的航行范围相当有限，以至于在一个世纪内，它的活动没有超出英吉利海峡。安茹王朝（House of Anjou）的理查一世喜欢打仗，曾指挥一支由百余艘船只组成的舰队，前往东部地中海，参加第三次十字军东征。17 世纪英国学者约翰·塞尔登（John Selden）说这支舰队是英国树立海上霸权的起点，这种说法有些言过其实。当时，舰队船只大多来自法兰西，史学家威廉·林赛（William Lindsay）说船员纪律松弛，风浪来了既晕船又胆怯，缺乏战斗力。[①] 13 世纪法国入侵诺曼底时，英国人动用船只，输送步兵，投入陆上作战。第一次正规的海战发生在 1340 年 6 月，当时爱德华三世率领一支由 400 艘商船组成的舰队，驶往法国方向，去声索法国王位。在佛兰德斯港口附近的斯路易斯（Battle

---

① Stephen Leacock, *Our British Empire: Its structure, its history, its strength*, London: John Lane, 1941, pp. 18 - 19.

of Sluys),英国舰队遭遇法王菲利普六世(Philip VI)的混合舰队,后者由卡斯提尔和热那亚的 250 艘船只组成。经过激战,法国舰队受到重创,英国人掌握了英吉利海峡的控制权。

14 世纪末,英国航运业发展,据"加莱档案"记载,英国约有 700 艘船,这些船一般不大,多为渔船,或是在沿海港口航行的贸易船。当时所谓的大船,载重量也只有两三百吨,这样的船英国只有几艘,最远航程可达波罗的海和西班牙。有一个事实不得回避,就是虽然英国拥有14151名水手,每艘船平均 20 多名,但是,并不是每个港口都具有相同数量的船只和水手,其中大雅茅斯的水手最多,共有 1 957 人;紧随其后的福威(Fowey)和达特茅斯分别有 770 名和 757 名水手;接下来是伦敦、布里斯托尔和普利茅斯,拥有水手在 600—700 人之间;再往后,林恩、波士顿、多佛、肖尔沙姆(Shoresham)、卢伊(Looe)、纽卡斯尔等港口,各有水手 300—400 人。[①] 15 世纪初,英国的海上力量似乎大有希望,亨利五世统治时期,仅皇家舰队就有 14 艘 300—1 000 吨的大船,中等船只 10 艘,小型船只 14 艘。就当时的实力看,这是一支以往任何英王都不曾拥有的强大的海上武装力量。英国的商船经常前往伊比利亚半岛,甚至到摩洛哥一带从事贸易活动。为了对付法国和维护海上航行安全,亨利五世维持了这支庞大的海军,他还抽出一些舰船为本国的商船队护航。商船队装运的羊毛来自南安普顿、伦敦和波士顿,运往佛兰德斯和波罗的海的呢绒来自东部沿海诸港口,前往冰岛的船队装运的货物则来自布里斯托尔。亨利五世(Henry V)在位只有短暂的九年(1413—1422

[①] J. A. William, *A Short History of British Expansion*, London: Macmillan & Co., 1947, p.21.

年),其间,他整合了英格兰的贵族,并占领了卢瓦尔河以北的全部法国,可以说,他取得的军事成就超过了任何一位中世纪英王。亨利五世去世后,未满周岁的亨利六世继承王位,随之发生封建内讧,英国出现了事实上的权力真空。很快,那支皇家舰队也不复存在了。为削减庞大的开支,政务会把船只拍卖给私人,这导致大航海开始的时候英国海洋事业严重落伍,给英国的经济贸易发展带来消极影响。当伦敦开始成为一个繁忙的港口时,大多数进出口货物是由外国船只装运的,汉萨和意大利商人控制了英国的海上贸易。经济史家坎宁根(William Cunningham)认为,"英国船运业处于衰落状态,海岸遭受攻击","直到亨利六世统治时期海盗还在劫掠英格兰"。1450年,艾格尼丝·帕斯顿(Agnes Paston)在《帕斯顿书信集》(*Paston Letters*)中曾提到,人们在海边行走时,甚至会遇到海盗绑架。① 到约克王朝时,爱德华四世因忙于国内事务,始终未能实现重建皇家舰队的愿望。航海业的颓败,客观上限制了英国的贸易与殖民事业,给形成中的民族国家带来负面影响。

在地理大发现和海外殖民扩张的起步阶段,英国落在了西班牙、葡萄牙、法国以及意大利诸城市国家的后面,其整体实力落后于其他欧洲国家。当时的英国至多是欧洲的一个二等小国,这种落后的局面在客观上制约了英国的海洋事业,引起国人强烈不满。布里斯托尔市长、行政司法官和一些头面人物,都把他们的贫困归因于船舶和货物的消失。1486年,当亨利七世巡视布里斯托尔时,就有一个演员假托传说中的该城建造者布雷纳斯(Brennus)国王,用拙劣

---

① Stephen Leacock, *Our British Empire: Its structure, its history, its strength*, London: John Lane, 1941, p.20.

的诗句来攻击衰落的呢绒业和航运业。但是,都铎专制制度的建立给英国民族国家带来了希望。亨利七世开始发展海上力量,除了从前朝理查三世(Richard Ⅲ)手中继承下来的三艘战船外,亨利七世又增添了八艘战船,这些舰船构成了当时英国皇家海军的基础。为了在复杂的国际环境中求生存、求发展,他为都铎英国制定了以重商主义为原则的富国强兵之策:一方面,他恢复长期弃而不用的 14 世纪的《航海法》,打击在英国享有特权的外国势力,促进本国的海外贸易活动。另一方面,他首开王室给大船建造者发放补助金之先例,并在朴茨茅斯建立船舶修造厂。该厂拥有英国的第一个干船坞(dry dock),可以用于建设、维护和修理船舶。此时,英国已经建造了第一流的宽身帆船(carracks),在"摄政王"号(Regent)和"君主"号(Sovereign)军舰上配备了 141 门和 225 门火炮。亨利七世统治时期,英国在发展造船业的前提下,提高了皇家舰队的实力。

大航海时代来临时,欧洲国家在海战中使用单层甲板大帆船(galley)及附属小船(cog),而不是"大船"(great ship)和"军舰"(warship)。如果发生较大规模的海战,那也仅仅是在海上进行的陆战,单层甲板大帆船只装有极少的火炮,却承载众多的步兵,双方交战时,就是在甲板上相互厮杀:"战船进攻时齐头并进,设法占据上风位置,在近距离以火炮开火,然后登船。如果不能占据上风,就开炮来制造烟幕,以便重新取得上风之利。两船一旦靠在一起,战斗就纯属陆战性质。"在这种海战背景下,战船本身只能寻找优势的进攻位置,从船头和正前方攻击敌人,"差不多全部指挥官都是陆军,船上士兵对水兵的比例是二比一。信号也和战术同样的简单,舰队司令可在发现敌情、举行会商、密集队形、发动进攻时发出信号,但战斗一经打响,就什么事也没有了。从此刻起,舰队司令对这场混战就再也无法控制了。"①由于不是为了击沉敌船,他们往往使用烟雾战术,只是为了迷惑敌人,或寻机登上敌船展开肉搏。又由于害怕在战争中受到攻击,或友船受到迷惑,这种舰船不得不组成"横列"作战,这样就大大降低了作战的机动性。

适宜于近海作战的单层甲板大帆船,与其说是海上战争机器,毋宁说是大型水上运兵车。从古代到中世纪,单层甲板大帆船一次又一次地支配着海战的历史:"在整个中世纪时代,战争的进行是依靠商船的,政府认为必要时就征发商船来使用。把商船改为战舰所需的手续,只是充实船上人员和军火的配备而已。"②随着大航海时代的到来,单层甲板大帆船已经不适于远程越洋探险航行,到16世纪,航海技术正发生着变化,划桨动力让位于风帆动力,单层甲板大帆船让位于三桅圆形帆船(round ship)。为了发展大西洋沿岸贸易,威尼斯人率先建造了这种载重量大、续航能力强、机动性能好的新式大帆船,它的横梁长度不短于船体长度的三分之一,经得住海上狂风巨浪的冲击,非常适宜于远洋探险航行。同时,为了推进海外商业运输和地理发现事业,热那亚人、葡萄牙人和西班牙人都曾向威尼斯人借鉴这种高效的帆船。可见,对现代造船业和海上武装力量的发展而言,意大利人不但贡献了有智慧、有胆识的航海家,也贡献了先进的造船技术。

相比之下,大航海初期的英国人似乎对现代科学知识不敏感,在造船技术、航海思想和航海技能方面,也远远地落在了欧洲其他

---

① G.R.波特编:《新编剑桥世界近代史》第1卷(文艺复兴),张文华、马华译,中国社会科学出版社1999年版,第390—391页。
② 汤普逊著:《中世纪经济社会史》下册,耿炎如译,商务印书馆1963年版,第177页。

国家的后面。有人认为,"亨利七世时代的海军在机动性上和舰船的武器装备上,无论在哪方面都更带有中世纪的特征。"①这种评价基本客观。英国海军因循守旧,仍将海战理解为海上的步兵战斗,因此,1489—1490年建造的"君主"号上装载的600个士兵和水手中,只有40个枪手;快帆船"母羊"号(Ewe)是亨利七世时期最小的战舰之一,也拥有170人的编制,其缘由也雷同。1497年建造的两艘舰船"赛马"号(Sweepstake)和"玛丽·幸运"号(Mary Fortune)上不仅配备了划手,而且装备了60束箭(每束箭一般为24支),充分体现了中世纪冷兵器主导的海战特色。

从亨利七世后期起,改进皇家舰队的作战方法,最大限度地发挥海军的威力,就提上了议事日程。亨利七世认识到,英国在经济实力和军事威力两方面均无优势,暂时还不能与葡萄牙、西班牙抗衡,但是英国可以通过提高战舰的性能,来缩小与对手之间的差距。② 为改变军舰的作战性能,他给战舰装备了后膛填充的大炮(serpentines),其射程大约为1 300码。③ 在"摄政王"号配备的141门大炮中,包括24门黄铜大炮,每小时能发射12发炮弹。先进的舷炮战舰是未来军舰上更有效的武器,所有战舰一旦装备上这种大炮,火力将更准确,杀伤力也更大。除了革新作战思想外,也提出了军舰革新问题,主要体现为对船只和索具进行改革。都铎初期制造的舰艇,超过了兰开斯特和约克两王朝的总和;亨利七世统治的最后十年间,设法提高海员的待遇,每人每周从12便士增加到14便

---

① Michael Van Cleave Alexander, *The First of the Tudors: a study of Henry VII and his reign*, London: Croom Helm, 1981, pp. 141-142.
② J.R.希尔:《英国海军》,王恒寿、梁志海译,海洋出版社1987年版,第2页。
③ 1码(yard)等于3英尺,约等于0.91米。

士。1509年，他还设法改进船员的饮食供应。即使这样，英国海员的报酬依然处于极低水平。由于没有充足的投入，皇家舰队的发展受到极大限制，暂时还无法实现强大海军的转变。

然而，亨利八世是一位新式君主，他能站在新的高度上去认识英国的海防建设问题；他特别重视海权，强调发展海军，取得了超越其前辈的巨大成就。亨利七世死时留给他五艘战舰，这是英国海军建设的基础。亨利八世则创建了现代英国的海军，可以说是"不列颠海军之父"。他不遗余力地推进皇家海军的建设计划，创建了专门的海军行政机构，组建了一支配备大型火炮的舰队。组建海军的意义是不言而喻的，主要有如下几点：

首先，对于岛屿国家英格兰来说，强大的海军可以捍卫民族独立和国家主权。自宗教改革与罗马断绝关系以来，都铎英国始终面临着严峻的国际环境，它所面对的威胁不但来自天主教的精神领袖教皇，也来自天主教国家西班牙、法国以及北方宿敌苏格兰，甚至来自整个天主教阵营。在如此的险恶环境下，亨利八世不得不重视海军建设。

其次，只有大力加强海军建设，才可能为在海外的英国商人提供必要的保护。随着英国与西班牙矛盾的加深，在西班牙经商的英国人面临着巨大的困境。当英国陷入对法战争时，由德意志人主导的汉萨同盟却集中力量向安特卫普市场倾销布匹，伦敦商人冒险家公司抱怨说他们陷入灭顶之灾。英国要想从根本上改变其海外利益遭受侵害的局面，就必须拥有强大的海军。

第三，强大的海上武装力量是英国参与海外扩张的必要前提。当时，许多人出于各种动机开始投身于海外经商、探险与殖民活动，而海洋权却控制在葡萄牙、西班牙手里。为了与西班牙、法国等强国抗衡,英国必须增强自身的海上防卫力量。同时,都铎王室通过宗教改革、解散修道院已获得了可观的财政收入,这无疑为皇家海军的发展提供了财力保障。

在争取海权方面,虽然都铎朝的最初两位君主在做法上不尽相同,但是他们都大力加强海军建设。亨利八世从他父亲手中接过的皇家海军力量十分有限,如果英国人仅仅依靠它们,便无法保卫自己的家园,更不用说要去分享海外贸易和殖民扩张的成果。但是,他把大海视为国家防卫的天然屏障,并把第一道防线确定为建立一支由重型舰船组成的舰队。在最初几年里,亨利八世通过购买和建造,到 1512 年底,已为皇家海军补充了 17 艘新舰船。在他统治英国的近 40 年间,共建造 47 艘军舰,还不包括一般的划桨驳船。① 此外,通过不同途径购买了 26 艘,加上捕获的 13 艘,继承的 5 艘,到他统治末期,皇家舰队舰船的总数达到 91 艘。亨利七世时期建造的"大哈里"号长约 50 米,载重 1200 吨,看上去好像浮动的堡垒。1512—1514 年,亨利八世又新造了一艘"大哈里",这是英国第一艘双层甲板船(two-decker),也是当时欧洲最大的军舰,虽然船体高度有所降低,但载重量达到 1500 吨。1536 年,又对 1509—1511 年建造的"玫瑰玛丽"号进行改造,该船载重量约 500 吨,船员 415 人,其中水手 200 名、士兵 185 名和枪手 30 名。1545 年建造的"吕贝克的耶稣"(Jesus of Lübeck)号,载重量为 700 吨。在英国皇家舰队中,有 1,200 吨的舰船 1 艘,500—900 吨的 8 艘,400—450 吨的 13 艘,

---

① 一说 46 艘。参见 G. R. 波特编《新编剑桥世界近代史》第 1 卷(文艺复兴),张文华、马华译,中国社会科学出版社 1999 年版,第 390 页。

300吨的9艘①,都是典型的舷炮战舰。这些新式舰船,不同于迄今为止参加海战时使用奴隶划桨的单层甲板大帆船,也不再是用以装载士兵的运输工具,而是名副其实的战斗单位,是真正的战争利器,为英国海军未来的强大奠定了物质基础。

1532年,亨利八世恢复亨利七世的《航海法》,1540年又批准新的《航海法》。根据新《航海法》的规定,外国人必须用英国的船只装运货物,意在严格执行以往颁布的几个《航海法》。英国人把海上力量快速发展的功劳归于亨利八世,很大程度上在于他没有完全遵循亨利七世小心翼翼推行的"均势"外交,而是着眼于加强海军力量,实施以海军建设为核心的实力外交。托马斯·克伦威尔(Thomas Cromwell)主政时期,英国经历了一系列广泛而深刻的变革,涉及政治、宗教及军事等方面。克伦威尔不仅是辅佐英王建设现代海军的得力助手,也是对西班牙和利凡特贸易的投资者和船主。这一时期,英国皇家海军的舰船几乎都是在克伦威尔的直接指导下建造起来的。他的商务代理人叫亨利·赫托夫特(Henry Huttoft),既是英国关税筹集人,又是朴茨茅斯海军设施建设的承包人。他不仅有造船方面的经验,还与意大利商人和利凡特商人保持着广泛的经贸联系。在1536年及以后的几年中,赫托夫特在朴茨茅斯为英国建造了一些有名的舰船。亨利八世直接过问海军建设事宜,命令舰队司令详细报告"每只舰艇的航行情况",直到英国实现对英吉利海峡和爱尔兰海的控制时,他才表示满意。② 一份皇家船舶建造目录显示,到

---

① D. B. Quinn & A. N. Ryan, *England's Sea Empire, 1550—1642*, London: George Allen & Unwin, 1983, p.46.
② 温斯顿·丘吉尔:《英语国家史略》上册,薛力敏、林林译,新华出版社1985年版,第480页。

亨利八世去世为止,英国海军舰船数量虽然较峰值时有所减少,但是仍然达到53艘的可观规模。这一时期,英国还建立了领港公会(trinity house)。为确保沿海航行的安全,该公会获准为皇家海军建设灯塔、灯船、灯浮标和信标,以及其他各种测标等航海设施。

经过都铎朝早期两位君主的努力,英国逐渐形成了一支强大的海上力量,虽然他们建立皇家海军的直接目的,不是建立海外"帝国",而是保卫英国不受侵犯,但是,这支海上力量却成为英国推进海洋事业和对外殖民扩张的重要工具。16世纪后期,伊丽莎白统治英国时,就信奉这样的信条,即英国商人需要本国战舰的保护。为了对抗伊比利亚人的海上霸权,女王曾把皇家舰队的舰船租借给约翰·霍金斯(Sir John Hawkins)、弗朗西斯·德雷克和马丁·弗罗比歇这样一些著名的海盗,其目的不是像她口头说的那样,是用于"和平探险",而是为了打击西班牙的海上势力,与西班牙争夺海洋权。像她祖父亨利七世一样,伊丽莎白鼓励增加英国舰船的数量,以提升英国海军的战斗力。1563年议会通过一个法案,规定对100吨以上的大船实行奖励,每吨补贴5先令。① 为了弥补皇家舰船力量之不足,女王政府不但改造了大量的海盗船和探险船,还建造了载重1000吨左右的武装商船。② 帆船在公海上航行,比主要靠木桨和人力划行的木船要迅速、灵活,再配备上枪炮,其在海战中的优势就更为明显。在对外征服、渗透的过程中,这种炮舰起着至关重要的

---

① Sybil M. Jack, *Trade and Industry in Tudor and Stuart England*, London: George Allen & Unwin, 1977, p.98.
② 中世纪时,欧洲的船只大小有限。1066年诺曼底人横渡英吉利海峡时所乘船只,每只载重30吨;爱德华三世时代,船只平均载重200吨,最大船只大约载重300吨;十字军时期,威尼斯的船只平均载重达500吨。参见汤普逊《中世纪经济社会史》下册(耿炎如译,商务印书馆1963年版),第175页。

作用。①

由于武装商船是一种新型的混合船,它们对西班牙人的海上垄断地位直接构成挑战,同时也成为英国人从事海外探险、发现和扩张的殖民工具。很清楚,16世纪后期英国商船队的迅速发展,部分原因在于都铎王室对私人海盗行为的默认和纵容,部分原因在于商船队本身作为皇家舰队辅助船队的实用价值,而这种价值正与日俱增。② 于是,英国皇家海军和武装商船的发展,与广泛的贸易殖民活动一起成长。纽芬兰渔场是培养海员的最佳学校,这里为打破西班牙海洋殖民霸权准备了训练有素的海军后备人员。在海上武装力量不断增强的基础上,英国人以其自强自信和不屈不挠的海洋民族精神,积极迎接海外殖民扩张中面临的挑战。伊利莎白时代,虽然海军舰船和商船之间的差别越来越明显,但英国海军因得到武装商船的补充而实力大增,并为英帝国奠基提供了保障。

二、私人贸易公司的殖民活动

大航海时代,葡萄牙人和西班牙人由于起步早,取得了海外贸易的先机。他们还利用在探险与发现中独占的贸易与殖民的优先权和垄断权,排斥其他国家参与其垄断的经济贸易活动。英国商人为了对抗西班牙人、葡萄牙人和汉萨商人攫取的特权,走上了联合发展的海外贸易之路,就是以规约公司、辛迪加、股份公司等特许贸

---

① 马文・佩里主编:《西方文明史》上卷,胡万里等译,商务印书馆1993年版,第442页。
② D. B. Quinn & A. N. Ryan, *England's Sea Empire, 1550—1642*, London: George Allen & Unwin, 1983, p.243.

易公司的形式,参与激烈的海外贸易竞争。

英国的特许贸易公司,是那些投资者或股东,为了贸易、探险和殖民的目的而组成的商人联合体。1407年成立的伦敦商人冒险家公司是英国最早的特许贸易公司,一定程度上可以说,是私人利益和国家利益相结合的产物。持有皇家特许状的贸易公司,依照规定,可以制定自己的组织规章,拥有独立开展经济贸易活动的自治权和管理权,但不能与皇家利益发生矛盾。在殖民探险与贸易扩张方面,虽然伊比利亚人是大航海的领跑者,但是,他们没有能把这种优势长期保持下去,却逐渐被后来居上的竞争者超越。英国商人的对外贸易具有自发性、民间性和灵活性的特点,商人特许贸易公司独立经营,基本上不受政府的控制。这并不意味着其商业行为脱离国家需要,相反,他们在追逐自己的利益时,和都铎王室基本上保持一致,从而在客观上推动了民族国家的发展。拓展海外市场和扩张海外贸易,是英国商人谋取商业利润的重要手段,这不但有助于增进英国的国民利益,还可以提高英国在欧洲国际事务上的影响力。为推进重商主义的政策目标,都铎政府对于商人组织参与海外的竞争,通常给予必要的鼓励,甚至实际的支持。

规约公司是一种特许的商人贸易协会,主要经营对外贸易,加入其中的每个成员,都在自己的账户下进行交易。这种商人组织走向联合,是为了获得政府特许的独家交易权,共同防范经营风险。所谓的特许,指的是特别许可权和绝对垄断权,而持有国王授予的皇家特许状就是获得对外贸易授权的依据。在这个前提下,公司本身并不统筹资本或组织贸易,公司成员从事个体而非合伙形式的经营,只是受到共同规则的约束,需要遵守规章,以维护公司的整体利益,并在诉讼案中得到公司的支持。① 在海外冒险与殖民活动中,规约公司起了非常重要的作用。都铎王朝建立前,北海、波罗的海贸易主要控制在汉萨商人和佛莱明商人手中,非洲西部和地中海贸易又为西班牙人、葡萄牙人以及意大利人、土耳其人所操纵,英国由于王权软弱,无法保护本国商人的利益。因而,为同外国人竞争和保护自身利益,商人们不得不走向行业联合,于是就形成了各种形式的同业商人公会,尤以英格兰羊毛出口贸易商公司、伦敦商人冒险家公司和东地公司(Eastland Company)的势力较大。

东地公司,又叫北海公司(North Sea Company),创建于15世纪初,由行会组织发展而来。像所有中世纪的商人贸易公司一样,这是一个典型的规约公司。公司成员的商业利润来自各自的分散资本,自己对自己的获利结果负责。不过,他们可以共同分享从外国政府手中获得的某种商业特权,如在外国港口的"公共仓库"存储货物,根据公司官员确定的价格来进行交易等,这就意味着成员资格也是他们的获利手段之一。当然,公司成员应当遵守公司对贸易活动提出的一般规定性要求。他们既然承担了公司所规定的义务,也就获得了相应的公司保护。东地公司总裁(governor)及其助手们对本公司所有成员在国外的行为负责,不允许其他商人插手本公司垄断的贸易活动,除非他们加入本公司。这样,英国形成了由若干特许商人公司垄断几个外贸领域的局面。可是,东地公司商人在对外交往中根本得不到王权的保护,反而遭受很多痛苦。他们曾抱怨说,丹麦国王的臣民一年之中抢劫了约克和赫尔商人高达5 000英

---

① 参见陈曦文《都铎前期的对外贸易和政府的重商政策》,载于戚国淦、陈曦文主编《撷英集》,首都师范大学出版社1994年版,第79页。

镑的财富,抢劫其他英商的财富累计达到 2 万英镑。① 1436 年,当他们发现自己完全被排挤出北欧的卑尔根时,他们将之归咎于汉萨同盟的阴谋,并要求英王亨利六世取消汉萨商人在英国所享有的特权。都铎王朝建立后,随着新君主制的不断强化,英商才有可能获得王权的保护。

辛迪加是一种自我管理的商人组织,由从事商贸活动的个人、公司、企业或实体集合而成,旨在经营一些特定的交易,促进共同的利益。参加辛迪加的商人,共同分担航行风险,维护自身的财产和生命安全,而又不丧失其经营活动的独立性。这种灵活性较强、约束性较小的私人合作方式,非常适合于从事海上冒险活动的个体商人需要,也有利于推动英国海外长距离贸易活动的开展。亨利七世初期,英国很大一部分对外贸易依然为外国人所操纵,规约公司的个体商人冒着遭西班牙人、葡萄牙人、德国人和阿拉伯穆斯林海盗攻击的危险,航行到遥远的、未被其他列强控制的地区,这就需要把个体行为变成集体行动,有必要结队航行并建立护航制度。由于对外贸易活动受到外国人的限制,寻求新的贸易手段和新的贸易渠道,自然就成为英商的新需求,于是辛迪加式的小型私人商业组织便应运而生。

这种商业组织刚一出现,就得到了英王亨利七世的支持。当时,皇家舰队的舰船分散在英国各地,并为私人海上运输提供护航,而辛迪加可以雇佣这些船只为其护航。布里斯托尔商人最早组成了私人辛迪加。令布里斯托尔人感到自豪的是,他们不但是英国海

---

① J. A. Williamson, *A Short History of British Expansion*, London: Macmillan & Co., 1947, pp. 15 – 16.

洋事业的发起者,也是大英帝国创造者的先辈。1501年3月,布里斯托尔商人理查德·沃德(Richard Ward)、托马斯·阿什赫斯特和约翰·托马斯(John Thomas),以及亚速尔群岛的葡萄牙殖民者乔奥·费尔南德斯(Joao Fernandes)、弗朗西斯科·费尔南德斯(Francisco Fernandes)和乔奥·冈萨雷斯(Joao Gonsalves)从亨利七世手中接过皇家特许状,这是他们获准组成辛迪加的法律文书。据此,他们有权作横渡大西洋的长距离航行与探险,去发现和占领任何尚未被基督教徒知晓的"新国家"。这是英国在对外殖民扩张中对他们坚持的所谓有效占领原则的又一次表述。① 乔奥·费尔南德斯是个富裕的大地主,来自特赛拉(Terceira),②他依据1499年10月葡萄牙国王曼努埃尔一世的授权,曾"在葡萄牙人那一半的世界范围内寻找和发现岛屿"。1500年航行到格陵兰后,他因得知其主要竞争对手加斯帕·德·科尔泰·里尔(Gaspar de Corte Réal)已从国王手中获得了一项更有利的授权,③便开始转向英王亨利七世,效忠于都铎王室近十年时间。他定居于布里斯托尔,和先于他到达英国西部的另外两个亚速尔人,一个是他的堂兄弟弗朗西斯科·费尔南德斯,另一个是乔奥·冈萨雷斯,一起参加了英国早期的海外探险活动。

不论是英国政府还是商人,都不想把资本仅仅花在探险和了解地理知识上,他们希望通过新的发现,赢得有利可图的海外经营权。

---

① 在1496年亨利七世授予约翰·卡伯特的特许状中,第一次明确提出了有效占领原则,详见本文第四章第二目。
② 葡萄牙人长期统治着亚速尔群岛,特赛拉是该群岛的主要岛屿。
③ Michael Van Cleave Alexander, *The First of the Tudors: a study of Henry VII and his reign*, London: Croom Helm, 1981, pp. 150 – 151.

这个私人辛迪加沿着约翰·卡波特当年开辟的西北方向探险,这也是都铎冒险家航海活动的明确方向。他们根据特许状所载条款,打算在大西洋西北某个地区建立商业代理处,就像汉萨商人在伦敦所做的那样。辛迪加组织过几次远征探险,都没有取得突破性进展,也没能建立贸易前哨站,但是,他们的西北方航行还是有一些成果的,其中之一就是从北美带回了三个爱斯基摩人,为此他们受到了亨利七世的奖赏,正像 1497 年卡波特从第一次航行中归来受到奖赏一样。托马斯·阿什赫斯特、乔奥·冈萨雷斯和弗朗西斯科·费尔南德斯的最初动机,可能是从事渔业生产、经营毛皮贸易和发现到达亚洲的西北通道,尽管并不真正具有明确的殖民目标,这却是英国史上第一个为着明确的殖民目的而建立起来的商人组织。根据皇家特许状的规定,他们被赋予在所发现土地上建立殖民地的权力,条件是这些土地没有被其他基督教国家有效占领。

都铎时期,商人贸易组织是推动英国海外探险的先锋,也是英国推行扩张政策的工具。无论是规约公司还是辛迪加,作为商人组织,他们的联合都相对松散,其成员受各自组织本身的约束也相当有限。那些从事西部冒险活动的远洋者,绝大多数来自布里斯托尔、德文城、南安普顿和伦敦,他们或与西班牙、葡萄牙保持着贸易联系,或从事跨越多佛海峡和北海的商业活动,在早期的海外贸易和殖民探险中起到了示范作用。他们与爱尔兰、阿奎丹(Aquitaine)[①]、伊比利亚半岛,还有大西洋中的诸岛屿,发展商贸往来,有时还闯入地中海、利凡特地区活动,对推动都铎时期商业资本的迅速成长产生了影响。

---

① 位于法国西南部一公爵领地,12 世纪为英王领有,百年战争后并入法国王室领地。

推动英国海外贸易发展的最重要私人团体是都铎王室特许成立的股份贸易公司。虽然他们"从共同利益和特权到集资从事某些较大的经营活动,从来不需要经过漫长的道路"[①],但是,由于英国的商人组织总体实力还处于弱小状态,直到16世纪中叶,才开始实行股份制的联合,由此形成了私人股份公司。从16世纪最后30年到17世纪最初30年,在这半个多世纪中,英国的商人贸易公司发展迅速,其间出现了许多商人组织,主要包括:商人冒险家公司、西班牙公司(Spanish Company, 1577)、东地公司、土耳其公司、威尼斯公司(Venice Company, 1583)、北非公司(Barbary Company, 1585)、几内亚公司(Guinea Company, 1588)、利凡特公司(1581)、东印度公司、厄尔斯特新殖民公司(New Plantation of Ulster, 1609)、普利茅斯公司(Plymouth Company, 1606)、法兰西公司(French Company, 1611)、萨默斯岛或百慕大公司(Somers Island or Bermuda Company, 1612)、马萨诸塞湾公司(Massachusetts Bay Company, 1628)、普罗维登斯岛公司(Providence Island Company, 1629),等等。[②] 到17世纪初,各种民间性的私人贸易公司掌握了英国贸易的大部分。不论是否长久存在,这些公司均享有特许贸易的独占权。例如,莫斯科公司意欲垄断与俄罗斯地区的贸易;东地公司企图独占波罗的海沿岸的贸易,进口该地区的亚麻、大麻、沥青、焦油、牛脂、毛皮、缆丝绳和绳索,用来交换的商品主要是粗布和盐;伦敦商人冒险家公司垄断着北德地区和荷兰的贸易,以经营纺织品为主;

---

① 汉斯·豪斯赫尔:《近代经济史:从十四世纪末至十九世纪下半叶》,王庆余等译,商务印书馆1987年版,第173页。
② D. C. Coleman, *The Economy of England, 1450—1750*, Oxford: Oxford University Press, 1984, p.59.

非洲公司操纵着与西非地区的贸易,把纺织品、手镯、玻璃珠等运到非洲,从那里带回象牙、染料、兽皮和香料等商品;利凡特公司控制着东部地中海的贸易,输送铅、细布和其他纺织品,还有鱼类产品;东印度公司意在垄断与印度、香料群岛以及东方的贸易;弗吉尼亚公司则独占美洲地区的贸易。①

都铎时期,达官贵人纷纷加入海外贸易活动中。亨利八世时期,皇家海军中将威廉·冈森(William Gonson,1517—1536)在与西班牙人做生意的同时,还派遣了许多船只到利凡特去活动。像萨福克公爵(Duke of Suffolk)和诺福克公爵(Duke of Norfolk)之类的大贵族,也参加经贸活动,并与冈森家族和其他商人保持着密切联系。威廉·冈森之子本杰明·冈森(Benjamin Gonson)也有类似的经历,他作为皇家海军测量员和威廉·塞西尔的得力助手,在玛丽和伊丽莎白两朝曾数次资助几内亚的冒险活动,还为约翰·霍金斯到西印度群岛的远征提供帮助。后来,本杰明把女儿凯瑟琳·冈森(Katharine Gonson)嫁给霍金斯,并让霍金斯继承了自己的职位。又如,商人威廉·卡斯宁(William Castlyn)的兄弟詹姆斯·卡斯宁(James Castlyn)是个船长,兄弟俩把业务范围从伊比利亚半岛扩展到亚速尔群岛和加那利群岛。在伦敦的商人冒险者中,像托马斯·温德姆、乔治·巴恩斯爵士(Sir George Barnes)、约翰·吉尔伯特·约克爵士(Sir John Gilbert Yorke)、威廉·杰勒德爵士(Sir William Gerrard)、安德鲁·贾德爵士(Sir Andrew Judde)、莱昂内尔·达克特爵士(Sir Lionel Ducket)、弗朗西斯·兰伯特(Francis

---

① Godfrey Davies, *The Early Stuarts, 1603—1660*, Oxford: Oxford University Press, 1959, pp. 318 - 319.

Lambert, c. 1560—1610)等都发迹于北海地区的旧规约贸易,以后又把盈余投资于危险性更大的非洲冒险事业。这个团体的大部分成员来自伦敦商人冒险家公司和西班牙公司。① 16世纪中后期,伊丽莎白时代商人贸易公司兴旺发达,主要有以下三个原因:

其一,从15世纪末期起,由商品经济发展牵动的圈地运动,带动了英国的农业革命,由此揭开了生产方式从封建主义向资本主义转变的序幕,也促进了16世纪英国毛纺织业等手工业的大发展。农业革命直接为工业高涨、商业发展和外贸繁荣,提供了重要的前提条件。资本原始积累时期,经济结构的变化,驱使英国商人把大量的资本投向海外,这种扩张活动既是为了开拓新的贸易市场,又是为了积累更多的货币资本。但是,他们的海上贸易活动一开始就遭到了葡萄牙人和西班牙人的限制与打压。都铎前期,亨利七世寻求均势外交,并没能从根本上摆脱西班牙的强势威胁。宗教改革以后,英国的对外贸易活动和殖民冒险事业则进一步受到了西班牙的限制。在极为不利的现实面前,英商不得不组织起来,其直接目的是为日益增长的呢绒产品拓展新的销售市场,同时也为过剩人口寻求出路,为持续高涨的民族情绪寻找宣泄渠道。

其二,由安特卫普贸易集散市场解体引起的贸易危机,刺激了16世纪50年代英国商人贸易公司的快速发展。1490—1520年,尼德兰的安特卫普是欧洲的商业中心和重要的金融市场,也是伊比利亚产品最大的销售中心,意大利人、德意志人、西班牙人、葡萄牙人都在这里从事商业活动,英商自然也在其列。16世纪上半叶,安特卫普一度成

---

① J. H. Rose, A. P. Newton, and E. A. Benians (eds.), *The Cambridge History of British Empire*, vol. 1, Cambridge: Cambridge University Press, 1929, pp. 35 - 36.

为英商推销呢绒的可靠市场,而且也是他们可以方便地获得西班牙、葡萄牙从殖民地掠夺来的海外商品的销售场所。然而16世纪20—50年代,由于战争、饥馑及居民外迁的影响,安特卫普逐渐丧失其贸易中心的地位,而严重依赖安特卫普市场的英国,出现了贸易萎缩现象。有数据显示,1550年有132 767匹短布从伦敦出口,到1551年下降到112 710匹,而1552年只有84 969匹。① 由于政治上的敌对关系,英法两国间的商贸关系障碍重重;由于土耳其人的军事行动和阿拉伯海盗的袭击事件,英国人在地中海东部的贸易活动基本处于停滞状态。北方波罗的海则完全受到汉萨商人的控制,英国人根本无法在该地区开展正常的贸易活动。在这种情况下,他们在都铎政府的支持下组织起来参与竞争,寻求对外贸易发展的新途径。

其三,在王朝利益和重商主义的指引下,都铎王朝把商人团体当作殖民扩张的重要工具,使英国商人贸易公司获得发展的良机。伊丽莎白继位之初,英国面临着来自罗马教皇、西班牙、葡萄牙,以及法国和苏格兰的重重压力。为了走出不利的国际环境,女王政府借助国内高涨的民族情绪和商人们的冒险精神,大力支持商人贸易公司在海外的活动,包括合法的贸易和非法的海盗。在特许商人贸易公司大发展的年代,虽然女王政府没有直接操纵过任何一家私人贸易公司,官方对英国商人的支持却是一贯的,特别在反对伊比利亚贸易霸权的斗争中,双方连为一体。在口头上,伊丽莎白不支持本国商人在海外的"不法行为";但在行动上,女王同英商有许多共同利益,除了民族情感的因素外,她本人还是某些贸易公司的股东。

---

① F. J. Fisher, "Commercial Trends and Policy in Sixteenth-Century England", *The Economic History Review*, vol. 10, No. 2 (Nov., 1940).

她不仅从他们的商业收益中获利,还为海盗头子如霍金斯、德雷克等人加官晋爵。

到16世纪中叶,股份公司成了英国商人开展外贸活动的新特点。通过股份公司,商人团体把投资者手中分散的资本集中起来,聚少成多,组织长距离的海外冒险活动。股份持有者(股东)不一定直接从事外贸活动,但他们可以分享公司的红利。在汉萨同盟势力被赶出英国之前,伦敦商人已着手组建莫斯科公司,也叫俄罗斯公司,不过1553年获准组建的莫斯科公司,不再是由独立经营的商人组成的规约公司或辛迪加,而是第一个特许合股公司,即拥有共同资本、联系密切的股份公司。该公司源头可追溯到1551年理查德·钱塞勒、塞巴斯蒂安·卡波特和休·威洛比爵士在伦敦建立的新大陆商人冒险家公司(Company of Merchant Adventurers to New Lands),其目的是寻找一条新的北方贸易通道,以图到达中国和香料群岛。公司共有240个股东,每个股东出资25镑,由塞巴斯蒂安出任公司总裁。1553年,公司收到了爱德华六世颁发的皇家特许状;受公司委派,威洛比领导了第一次寻找东北通道到达中国的远征探险。5月11日,三艘探险船,120吨的"博纳·埃斯佩兰萨"号(Bona Esperanza)、60吨的"爱德华·博纳文图尔"号(Edward Bonaventure)和90吨的"博纳·康菲登切亚"号(Bona Confidentia),驶离伦敦德特福德码头(Deptford Docks)后,沿着东北航路,朝北海方向航行。由于北方地区异常寒冷,威洛比被冻死在拉普兰(Lapland)[①]的阿泽拉(Arzina)。钱塞勒在克服巨大的困难后,终于

[①] 北欧一地区,包括挪威、瑞典、芬兰北部及俄罗斯西北部的科拉半岛(Kola Peninsula)。

到达白海(White Sea)①沿岸城市阿尔汉格尔(Archangel),于8月24日在德维纳河(Dvina River)河口看到了当地的俄罗斯人。他经陆路抵达莫斯科后,受到伊凡四世(Ivan IV)的款待,成为第一个与俄国建立贸易关系的英国航海家。1555年夏钱塞勒返抵伦敦时,带回了一封沙皇致英王的信函,其中表达了发展两国间贸易关系的意愿。虽然爱德华六世已经离世,玛丽女王依然重新授权新大陆商人冒险家公司,结果导致莫斯科公司的建立。受新组建的莫斯科公司的派遣,钱塞勒再次前往北海地区探险,但是1556年11月,他在返航途中死于匹茨里戈湾(Pitsligo Bay)。这样,英国人仍未发现到达亚洲的东北通道②,从东北航线探险前往中国的尝试就此结束。

尽管莫斯科公司的东北通道探险尝试未能成功,但是,冒险本身却奠定了英俄间发展正常贸易关系的基础。在涉及这一问题时,有必要提到著名的旅行家和探险家安东尼·詹金森(Anthony Jenkinson)。他是最早探索俄罗斯的英国人之一,出生于英格兰东部的莱斯特郡(Leicestershire),年轻时曾从事利凡特贸易,取得了有关东部地中海和近东诸国的相关知识。这一次,他应召负责在俄罗斯地区开辟新的贸易活动,并数次拜访了伊凡四世。1557—1560年航行到达莫斯科后,他沿着伏尔加河而下,抵达下游的阿斯特拉罕(Astrakham),穿过里海(Caspian Sea),在那里竖起圣乔治红十字旗。③ 随后,他又同由千余头骆驼组成的大型商队一起,到达位于现

---

① 巴伦支海(Barents Sea)南部一海湾,延伸至俄罗斯西北部。
② George W. Southgate, *The British Empire*, London: J. M. Dent and Sons Ltd., 1945, pp. 11-12.
③ 圣乔治(St. George)是英格兰守护神,英国史学之父比德在殉道者曾提及他,1222年牛津宗教会议(Synod of Oxford)宣布圣乔治纪念日(St. George's Day)为英格兰的一个节。

今乌兹别克斯坦境内的布克哈拉(Bokhara)。1561—1563年詹金森进行第二次探险,而莫斯科公司则获得了通过北方道路进出俄罗斯的全部贸易垄断权。由此,英国人自安特卫普市场衰落以来外贸状况不佳的局面得到了较大改善。在俄罗斯,詹金森获得沙皇的信任,伊凡四世对他赴波斯的探险也提供了必要的支持。由此,詹金森踏上了古代的"丝绸之路",而自马可·波罗300年前沿这条路去中国以来,沿线的贸易环境已经大大恶化。不过,出于同中国建立贸易关系的迫切愿望,詹金森的探险活动最终导致英国人开辟了与波斯内陆地区的贸易关系,但是这种关系因1580年土耳其入侵波斯而中止了。

1571年以后发生了英俄贸易危机,沙皇废除了英国人在俄罗斯的一切特权。[1] 英国的俄罗斯公司商人在经营20多年后发现,该地区贸易活动的代价太高,因此重新试图寻找到达东方的航路。为了恢复利凡特贸易,商人兼政治家爱德华·奥斯本爵士(Sir Edward Osborne)[2]和理查德·斯特佩尔(Richard Staper,c. 1540—1608)[3]于1578年派威廉·哈伯勒(William Harborne)[4]经陆路到达君士坦丁堡,获得土耳其苏丹的安全通行证和贸易特权。1579年,苏丹重新向英商开放贸易。就在同一年,爱德华·奥斯本爵士、理查德·斯特佩尔和莫斯科公司的一些成员获得特许状,共同组建了享有东部地中海贸易垄断权的土耳其公司。值得注意的是,这个新组建的

---

[1] A. L. Rowse, *The Expansion of Elizabethan England*, London: Macmillan, 1955, pp.170-171.
[2] 16世纪晚期英国主要商家之一,1583年担任伦敦市长。
[3] 16世纪晚期英国商人,出身于伦敦商人世家,担任伦敦高级市政官。
[4] 英国商人、驻土耳其帝国(Ottoman Empire)大使。

商业公司,像莫斯科公司一样,属于新型股份公司,而不是旧式规约公司。后来,该公司虽然重组为规约公司,但直到 1584 年,它才依据特许状的规定有效地行使特权。1583 年,英商受土耳其公司的派遣,第一次由陆路到达东方的印度。1592 年,土耳其公司和威尼斯公司合并,重组为利凡特公司,并准备了大约 6.8 万镑资本,为其第一次航行到印度提供了必要的资金。1599 年 9 月,大约 100 个对经营东方贸易感兴趣的商人云集伦敦开会,同意筹集 3 万镑资本,组建一个更大规模的股份公司,并设立总裁和 24 人的委员会作为公司的管理机构。① 这就是后来著名的东印度公司的前身。东印度公司组建的主要推动者是托马斯·斯迈思爵士(Sir Thomas Smythe),他同时兼任利凡特公司总裁,并在利凡特公司有上好的表现,还曾为莫斯科公司的业务到过俄罗斯,具有丰富的海外贸易经验。建立东印度公司的主要目的是开辟到达香料群岛的航路。② 出于发展海外贸易的迫切需要,伊丽莎白积极支持东印度公司的组建,并于 1600 年 12 月 31 日颁发特许状,授予该公司发展海外贸易和殖民扩张的特权。后来,东印度公司成为英国殖民史上最著名、存在时间最久的商人股份公司。

自从约翰·卡波特对北美洲的航行与发现以来,北方海域一直是英国殖民探险活动的主要方向。迄今为止,西北方的海上通道尚未发现什么有利可图的商业价值。自 16 世纪中叶起,有人相信,一条从东北方绕过亚洲的通道,会成为通往生长香料的热带沿海地区的最便捷航路。于是,英国人的注意力开始被吸引到这样的可能性

---

① Chris Cook & John W. Totowa, *English Historical Facts, 1603—1688*, Totowa, NJ: Rowman & Littlefied, 1980, p.170.
② Basil Williams, *The British Empire*, London: Butterworth, 1931, p.35.

上来,就是通过欧洲和亚洲的北部,可以抵达那未知的东方世界。16世纪50年代初,随着安特卫普贸易市场的萧条和英国呢绒出口的衰落,英国开始寻找北方的贸易市场和海外的贵金属。安特卫普市场危机,刺激了英商在英吉利海峡和其他海域的劫掠和海盗行为,还直接导致莫斯科公司的酝酿和筹建。该公司既是为了寻找到达中国的东北通道,同时又把寻找新贸易市场的努力,与长期以来抢占丰富的东方香料和丝绸贸易的愿望,紧密地结合了起来。①

自亨利七世以来,英国人一直试图发现到达亚洲的捷径,为此不辞劳苦地朝西北方向探险航行,均以失败而告终。但是,如果编年史家对那些失败的海外活动感兴趣,并把像卡波特父子和许多西部商人冒险者的经历加以详尽记录的话,那么,都铎早期英国人的殖民活动就能给我们留下更为深刻的印象。16世纪中后期,英国人的海外贸易和殖民扩张加快了脚步,其中,私人贸易公司为寻找海上通道和开拓贸易市场取得了许多重要进展,这里可以简单归纳如下:第一,他们向北探险,开辟东北航线,发展了与俄罗斯、波斯等东方国家的经济贸易往来;第二,他们朝东航行,通过恢复同东部地中海地区间的贸易联系,开始了对远东地区的贸易和殖民探险;第三,他们往南推进,发展了同非洲大西洋沿岸地区的商业贸易关系,直接挑战西班牙、葡萄牙等老牌殖民国家。虽他们暂时还无法打破西班牙、葡萄牙的海上垄断地位,但他们要求摆脱外国人束缚的呼声日益高涨,也从来没有放弃分享世界财富的努力。在都铎专制君主的大力推动下,16世纪70年代,海盗探险家弗朗西斯·德雷克提出

---

① Wm. Roger Louis (ed.), *The Oxford History of the British Empire*, vol. 1 (*The Origins of Empire: British overseas enterprise to the close of the seventeenth century*), Oxford and New York: Oxford University Press, 1998, p.60.

了向西南方向探险和殖民的计划,结果他成功地实施了环球航行。①

三、英国海盗的海上殖民冒险

安特卫普的传统贸易市场衰落,引发了西欧经济危机,迫使英国人在16世纪后半期不得不千方百计地寻求新的海外市场,结果导致他们与伊比利亚人发生直接的利益冲突。由于葡萄牙和西班牙瓜分世界,垄断了世界贸易,英国人就不惜采取一切手段,包括海盗行径,与伊比利亚人争夺海外利益。他们以私掠、抢劫等手段掠取财富,为自己争得"第一桶金",这就直接挑战了西班牙、葡萄牙的海洋霸权。

海上活动早期,海上安全一般是由商人自己想办法来维护的,发生海盗袭击是经常性的事情。孤立的个体商人不仅不能指望诚实地生活,不结盟往往就难以自保。为了保证商船队能够结伴而行,从业者不得不采取合作的形式,组成商业团体,以分担海上活动随时可能发生的风险;他们把商船武装起来,以防止海盗的袭击,有时还要配备战斗人员,对商船进行武装护航。如果海上冒险活动失败而丧失了船只与货物,商人们则采用同样的海盗式报复手段。②中世纪时期,海盗与贸易往往成为同义语,这属正常现象。那时候,英国的水手以铤而走险而留有恶名,一如乔叟在他的代表作《坎特伯雷故事集》(Tales of Caunterbury)中所描述的那样:有个水手来

---

① George B. Parks, *Richard Hakluyt and the English Voyage*, New York: American Geographical Society, 1928, p.39.
② 汤普逊:《中世纪经济社会史》下册,耿淡如译,商务印书馆1963年版,第183页。

自西南部港口达特茅斯,"所有从瑞典的哥德兰到西班牙的菲尼斯特角的每一海港他都熟悉,西班牙和布列塔尼的任何一条溪流他也知道";这个人常常把匕首用系带吊在脖子上,完全是个亡命徒,"在法国波尔多,趁着商人们睡着的时候,他狠狠地喝了几口酒。他顾不着什么好心眼儿;在大海中航行,如果同旁人打架而占了上风,他就让他们掩目走跳板,落海不偿命。"[1]这是海盗生活的生动写照,中世纪的海上生活充满了暴力。

大航海时代,葡萄牙和西班牙通过地理大发现垄断了世界贸易,建立海洋霸权,这对西欧其他国家造成损害,限制了它们的发展。但这些国家无法抗拒伊比利亚人的霸权,没有办法正面对抗他们的强大武力,而在源源不断的财富的诱惑下,他们又不愿放弃争夺财富的愿望,因此,许多人——自称是商人的人,就铤而走险,走上了以抢劫为生的路。然而在民族国家形成的时代,这些人经常得到本国专制君主的支持,也得到普通民众的崇拜和追捧,把他们当作民族英雄来看待。这是这个时代一种奇怪的现象,反映了民族国家形成初期民族主义和重商主义的奇妙结合。

都铎朝成为海盗盛行的时代,其背景即如此。从15世纪末叶开始,一个多世纪以来,西班牙人坚持其海洋霸权,任何人进入它的势力范围,不管合法与非法,一律被视为"海盗",而给予无情的打击。西班牙人所指的"海盗",其含义非常广泛,甚至连那些偏离航线的商人和水手,在他们的眼中也是海盗。这种做法其实就彻底阻断了和平经商的可能性,结果只能是商人和"海盗"不分。早期的英国扩张努力就由"海盗"打头阵,而伊丽莎白对这种行径睁一只眼闭一只

---

[1] 杰弗雷·乔叟:《坎特伯雷故事》,方重译,上海译文出版社1983年版,第10页。

眼,甚至公开支持。这种态度很大程度上顺应了当时英国的民族情绪,也符合市民阶层要求发财的愿望,因此很得民心。海盗抢劫其实是当时重商主义的一种表现,如前所述,重商主义是需要专制君主的大力支持的。在都铎政府的默许、纵容下,海盗活动迅速膨胀,并对英国的国内外事务产生了重要影响。依靠海盗行径,英国从伊比利亚人的殖民扩张中获取了一份财富,也提升了英国的民族认同感,据说,伊丽莎白女王"称这些海盗为撒出去的'海狗',带着劫掠来的财富回家"[①]。

都铎后期,海盗活动成为英吉利民族对抗西班牙海洋霸权的重要策略之一。一方面,通过劫掠方式,打击西班牙的海上力量,争取英吉利民族的发展权。另一方面,分享西班牙从海外掠夺的财富,削弱西班牙的经济力量。随着宗教改革的推进和英国商业活动日趋频繁,英西之间的利益鸿沟越来越深,在西班牙经商的英国人面临非常困难的局面。例如,西班牙不允许英商使用自己的语言记录账目,宗教法庭则插手、干涉英西商业纠纷。同样,葡萄牙人也声称自己对西非沿岸的贸易享有垄断权,以武力禁止英国人接近非洲沿岸及其离岸群岛。由于经营环境恶化,英国商人经常把海盗船派往大西洋沿岸,对途经加那利群岛和亚速尔群岛附近的西、葡运输船实施劫掠。大约1530年左右,英国人已经在大西洋西海岸从事私掠巡航式的海盗活动,以挑战葡萄牙对西非几内亚贸易的垄断权。这些私掠活动主要是由英国航海家詹姆斯·奥尔戴(James Alday)和海军军官兼航海家托马斯·温德姆等著名的盗匪发动的,他们经常离开德文海岸,开展海盗式巡游,并坚持不懈地开创北非沿岸的海

---

① S. G. Benson, *Elizabethan World*, New York: Thomson Gale, 2007, p.87.

上贸易。更能够引起英商注意的是西班牙运宝船,这些船只从西班牙美洲殖民地运回无数金银财宝,使整个欧洲都垂涎不已,据说第一次针对西班牙人的海盗袭击事件发生于 1545 年,当时英国人劫掠了西班牙的货物运输船。

在英格兰,参与海盗活动的人不限于海员、船主和商人冒险者,还包括一部分乡绅,他们从这里找到了一条发财致富当官的门道。亨利八世时期,英国的海盗掠夺行动已经变得无法无天,当时英国官方尚无力与西班牙正面冲突,但英国民间表现出强烈的反西班牙情绪,这里既有的民族利益的冲突,也有对天主教的天生反感。海盗控制的武装力量往往与都铎宫廷和政府联手,共同对抗天主教的西班牙。爱德华六世时期,随着激进改革的推进和新教势力的发展,英国的"闯入者"在非洲沿海的海盗活动也更加活跃,他们的活动得到了官方的鼓励,其代表人物正是以摄政王名义大权在握的海军大臣诺森伯兰公爵。1551—1552 年,诺森伯兰曾就袭击西班牙的银矿产地秘鲁问题发起讨论,奎因教授指出:"尽管不是公然的侵略行径,1553 年的冒险活动也是引向西班牙和葡萄牙已经声称拥有优先权的地区,这些优先权是建立在发现和占领的基础上的。"[①]英商辩解说,他们的远洋活动避开了葡萄牙和西班牙的商站,并没有闯入它们垄断的势力范围,而是与当地的黑人酋长进行自由的贸易。然而他们的活动范围扩展到黄金海岸和贝宁湾,到那里去经营黄金、象牙和胡椒等奢侈品。这种经营活动发展较快,而且有利可图,许多商人因而发财,同时也打击了竞争对手。葡萄牙人和西班牙人

[①] D. B. Quinn & A. N. Ryan, *England's Sea Empire, 1550—1642*, London: George Allen and Unwin, 1983, Introduction.

对英国人的行动感到愤怒,他们派出武装人员,驱逐来自英国的"非法闯入者",这样就使英国的海上劫掠充满了危险性。

玛丽一世继位后,英国的海盗活动并没有因为女王的亲天主教、亲西班牙政策有所收敛。正当玛丽一世在国内复辟天主教、迫害新教徒时,来自德文郡和康瓦尔郡的英国人又驾着质量上乘、装备完善的小型快船,冒险闯入了英吉利海峡,去袭击西班牙从事贸易和运输的大帆船。英吉利海峡的海盗活动愈演愈烈,玛丽女王在她的丈夫、西班牙的菲利普二世国王的要求下,以遵守教谕为理由,让她的枢密院发布命令(1555年12月),严禁本国商人继续从事西非贸易。① 但是英国人仍然采取种种办法来规避命令,针对西班牙人的海盗活动也就持续不断,就连那些身份地位较高的人也不顾禁令,对大西洋地区的海盗贸易多采取纵容的态度,甚至为其提供投资。

到伊丽莎白一世时期,在女王的姑息纵容下,英国的海盗行动愈加公开大胆,它再一次变成民间和官方的合谋行动,变成了国家间的对抗方式。中世纪经济史学家汤普逊教授指出:"除了这些无法无天地抢劫一切船只的职业海盗行为之外,还有另外一种形式的骚扰;它是由于政府的纵容或教唆而变为合法化,并被用作反对敌对国家的一种战斗手段。……一个国家的商业海员变为海盗来掠夺另一国家的船运,有时甚至掠夺自己国家的船运;这是一件普通的事情。"② 1568年,伊丽莎白女王曾下令把从西班牙途经英国、前

---

① Jasper Ridley, *The Tudor Age*, London: Constable and Co., 1988, p.257.
② 汤普逊:《中世纪经济社会史》下册,耿炎如译,商务印书馆1963年版,第182—183页。

往尼德兰支援阿尔瓦公爵（Duke of Alba）的几船热那亚金银扣留起来，由此在英西之间引发了一场重大的外交事件。"由于对海盗行为的半尊重状态，由于它在战争时期有用处，统治者对这种行为，如果它是由他们自己的臣民所干的，采取纵容态度；如果它是由其他国家臣民所干的，他们没有一点办法从对方获得赔偿。"①

那些活跃在海上的海盗都是十分优秀的水手，其中最突出的代表是德文郡普利茅斯的霍金斯家族（Hawkins）。威廉·霍金斯（William Hawkins）是当地著名的商人冒险家，他作为普利茅斯市议员，曾先后三次入选下院、两次担任普利茅斯市长。在16世纪30年代的宗教改革中，他向国王的助手、大权在握的托马斯·克伦威尔提供过帮助。作为"普利茅斯的霍金斯"，他在"在航海事业上有谋有勇，经验丰富而又技艺高超，为国王亨利所承认与宠爱"。长期以来，他是王室信任的私人承包商，为皇家海军提供给养、防守普利茅斯湾，因而受到英王政府的纵容。他积极参与西部海域的海盗活动，打击西班牙的海上势力。1528—1530年，他经常驾驶海盗船前往北非几内亚沿岸活动，抢劫过往的船只。1530年，在一个法国舵手引航下，他乘"保罗"号（Paul）海盗船闯入了葡萄牙势力范围的南美洲，开创了英国与巴西间的海上贸易。② 霍金斯至少三次闯入巴西一带，抢劫西班牙、葡萄牙的运输货船，并带回了有关区域的许多知识。后来，探险史家哈克卢伊特曾把英国人在巴西地区的海盗贸易活动描述成"一种方便而有收获的航行"。16世纪50年代，霍金斯依靠一个葡萄牙舵手作引航员，率领船队到西非的黄金海岸从事

---

① 汤普逊：《中世纪经济社会史》下册，耿炎如译，商务印书馆1963年版，第183页。
② George B. Parks, *Richard Hakluyt and the English Voyages*, New York: American Geographical Society, 1928, pp. 11 - 12.

海盗活动。他还派出船只在其他船长的率领下越洋远征,进行有利可图的海盗劫掠。

伦敦商人紧随普利茅斯人之后,依照威廉·霍金斯的榜样航行到美洲从事海盗活动。1540年,来自伦敦的"芭芭拉"号(Barbara)远航到加勒比地区,其船员在巴西北部,可能是圭亚那(Guyana)一带,抢劫西班牙商船,带回了非常有价值的象牙和巴西木。在现代早期海上贸易和海盗活动中,英国南部南安普顿的市民们也表现得非常积极,如罗伯特·雷内格(Robert Reneger)、托马斯·博尼(Thomas Borey)、约翰·普德赛(John Pudsey)都是这座港市的著名商人兼海盗,他们参与过早期的巴西贸易,掠夺了一艘西印度的运宝船,这是第一次。1545年,一个南安普顿海盗抢劫了一艘准备离开西属海地岛的船,它装载的货物价值高达三万杜卡特(ducats)。[①] 南安普顿人和霍金斯家族都是与西班牙和葡萄牙保持贸易关系的著名商人,他们可能从伊比利亚国家获得了远洋航行所需要的航海图,还得到一些水手的帮助。

在霍金斯家族中,有许多成员承袭了西部海盗冒险的传统。威廉·霍金斯有两个儿子,一个和自己同名,也叫威廉·霍金斯(William Hawkins);另一个则同他父亲老约翰·霍金斯(John Hawkins)同名,也叫约翰·霍金斯,就是前文已经提到的约翰·霍金斯爵士。[②] 小威廉·霍金斯积极参与海上贸易活动,他在1588年打击西班牙"无敌舰队"的战争中,为英国海军提供过船只装备。在

[①] 一种流通于欧洲的金币,1284年威尼斯人开始铸造。1500年时,1杜卡特约等于55英国便士。
[②] 参见本文第五章第一目。

这个以航海冒险为业的家族中，小约翰·霍金斯的成效最大，也最为有名。他继承父业，乘上自家的船只，从事西部海域的海上贸易。他曾几次航行到西班牙和加那利群岛，与当地商人友好相处，搜集西班牙人的有关情况。小约翰在法国北部经营贸易也有声有色，长期以来，这里的新教胡格诺派（Huguenots）一直被西班牙人视为骚扰加勒比地区的祸害。霍金斯利用胡格诺派与西班牙人的矛盾，在大西洋冒险事业方面获得了巨大成功。1560年左右，他来到伦敦，娶了他的辛迪加合伙人、海军司库本杰明·冈森的女儿为妻。在冈森、威廉·温特爵士（Sir William Wynter）①、莱昂内尔·达克特爵士和托马斯·洛奇爵士（Sir Thomas Lodge）的支持下，霍金斯不顾西班牙政府的限制，从几内亚的黄金贸易中开辟了臭名昭著的黑奴贸易，从而把几内亚和加勒比之间的贸易活动连接起来。

从16世纪英国的海外贸易、地理探险和海盗劫掠的历史中，人们可以看到，现代英国争取海洋权利的过程，就是它走向海外扩张的过程，而现代英国的殖民扩张史，同时就是一部杀戮、征服和奴役史。英国人与走向海洋、进行扩张的其他民族一样，对被征服地区进行的掠夺，包括贩卖黑奴在内，充满了暴力与血腥，殖民掠夺如马克思所揭示的那样，是资本原始积累的重要方式之一。通过暴力手段，西方国家率先完成了从封建社会到资本社会的转变。

1562年是英国商人冒险家开辟非洲奴隶贸易的年份。② 从一开始，伊丽莎白就公开赞成几内亚贸易，并赋予它合法性。同一年，西

---

① 曾参加1588年击败"无敌舰队"的海上战役。
② 斯·尤·阿勃拉莫娃：《非洲：四百年的奴隶贸易》，陈士林、马惠平译，商务印书馆1983年版，第18页。

班牙驻英大使阿尔瓦罗·德·拉·奎德拉(Álvaro de la Quadra)在写给西班牙国王的信中说:"他们继续派遣更多的船只绕航佛得角。"1563年英国人继续这种航行,结果与葡萄牙人发生战争。表面上,这是由英葡两国间贸易竞争所引发的,而实际上,英国人借此冲突,否认了伊比利亚国家瓜分世界的垄断权;由于此种特权是以教皇的教谕为基础的,因此也就否定了罗马教廷的权威。西班牙驻英大使奎德拉报告说:"塞西尔告诉我,教皇无权划分世界,无权把世界领土随意赠予任何人。"①这就是当时英国人的真实信念。

伊丽莎白时期,英格兰逐渐摆脱各种困境,日益走向强盛。此时,英国人反对西班牙、葡萄牙海洋霸权的斗争不再需要任何伪饰,也不需要更多的退让。当时有一批商人,如威廉·杰勒德爵士、安东尼·希克曼(Amthony Hichman)、莱昂内尔·达克特爵士、威廉·切斯特爵士(Sir William Chester)、威廉·温特爵士、乔治·温特(George Wynter)等,组织了一次又一次对非洲沿海的探险航行,他们的活动还得到了伊丽莎白女王的宠臣莱斯特伯爵(Robert Dudley, Earl of Leicester)②、彭布罗克伯爵(Earl of Pembroke)和海军大臣爱德华·法因斯·德·克林顿(Edward Fiennes de Clinton)等大贵族的支持。伊丽莎白认为,这种贸易活动可以为国家提供商业扩张的机会,播扬新君主制的权威,而它所带来的利润,还可以增加国库收入,用以解决政府的财政困难。通过租赁合同和其他相关文件,女王和海盗冒险者之间达成协议:皇家军舰被租用于某些海外探险,使私人殖民活动染上了半官方色彩;王室为私人航行提供武装保护,提供出口货物价值十

---

① J. A. Williamson, *The Tudor Age*, London: Longman, 1979, p.258.
② 罗伯特·达德利(Robert Dudley, Earl of Leicester),伊丽莎白女王的宠臣。

分之一的食物,并承担全部航行损失的风险;冒险者则支付全体船员的工资,在扣除所有必须开支之后,应当向王室支付所获纯利的三分之一。王室把这部分收入交给海军司库支配,以加强海上防卫力量。对于商人和女王来说,这种合作实现了双赢;从更深的层面看,专制君主和英商开始以一个声音对外,充分反映了英格兰民族国家要求打破对外贸易与殖民垄断权的强烈愿望。

伊丽莎白认为,在大部分有争议、并未被承认为有效统治的区域,任何基督教君主及其臣民都有权前往从事殖民活动,任何限制措施都属于不友好行为。"自十六世纪中期起,悬挂英国国旗的船只经常出没于西非海岸附近。当时的商业探险船队和军事舰队区别甚微。葡萄牙人不准英国人在海岸登陆,双方为此曾屡次发生武装冲突。"[1]在《英格兰民族的主要航海、航行和发现》一书中,理查德·哈克卢伊特就记录了这些航行的情况。其实,那些商人在几内亚的贸易活动只是英国海外扩张的一部分,却导致了英国人与葡萄牙人的海战。这是英国人为争夺海外市场、反对外国海上霸权而进行的第一次海战。从此,他们彻底抛弃了伊比利亚国家在殖民地占领中坚持的约定俗成权利[2],代之以他们自己主张的有效占领原则。1562年和1564年,有三位葡萄牙使节接踵出现在不列颠,他们抱怨英国人对葡萄牙势力范围的"非法闯入",并要求加以禁止和严惩。在答复中,英国人说没有人曾告知女王陛下哪些地方、哪些民族属于葡萄牙国王管辖的范围,而坚称解决这类争端的最佳方案,就是

---

[1] 斯·尤·阿勃拉莫娃:《非洲:四百年的奴隶制度》,陈士林、马惠平译,商务印书馆1983年版,第18页。
[2] J. H. Rose, A. P. Newton, and E. A. Benians (eds.), *The Cambridge History of British Empire*, vol. 1, Cambridge: Cambridge University Press, 1929, p.44.

任何一个主权国家都应享有充分的自主权利,允许其国民到海外任何未被基督教国家实际占领的地方去开展贸易活动。况且,葡萄牙人对其所谓的势力范围并未实现完全的有效占领,英国人对他们是否已经渗透到对方区域,也是颇有怀疑。比如马丁·弗罗比歇曾经被非洲黑人俘获,他曾作证说:在佛得角群岛和贝宁(Benin)之间,"有两个葡萄牙人要塞,一个在特雷斯庞塔斯(Tres Puntas),另一个在埃尔米纳(Elmina),只有在要塞射程范围内的那些人才服从于葡萄牙,而英国人和法国人习惯于在葡萄牙人不敢出现的地方从事贸易和传道工作"①。可是,葡萄牙并不接受英国的"有效占领"原则,谈判最终破裂。于是,葡萄牙人开始对英国人进行报复,他们派遣舰队到几内亚沿海活动,把敌对范围扩大到大西洋岛屿和欧洲海域,让英国人的海外活动面临更大的危险。

劫掠式的海盗活动,对于要求扩大资本的英国商人而言,的确有利可图,而与最初朝东方去进行商业活动的"和平"方式相比,他们向西推进的冒险行为更具侵略性。小约翰·霍金斯听说"在伊斯帕尼奥拉,黑人是一种畅销商品,而在几内亚沿岸又有许多黑人",于是1562年他就到非洲去,这是英国人从事奴隶贸易的起点。② 他首航到达非洲离岸的大西洋群岛加那利,碰巧获得一名加勒比海领航员,在这位西班牙人的引导下,英国海盗船驶向几内亚沿海,在此,霍金斯捕获了大约300名黑人,然后穿越大西洋,前往西属海地岛。他把这些"活

---

① J. H. Rose, A. P. Newton, and E. A. Benians (eds.), *The Cambridge History of British Empire*, vol. 1, Cambridge: Cambridge University Press, 1929, p.46.

② C. R. Markham (ed.), *The Hawkins' Voyages During the Reigns of Henry VIII, Queen Elizabeth and James I*, London,引自斯·尤·阿伯拉莫娃《非洲:四百年的奴隶制度》,陈士林、马惠平译,商务印书馆1983年版,第18页。

货"卖给了海地岛的西班牙殖民者,换回了当地的兽皮、生姜、珠宝等物品。这是英国历史上最早一次"三角贸易"(Triangular Trade)。16世纪60—70年代,霍金斯先后三次进行这种"三角贸易",就是从英格兰运出盐、布匹、小装饰品、铜、火枪、弹药等,到非洲换成奴隶,然后沿着所谓的"中间航路"(Middle Passage),穿过大西洋到达新大陆,在加勒比或美洲殖民地换取糖、朗姆酒(rum)、糖蜜、烟草和大麻等物品,再次穿越大西洋回到英格兰。

把非洲人当商品,从事黑奴买卖,可以获得高额回报。一段时间内,非洲与美洲间的奴隶贸易为西班牙人所独占,黑奴为西属印度群岛种植园提供了大量的廉价劳动力,为西班牙创造了无比的财富。英国女王一心想打破西班牙的殖民垄断,对约翰·霍金斯的奴隶贸易,她抱有极大的兴趣,并向他提供了必要的帮助。她不仅以个人名义赞助出航冒险的船只,还要求以王国政府的名义分享利润。[1] 1563年,从第一次奴隶贸易远征中归来的霍金斯,一下子"成为普利茅斯最富裕的人"。第二次奴隶贸易远征始于1564年,霍金斯率领四艘船出发,其中的"吕贝克的耶稣"号就隶属于皇家海军。伊丽莎白将这艘载重700吨的海船折合为4 000镑股份,投资于霍金斯的海盗活动,虽然国务秘书威廉·塞西尔并不赞成女王的做法。在这次奴隶贸易中,霍金斯把一船的非洲黑奴贩运到委内瑞拉和巴拿马地峡,返回时不仅成为"英国最富裕的人",还获得了王室的褒奖。[2] 不管怎样,霍金斯的海盗贸易成功地挑战了西班牙的殖民霸

---

[1] S. G. Benson, *Elizabethan World*, New York: Thomson Gale, 2007, p.90.
[2] 斯塔夫里阿诺斯:《全球通史:1500年以后的世界》,吴象婴、梁赤民译,上海社会科学院出版社1992年版,第150页。

权,为英国商人拓展了海外活动的空间,更为王室带来了可观的利润。女王对霍金斯非常满意,授予他爵位,这说明霍金斯的海盗行为已超出了纯粹私人的性质,而官方的影子已经清晰可见。1567年10月霍金斯开始其第三次奴隶贸易远征,他率领的六艘海盗船中,包括女王入股的"吕贝克的耶稣"号和"米尼恩"号(Minion)。在返航途中,由于遭到了海上飓风的袭击,船队被迫于1568年9月开往拉克鲁斯(La Cruz)躲避风暴。该港地处墨西哥湾,为西属西印度殖民地,英国海盗在此遭到了西班牙人的突然袭击,"吕贝克的耶稣"号损失严重,已无法航行,幸存的265名船员逃上了"米尼恩"号。[1] 由于缺水缺食,有一半人登陆投降,其他人踏上了穿越大西洋的返航之路。最终,"米尼恩"号上约有15人生还,他们于1569年1月回到了英国西南端的芒茨湾(Mounts Bay)。另一艘逃亡船"朱迪思"号(Judith)的年轻船长,即后来成为英国"民族英雄"的弗朗西斯·德雷克,此时也是亡命者之一。随着这次航行的失败,英国与西属美洲殖民地进行和平通商的努力也功败垂成,这就结束了亨利七世以来维持的英西"友好"局面。

"三角贸易"把英西之间的矛盾由对立推到了战争的边缘,这是英西关系的重要转折点。此后,霍金斯到处宣称自己是伊丽莎白的侍从,说他处于女王的保护下。换句话说,他明确承认了他的海盗活动具有官方性质。[2] 霍金斯遭受挫折后,一心想重整旗鼓,便请求女王同意他的计划,准备对菲利普二世进行海盗式的报复,

---

[1] D. B. Quinn & A. N. Ryan, *England's Sea Empire, 1550—1642*, London: George Allen & Unwin, 1983, p.29.

[2] A. L. Rowse, *The Expansion of Elizabethan England*, London: Macmillan, 1955, p.174.

袭击西班牙的运宝船。尽管他的行为对于反对西班牙的霸权来说有意义,但还是被伊丽莎白拒绝了,因为女王认为挑战西班牙的时机尚未成熟,英国并没有做好与西班牙人开战的准备。其实在英国,不是所有人都支持海盗活动,如威廉·塞西尔就不赞成如此下策。为了富国强兵,他主张用一切合法的和无害的手段来加强英国的海上力量,对西班牙的威胁进行有效抵抗。他认为国民财富的积累虽然是一个吸引人的目标,但是不应把积累当成目的本身,真正的目的是用积累的财富购买战争物资。因而,他积极寻求建立有益于国家实力的工业,如开采金属矿藏、制造枪炮、生产绳索和粗帆布等材料。在海外扩张问题上,他赞成亨利七世提出的有效占领原则,反对西班牙和葡萄牙对海外世界的既定权利要求。为了提高皇家海军军需供给的水平,他推动制定相关法律,对英国人在哪一天吃鱼都作出非常具体的规定,其目的是提高鱼类消费量,进而促进国内渔业发展和海外渔场建设,同时又把纽芬兰变成培养英国海员的最佳场所。在航运方面,"为了避免与外国君主发生争端",早在1559年,他就推动议会通过了一项新的航海法,[1]根据该法规定,使用外国船只装运货物的英国人,在正常情况下,须与外国人一样支付关税税率,这就改变了中古末期以来英国人在此问题上所处的不利地位。

塞西尔是伊丽莎白最为器重的国务活动家,他作风稳健、注重实际,做了几十年的国务大臣,对女王的内外政策影响很大。在对西班牙关系的问题上,塞西尔是个温和派,他认为大西洋上的攻击

---

[1] J. A. Williamson, *A Short History of British Expansion*, London: Macmillan & Co., 1947, p.52.

行动会导致战争,因而不赞成霍金斯等人的海盗式劫掠。对于海上活动,他作了三种区分,就是贸易、捕鱼和海盗,并认为海盗行为是可憎的,而且不可能持续。然而他的主和立场,并不能阻止英国海盗去袭击伊比利亚人,也不能扭转英西两个民族间根本对立的局面。

16世纪后期,英国海盗活动的重要特点是商人与海盗合一,探险与劫掠同在,私人抢劫与官方默认并存。海盗活动存在于英国和西班牙之间尖锐而深刻的民族矛盾、宗教矛盾的背景下,被英国人认为是反抗霸权、争取英国海洋权益的爱国行为,因此是合理的。面对西班牙的威胁,伊丽莎白时代的英国人感觉到需要在航海技术和海外殖民方面加快步伐,追赶对手,并取得了许多进展,这其中就包括海盗的贡献。借助于到大西洋诸岛和加勒比海地区的探险航行,英国的海盗获得了关于航海活动和新大陆状况的丰富知识,逐渐掌握了熟练的造船技术和航海技术,并"磨炼了一批有丰富经验和航海技术的战士"[1],从而为打败西班牙霸权做了各方面准备。据现代学者估计,"英国在1585—1604年间与西班牙多次发生战事,每年差不多有100—200艘船负责在加勒比海骚扰西班牙船只,抢夺回来的财物每年至少价值20万英镑。"[2]海盗活动还有一个背景,即英国的宗教改革,尽管海盗活动以劫掠财富为目的,却被赋予反对天主教的色彩,作为天主教阵营最强大国家、天主教卫护士,西班牙成为英国海盗劫掠的对象,这似乎又为海盗活动增添了正义性。此

---

[1] D. J. B. Trim, "Seeking a Protestant Alliance and Liberty of Conscience on the Continent 1558—1585", in Susan Doran and Glenn Richardson (eds.), *Tudor England and Its Neighbours*, New York: Palgrave Macmillan, 2005, p.166.
[2] 尼尔·弗格森:《帝国》,雨珂译,中信出版社2012年版,第9页。

时，英国海盗活动已经超出了纯粹意义上的经济劫掠，而具有民族和宗教的双重色彩。

海盗活动激化了英国和西班牙间业已存在的民族矛盾，双方的正面冲突无法避免。菲利普二世不时发出抱怨，说伊丽莎白只是口头反对海盗活动，实际上不愿意采取任何措施，禁止针对西班牙人的海盗行为。其实，英国海盗几乎不必担心伊丽莎白会采取行动来禁止他们的海上劫掠，因为海盗行为本身不花代价地为英国提供了一批优秀的海员，也给英国带来额外的财富，还能削弱西班牙的海上力量。既然如此，女王为何不乐观其成？当然，英西之间的矛盾进一步加深了，终至最后爆发激烈的战争。

四、从环球航行到海上大决战

英国和西班牙的关系，从都铎朝初期开启王室联姻，到亨利八世后期与西班牙交恶，再到玛丽女王与菲利普王子缔结秦晋之好，直至16世纪80年代双方发生海上决战，可谓起伏不定，一波三折。这一个世纪英西关系的发展走势，生动地体现了大国博弈、盛衰转换的过程，而弗朗西斯·德雷克的一生，可以说是这个过程的见证。

弗朗西斯·德雷克出生于德文郡一个自耕农家庭。他的父亲埃德蒙（Edmund Drake）是个信奉新教的农夫，后来成为传教士。玛丽女王继位后复辟天主教，迫害新教徒，埃德蒙被迫举家外迁，逃到了东部的肯特郡。埃德蒙有12个孩子，弗朗西斯是家中的长子。由于家境贫寒，弗朗西斯从13岁起就到海上谋生，在一条往来于北海各港口的近海小船上当学徒，后来又做了船长。照罗斯教授的话说,虽然"德雷克是个穷教士的儿子,他父亲是个西部的乡下人"①,但他本人却是他所生活的伊丽莎白时代的产物。寒门出生,新教信仰,还有文艺复兴和原始积累这个时代的背景,都对弗朗西斯·德雷克的人生道路产生了重要影响。他像许多普通的英国人一样,既信奉新教,又受到英吉利民族主义的强烈吸引。16世纪60年代,德雷克追随其表兄约翰·霍金斯,从事贩卖非洲奴隶的"三角贸易"。1566年,受霍金斯的委派,他担任远征加勒比行动的副指挥,协助率领一支舰队,前往非洲西海岸和西印度群岛开展奴隶贸易;第二年,他又担任"朱迪思"号船长,随霍金斯进行了更大规模的贩奴活动。虽然这次的活动使德雷克蒙受了经济损失,他却因此而赢得了最初的名声。对于伊丽莎白时期的海上政策,德雷克颇感欣慰,他对海上冒险的巨大热情被激发了出来。他说过,如果女王授予他特许状,他将会闯入那个充满诱惑的太平洋,并在某处为女王统治的王国寻找某个适宜建立殖民地的地方。1572年,他如愿获得伊丽莎白颁发的特许状,随后率领73名船员前往西印度,劫掠了西班牙运输金银的宝船。② 在这次行动中,他看到西班牙人在加勒比地区的巨大财富,可惜还没有来得及抢劫,就遭到西班牙人的反击,他本人也受了伤。1573年春天,他依靠当地逃亡黑奴的帮助,在巴拿马地峡几次伏击西班牙的骡马运输队,并虏掠了价值数以万计的财富。正是在巴拿马地峡的一个山岭上,德雷克第一次看到了一望无际的太

---

① A. L. Rowse, *The English Spirit: Essays in history and literature*, London: Macmillan, 1946, p.55.
② J. A. Williamson, *The Ocean in English History*, Oxford: Oxford University Press, 1941, p.41.

平洋。① 由此,他萌生了一个强烈愿望,就是希望有一天能"驾驶一艘英国船到这个海域航行",打破西班牙人对财富的垄断。

德雷克并不是冒险进入西属美洲殖民地"禁区"的唯一英国人。在伦敦的西班牙使节们抱怨说,获得霍金斯支持的许多海盗船,经常驶向西属加勒比地区,袭击城市,抢劫货物,劫掠运输财物的船只。1574年,布里斯托尔商人约翰·诺布尔(John Noble)驾驶一条小船,上面载有28人,冒险驶往加勒比海地区,除两个孩子因被送到单层甲板船上而幸存外,其余人都被西班牙人杀死。1574—1575年,吉尔伯特·霍斯利(Gilbert Horsley)突袭了巴拿马和尼加拉瓜(Nicaragua)沿岸的西班牙船只,在获得可观的收益后即逃回英国。1576年,布里斯托尔商人安德鲁·巴克(Andrew Barker)因所谓"异端罪"受到西班牙宗教裁判所的指控,他在加那利群岛的一艘运输船及货物被没收。② 为了报复西班牙人,巴克到加勒比海地区抢劫,不过他的船只因风暴而倾覆,变节者携走了他的赃物,西班牙人砍下了他的头颅。这一类事情不胜枚举,德雷克的行动只是其中之一,英西两国的积怨已经太深了,而海洋和财富是双方冲突的核心。

1577年12月,德雷克率领三艘海盗船和两艘补给船,共计160多人,离开普利茅斯港,踏上了远征美洲的漫漫长途。他的冒险活动不但获得了西部民间团体的帮助,也得到伊丽莎白及其重要廷臣罗伯特·达德利、国务秘书弗朗西斯·沃尔辛厄姆、海军大臣威廉·哈顿(William Hatton)以及约翰·霍金斯等人的有力支持,正

---

① 1513年,西班牙探险家巴尔博亚(Vasco Nuñez de Balboa)在美洲首次发现了"南海"(太平洋)。
② A. L. Rowse, *The Expansion of Elizabethan England*, London: Macmillan, 1955, p.180.

如威廉森教授所说:"这好像是一件国家大事,尽管能够找到借口,正如霍金斯当初到西印度的远征一样。"①此次远征的目的是去发现新的土地和新的贸易,并使之归于都铎王室。在这种意义上,德雷克的冒险从一开始就带有官方性质,而不是简单的私人行为。由于海风向南吹,船队朝着南美方向行驶,结果驶入了著名的麦哲伦海峡。经过16天的奋战,船队在德雷克的指挥下终于穿过水道曲折、风大浪急的海峡,这是自麦哲伦半个多世纪前穿越这个海峡以来第一次有人再次穿越。由于西班牙人一直都把这里视为天险畏途,因此没有作任何的防御准备。当德雷克的船队出现在南美洲智利海岸时,西班牙人以为是天降神兵,感到十分惊恐。德雷克沿途袭击了西属殖民地的许多港口,抢劫了西班牙的船只,随后船折向北驶,来到北美太平洋沿岸现在的旧金山(San Francisco)附近,进行停泊休整,并以"新阿尔比恩"(New Albion)的名义②,将加利福尼亚置于英国名下。

德雷克无意中完成了环球航行,这是令人始料未及的。1580年他返回英国时,立刻成为人们心目中的英雄③,被誉为"英国最著名及最成功的海盗"。④ 无论如何,德雷克以海盗式的冒险完成了环球航行的惊世壮举,在英国殖民扩张史乃至世界航海史上,都留下浓墨重彩的一笔。作为第一个环球航行的英国人,德雷克为世人所瞩

---

① J. A. Williamson, *The Age of Drake*, London: Longman, 1979, p.169; 参见 A. L. Rowse, *The Expansion of Elizabethan England*, London: Macmillan, 1955, p.182.
② "阿尔比恩"(Albion)在古诗文中常成为英国的代称,源于古希腊人对"不列颠"的称呼,意即"白色"。
③ James Halpin, *From Columbus to Cromwell: from about 1450 to 1660*, Dublin: Gill and Macmillan, 1978, p.106.
④ S. G. Benson, *Elizabethan World*, New York: Thomson Gale, 2007, p.110.

目。对西班牙人来说他是个海盗,对英国人而言他则是个英雄。西班牙著名诗人、剧作家洛佩·德·维加(Lope de Vega)还以骑士式的夸张,赞颂德雷克是唯一在一次航行中看到南北两极的人。长期以来,英国有关殖民方向的讨论,一向赞成通过北方航线去探寻可能到达东方的新航路,但是当所有其他尝试都失败、被证明行不通时,德雷克的航行却开辟了一个新方向。在跨越太平洋的航途中,他曾与特纳特苏丹国(Ternate Sultanante)①订立口头协议,获得了经营东方香料贸易的权利,而这个权利是由葡萄牙人垄断的。伊丽莎白和她的枢密院把这一点视为德雷克航行的最大成果之一,正是在这一次冒险中,英国人开始把目光转向东印度,并企图将其殖民势力向东方渗透。"玫瑰玛丽"号船长爱德华·芬顿(Edward Fenton)②后来接到命令,要他留下一个代理人,到中国去学习当地的语言,了解那里的人民。德雷克的环球航行表明,以英国为代表的新殖民主义国家正在打破葡萄牙、西班牙的老牌殖民主义霸权秩序,而建立新的世界格局。

德雷克成功地抢劫了西班牙的船只和美洲殖民地,带回了大约60多万镑的财富,将其中25.4万镑献给了他的保护人和主要投资者伊丽莎白女王,并使所有投资人获得了47倍的利润回报,③这当然震动了整个英国。从官方立场看,由于英国与西班牙表面上还维持着和平的关系,伊丽莎白不得不故作姿态,就德雷克的海盗行为

---

① 位于印度尼西亚北摩鹿加,15—17世纪时"香料群岛"的重要中心。
② 16世纪英国著名的航海家和探险家。16世纪70年代后期,曾与马丁·弗罗比歇爵士一起到北大西洋航行,试图发现西北航道。
③ J. H. Rose, A. P. Newton, and E. A. Benians (eds.), *The Cambridge History of British Empire*, vol. 1, Cambridge: Cambridge University Press, 1929, pp. 62 – 63.

表示道歉。然而,具有讽刺意义的是,在1581年新年到来的那一天,女王头戴王冠,王冠上镶嵌的正是德雷克劫掠来的五颗光彩夺目的绿宝石。当年4月4日,女王前往德特福德码头,亲自登上德雷克的旗舰"金鹿"(Golden Hind)①号,并用开玩笑的口吻对德雷克说,她带来一把镀金的宝剑,不是用来砍他的脑袋,而是授予德雷克骑士称号。② 可以看出,她已经向菲利普二世传递一个明确的信号:英国为了自己的利益,不惧怕与西班牙人进行一场公开的战争。

从1580年德雷克环球航行归来,到1588年的海上大决战,英西之间又维持了几年名义上的和平。其间,又有许多人追随德雷克,到浩瀚的太平洋中作探险航行。1586—1588年,萨福克的托马斯·卡文迪什(Thomas Cavendish)抢劫了太平洋沿岸的西班牙港口和船只,其中包括满载货物的"圣安娜"号(Santa Anna)大帆船,其后他步德雷克后尘,从好望角返航,成为第二个作环球航行的英国人。在途经圣赫勒拿岛(St. Helena)③时,卡文迪什成为第一个在此登陆的英国人。在1588年9月回到普利茅斯前,他听到了有关西班牙"无敌舰队"被英国人击溃的消息,两国的决战终于发生了。

英国人不仅一再袭击西属美洲殖民地,而且与菲利普二世的欧洲属地尼德兰缔结条约(1585年10月)。根据条约,伊丽莎白的宠臣莱斯特伯爵出兵弗拉辛(Flushing),帮助尼德兰人反抗西班牙,阻

---

① 原名"塘鹅"号(Pelican)。1578年8月21日,当船队驶入麦哲伦海峡时,德里克将它改称"金鹿"号,以示对他的赞助人克里斯托弗·哈顿爵士(Sir Christopher Hatton)的敬意,因为后者的徽章是一只金色的雌鹿。
② J.E.尼尔:《女王伊丽莎白一世传》,聂文杞译,商务印书馆1992年版,第270页。
③ 英属南大西洋中的岛屿,与非洲相距约1,200英里。1815—1821年,拿破仑一世(Napoleon Bonaparte of France)被流放于此。

止交战中的西班牙人占领尼德兰。这支仅有 7 000 人的军队可谓"杯水车薪",但他们却是"促成菲利普二世向英国开战的关键因素"。① 当然,菲利普早就想派军队入侵不列颠,他认为,如果不制服新教女王伊丽莎白,他就永无安宁之日,其理由有三:其一,不可调和的宗教矛盾。自从伊丽莎白继位以来,她已把英国变成一个完全的新教国家,而在卫护天主教方面,西班牙人却有着"比对抗土耳其的十字军更加高涨的热情"。② 其二,日益加剧的外交矛盾。英国对尼德兰革命的干预,阻碍了西班牙重新征服尼德兰的计划,这表明英国已成为西班牙推行欧洲大陆扩张政策的最大障碍。其三,无法避免的海上冲突。英国海盗在海洋上恣意行为,显然受到了女王政府的纵容和庇护,西班牙人认为这从根本上危害到了它的海外帝国的利益和安全。除了这些理由,还有两个因素也促使菲利普下决心惩罚英国人,一方面对于菲利普的求婚,伊丽莎白一直态度暧昧,将其婚事变成了巧妙娴熟的婚姻外交,难怪传记作家斯特莱切说,伊丽莎白好多年"把她那神秘的机体变成了让欧洲的命运挂在上面旋转的枢轴"。③ 甚至直到战争爆发时,英国还与西班牙保持着"正常"的外交关系,而且双方也没有发出相互宣战的动员令。另一方面,由于英国国内继续推行新教改革,罗马与英国教会的裂痕已无法弥补,教皇在失望之余宣布开除伊丽莎白的教籍,并召唤天主教联盟

---

① S. G. Benson, *Elizabethan World*, New York: Thomson Gale, 2007, p.109.
② 费尔南·布罗代尔:《菲利普二世时代的地中海和地中海世界》第 2 卷,吴模信译,商务印书馆 1996 年版,第 31 页。
③ 斯特莱切:《伊丽莎白女王和埃塞克斯伯爵:一部悲剧性的历史》,戴子钦译,三联书店 1986 年版,第 24 页。

领袖菲利普向英国异教徒开战。① 既然有如此多的理由,又有了教皇的尚方宝剑,菲利普发誓一定要入侵英国,好好教训一下那个"老是邪里邪气地哈哈大笑的无法形容的女人"及其统治下的英国。②这样,一场恶战在英西之间爆发了。

从交战双方力量对比情况来看,西班牙在军事和物质两方面均占有明显优势。一方面,西属美洲殖民地墨西哥和秘鲁的金银源源不断地流入西班牙,增加了这个海上帝国直接用于战争的物质财富。另一方面,菲利普早在1580年就吞并了长期与西班牙争雄的老对手葡萄牙,把葡萄牙大帆船编入西班牙皇家舰队,从而加强了西班牙的海军力量。为了进攻英国,他还于1588年5月组建了一支由150艘舰船、3 000尊大炮、2.7万人组成的"无敌舰队"。③ 这是当时世界上最庞大、最令人畏惧的海上武装力量。而在英国方面,虽然亨利八世奠定了英国现代海军的初步基础,但在玛丽时期其战斗力受到了严重削弱,英国战舰由53艘削减到30艘。④ 为改变这种状况,伊丽莎白即位后,从16世纪70年代开始,命霍金斯出任皇家海军财务官、给养官等职。霍金斯根据长期的海上航行经验,从对西班牙实战的需要出发,推行了从战略到战术、从军需装备到作战理论的一系列军事改革,新建了一批快捷灵活的中型战船,并为它们配备了发射快、射程远、反冲力小的新型火炮,从而大大改进了海军

---

① 小戴维・佐克、罗宾・海厄姆:《简明战争史》,军事科学院外国军事研究部译,商务印书馆1982年版,第58页。
② 斯特莱切:《伊丽莎白女王和埃塞克斯伯爵:一部悲剧性的历史》,戴子钦译,三联书店1986年版,第135页。
③ 伏尔泰:《风俗论》下册,谢戊申等译,商务印书馆1997年版,第151页。
④ S. G. Benson, *Elizabethan World*, New York: Thomson Gale, 2007, p.115.

舰船的装备。他还推行以远距离炮战为主的新型打法，改变了登船交战的中世纪传统战术。到1588年海上大决战前夕，虽然英国皇家海军只有34艘舰船能出海作战，在数量上远与庞大的"无敌舰队"无法相提并论，但是有一个因素需要考虑，就是英国民间商船发展很快，包括大量海盗船，所以战争打响时，伊丽莎白毫不费力地征调了179艘私人船只，并加以武装。这是英国人取得首次大海战胜利的决定性因素之一。

海上贸易和海外殖民事业的成功，不仅需要许多的精良舰船和大量的优秀船员，更需要一种开放、稳健的海上政策，在大力加强现代海军建设的基础上，积极争取制海权。早在15世纪30年代的《英国政策之陈情》(The Libel of English Policy)这首小诗中，英国人似乎就已经领悟到了大海之于他们的现实意义："珍惜商品，保持海军，我们是狭窄的海的主人，……坚守大海，这是英格兰的一道屏障。上帝之手也无法保卫英格兰……"与此相呼应，1570年左右，约翰·蒙哥马利(John Montgomery)在一个小册子中提出了类似看法，他把大海描绘为敌人的大道，但如果英国牢固地控制了大道，它就变成了英国最牢固的海防边疆。[①] 伊丽莎白统治后期，商业和殖民、海盗和劫掠，这些语汇经常挂在英国人嘴边，这既让人们感受到海洋的气息，又预示着即将扩散开的战场硝烟。在西班牙的海上优势和入侵威胁面前，英国人没有退让，相反，他们不时地向西班牙的海上霸权发起挑战。1587年4月，德雷克率领舰队突袭了西班牙的加的斯港，摧毁了约30艘西班牙战船。英国人把这次突袭比喻为

[①] J. H. Rose, A. P. Newton, and E. A. Benians (eds.), *The Cambridge History of British Empire*, vol. 1, Cambridge: Cambridge University Press, 1929, pp.126, 118.

"烧去西班牙国王的胡须"行动,它使西班牙的侵英计划推迟了一年,当然这就让英国人赢得了12个月用于备战。当英西海战即将爆发时,英国人已经在南部沿海从普利茅斯至多佛一线各港口做好工作,随时准备迎战入侵者。指挥英国海上武装力量的是海军大臣、皇家海军总司令查尔斯·霍华德勋爵(Lord Charles Howard)和皇家海军副司令弗朗西斯·德雷克;约翰·霍金斯、马丁·弗罗比歇等海上冒险家也参加了战斗。

菲利普打算打一场大规模的海陆两栖战争,他要求西班牙舰队沿英吉利海峡北上,去尼德兰装运帕尔马公爵(Ducde Parma)指挥的2.7万名远征军,把他们投送到英国南部沿海登陆。① 7月19日,西班牙舰队驶近英国最南端的利泽德岬角(Lizard Point),英国舰队驶出普利茅斯港迎战。温斯顿·丘吉尔在《英语国家史略》一书中分析当时的战争形势时指出:如果西班牙舰队指挥官梅迪纳·西多尼亚大公(Duke of Medina Sidonia)趁英舰刚出港时就从上风处发起攻击,那么英国人将会遭到致命的打击。可是,西多尼亚大公受制于西班牙国王的命令,不得不沿英吉利海峡北上,去接应帕尔马公爵,这就在不经意间把上风优势让给了英国人。有了地利因素,再加上天时与人和的优势,这就决定了海战胜局的归属。西多尼亚大公采用传统的地中海海战方法,把西班牙舰船排成横列,意欲造成火力集中的强大阵势,并随时准备强行登船,开展近身肉搏。而英国人在实战中趋于创新,在运用纵阵战术的同时,充分发挥其舰船

---

① Pauline Croft, "The State of the World is Marvelously Changed: England, Spain and Europe, 1558~1604", In Susan Doran, Glenn Richardson (eds.), *Tudor England and its Neighbors*, Palgrave Macmillan, 2005, p.190.

火炮射程远的优势,尽可能避免与敌船开展近距离作战。① 7月28日夜,决定性战斗打响了,英国人派出8艘火攻船,这些船满载着炸药,悄悄朝敌船驶去,接着就是惊天动地的爆炸声。然后,那些熊熊燃烧的船只朝西班牙舰队漂过去,西班牙舰队不得不放弃横向链接的密集队形,并在相互碰撞中纷纷向远海溃逃。海战延续了8个小时之久,基本的战场形势是,英舰发挥远程大炮的威力,在敌舰后面紧追猛打,而西班牙人只能穷于应付。结果,西舰损失12艘,但士兵死伤以千计。在战斗结束的当天晚上,霍华德勋爵这样写道:"他们的舰队浩浩荡荡,气势汹汹,可是我们终于把他们的羽毛一根一根地拔下来了。"②在英吉利海峡总共9天的激战中,英舰基本上处于优势,竟然一船未损,而士兵死亡也不及百人。溃败的西舰被一场风暴吹向北方海域,英舰尾追在后,在没有海图和领航员的情况下,西舰绕过不列颠北海岸,然后拼命向南逃窜。其中,有两艘大帆船被吹到挪威海岸,撞成了碎片。许多船只早已被打得百孔千疮,此时加上风暴的打击,又有17艘船撞上了海岸。据伏尔泰估计,"最后返回西班牙的只有50艘战船。舰队所载的约3万人经历失事、炮火,英国人的刀剑,受伤的受伤,得病的得病,回到本国的不超过6 000人。"③

  1588年规模空前的英西海战,是世界海战史上以小胜大、以弱胜强的经典范例。英国人之所以能赢得这场战争,原因是多方

---

① 小戴维·佐克、罗宾·海厄姆:《简明战争史》,军事科学院外国军事研究部译,商务印书馆1982年版,第59页。
② 温斯顿·丘吉尔:《英语国家史略》上册,薛力敏、林林译,新华出版社1985年版,第555页。
③ 伏尔泰:《风俗论》下册,谢戊申等译,商务印书馆1997年版,第152页。

面的:

首先,"无敌舰队"的船只大多来自西班牙的意大利属地,它们是根据地中海条件设计建造的,并不适用于海域狭窄的英吉利海峡;那些同南美殖民地通商的西班牙大帆船和葡萄牙加盟的远洋大帆船,不仅桅杆林立,运作不便,而且船体平浅,容易漂移,同样不适宜在狭窄的海域作战。西班牙人偏爱的加农炮,虽然发射的炮弹大而重,具有强大的杀伤力,但是由于射程太近,在西舰无法靠近英舰的情况下,难以攻击目标。实际上,西班牙人惯用接舷战,即用铁锚抓住敌舰,然后士兵强行登舰,和敌人进行肉搏战。传统的海战方式,决定了西舰的设计方式及船上满载陆军的情况。[①] 而英舰因装备了射程远的舷侧炮,结果给西舰造成重创。加之,自恃强大的西班牙人,几乎没有改革传统海战的愿望和要求,他们用于海上作战的远洋船只,根本不具备现代战舰应有的海战性能。可以说,西舰只是运兵舰,而不是海战武器。还有,西班牙政府不重视本国的产业与商业发展,他们只是一味地追求从新大陆输入金银财富,很少拓展广泛的海外贸易,这是构成西班牙海战失利、海外帝国走向衰落的经济因素。相反,英国在葡萄牙和西班牙的夹击之下形成商人与海盗合一的模式,在英国船舰上,运输和战斗无法区分,每条商船都是一艘战舰,这就大大增强了英国海军的战斗力。

其次,在西班牙最早形成现代形式的民族国家,但它又保留着浓厚的封建残余,这种特点不仅反映在等级森严的社会差别上,而且存在于海军结构内部。西班牙水手均为奴隶,他们不直接参加海上战斗,其任务仅仅是输送战士,不让他们参战。在等级制度下,当

---

① J.E.尼尔:《女王伊丽莎白一世传》,聂文杞译,商务印书馆1992年版,第317页。

事人缺乏主人翁意识,不可能发挥主观能动性。而英国的社会结构相对开放,是一个后起的民族国家。由于都铎朝依赖"新人"或中等阶级,调动国民的爱国热情,因此参战的英国人多一份公民责任感,把打败西班牙视为光荣使命,能最大限度地发挥每个人的潜能。

第三,西班牙入侵不列颠,挑战起了一场不义战争,西班牙人长途奔袭,劳师远征,无论从士气上还是从精神上都处于劣势。相反,英国人的民族情绪空前高涨,各个阶级都团结在都铎政府的周围,以勇敢的精神保家卫国。英国人是在为自由而战,为捍卫国家主权而战,只有打败西班牙,他们才有海外贸易和海洋帝国的自由。正如历史学家劳埃德所说:"英国的商业在16世纪后半期进步很快,对于当时的英国人而言,商业就意味着战争,正如以后商业将意味着帝国一样。"[①]这是英国人祈盼已久的民族愿望,当然在这个愿望背后,还隐藏着英国殖民主义的掠夺心理。

1588年对于英国人而言是一个具有历史意义的年份。英西海战以西班牙人的溃败而结束,英国人取得了反对西班牙霸权的决定性胜利。对于长期称霸的西班牙人来说,与海上霸权一起消失的,还有菲利普重新统一基督教世界的帝国梦想,以及他阻挠英国等新兴国家走进海洋的企图。当时的英国人并没有意识到自己的战果,而战胜西班牙,其意义远超出他们的预料。打败西班牙人,意味着摧毁西班牙的海上优势和世界霸权,尽管以后很长时间英西之间仍有战争,但西班牙的衰落已成定局,英国则彻底摆脱了伊丽莎白继位之初的外部威胁,在走向帝国的道路上迈出了一大步。威尼斯驻

---

① T. O. Lloyd, *The British Empire, 1558—1995*, New York: Oxford University Press, 1996, pp. 21-22.

巴黎大使乔万尼·莫塞尼哥(Giovanni Mocenigo)曾肯定地认为英国人一定会打败"无敌舰队",因为他们"从不屈服,尽管不得不让步,混乱不堪,他们总是又投入战斗"①。当不列颠上空的战争硝烟渐渐散去,英吉利海峡又恢复平静时,英国人才意识到,"以伊丽莎白女王为偶像的民族精神和民族热情在她执政末年不断高涨",还意识到英吉利民族的力量如此之大,正像哈克卢伊特所赞美的那样,"在探索世界各个角落的活动中,简单地说,在多次环球航行方面,胜过任何国家或民族。"②

这次英西交战"是跨越海洋的商业战争中第一次重大的海战"。③ 一方面,以火炮为代表的热兵器对于现代国家保持制海权有决定意义;另一方面,英国民族国家的巩固必须依赖于强大的海上武装,而海军建设又必须着眼于从战略到战术的全面改革,以适应现代海战的需要。这场海战的胜利为英帝国举行了一个奠基礼。同时,"无敌舰队的失败使英国慢慢地得知了帝国的秘密;在商业时代赢得海上的胜利比赢得陆上的胜利更有利可图,虽然在1588年这一点也许还不被人们十分理解,但在下一个世纪里,这种秘密便越来越公开,以致成了每个英国人所知晓的事。"④在一定意义上,英帝国是那些被英国史学家称为"领袖"的海上冒险者的产儿,大海为英吉利民族造就了像德雷克、霍金斯、弗罗比歇、雷利这样一批海盗英

---

① J. H. Rose, A. P. Newton, and E. A. Benians (eds.), *The Cambridge History of British Empire*, vol. 1, Cambridge: Cambridge University Press, 1929, p.126.
② 温斯顿·丘吉尔:《英语国家史略》上册,薛力敏、林林译,新华出版社1985年版,第557页。
③ 蒋孟引主编:《英国史》,中国社会科学出版社1988年版,第324页。
④ 小戴维·佐克、罗宾·海厄姆:《简明战争史》,军事科学院外国军事研究部译,商务印书馆1982年版,第60页。

雄。打败西班牙以后,英国人不仅可以利用有利的战略地位来捍卫自己的民族独立,而且可以用一个胜利者的姿态从偏居一隅的不列颠海岛,走向世界这个大舞台。这场海战的意义十分显著,它标志着欧洲的重心已经从传统的地中海转移到了广阔的大西洋。这个转移改变了欧洲的政治格局和经济地理,并对国际关系产生了重大影响。英国已不再位于欧洲的边缘,而是处在通往世界各地的十字路口。新旧大陆的商业交往和争夺世界霸权的斗争开始在大西洋交汇,大西洋也将成为英帝国称霸世界的起点。

伊丽莎白时代,英国人的海上活动异常活跃,他们经历了大量失败,仍不能建立殖民地。但那些失败却激发了这个海洋民族应有的冒险精神和创造能力,1592年,当雷利爵士失宠于女王而被迫退休时,他的丰富想象力促使他再次转向美洲大陆,他发誓要让英国人去分享西属美洲殖民地的巨量财富。他还预见到弗吉尼亚将成为一个白人殖民地、英国人的海外家园,而不仅仅是贸易站或防御要塞。为了得到一块永久性的海外殖民地,伊丽莎白政府向英国冒险家提供了慷慨的支持。1594年,女王签发了一份特许状,其中声称殖民者应该"享有英国自由民的所有特权"。[①] 这意味着,从16世纪末到1606年伦敦弗吉尼亚公司建立,在这短短的十来年间,英国人的殖民活动已经出现了新的迹象,发生了新的变化,就是他们的冒险不再是纯粹的商业行为或抢劫行为,而是在政府的扶持下主动到北美新大陆建立永久殖民地,由此为未来强大的英帝国开辟道路。

---

① J. H. Rose, A. P. Newton, and E. A. Benians (eds.), *The Cambridge History of British Empire*, vol. 1, Cambridge: Cambridge University Press, 1929, p.109.

第六章 从英吉利国家走向英帝国

"民族主义是近代世界最强大的力量之一"①,这是社会转型时期西方历史上的重要课题。从广义上讲,民族主义是"一个独特地域发展为国家过程中产生的认同与依附";②从狭义上看,民族主义是一个民族在与他民族的交往中所产生的对本民族利益的认同与维护。社会转型时期的欧洲,中世纪的教权主义越来越让位于现代早期的皇权主义,世俗民族主义取代基督教普世主义的趋势不可阻挡。在考察海道大通时代的殖民扩张时,必须结合西方各国特定的历史条件,把这种海外活动放到民族国家形成这个历史大环境中加以理解,充分认识民族主义之于早期殖民扩张的推动作用。欧洲民族国家追求的独立与平等发展权,主要表现为各世俗君主国在对外交往中确立自主意识和平等观念,逐渐摆脱了对罗马教廷的从属关系和对神圣罗马帝国的心理依附,使民族主义获得了自由发展的空间。在涉及国家利益这一根本问题时,如在对外殖民扩张的过程中,各国都表现出强烈的排他性。最早的民族国家,先是葡萄牙,继而是西班牙,在教皇的见证下瓜分世界,

---

① John Hutchinson & Anthony D. Smith (eds.), *Nationalism*, Oxford: Oxford University Press, 1994, Introduction.
② P. E. Sum, *The Origins of Nationalism: An Inquiry into the Determinants of Nationalism in Tudor England*, Ann Arbor, MI: UMI Co., 1996, p.7.

就充分体现了这种排他性。英国当然也不例外，15世纪晚期随着都铎王朝建立，英国人已经看到了统一民族国家的潜在力量。在早期的地理发现与探险中，他们的冒险热情被葡萄牙和西班牙激起，意识到自己的海洋民族性，而这样的意识日益转变成促进英国殖民扩张的动力。

一、创建北美殖民地的初步尝试

大航海初期，由于每一条到欧洲以外切实可行的贸易道路几乎都为西班牙人和葡萄牙人所控制，因此直到1558年，英国的对外贸易与殖民扩张只能在争取"平等发展权"的理想下艰难地进行，而且大多海上活动被限制在欧洲北方水域的范围内。但是，反对西班牙的斗争锻造了英国的贵族们冒险、探索和开拓的精神。为了进一步削弱对手和发展自己，不论是海上经验丰富的冒险家，还是地位显要的宫中年轻一代，都纷纷申请皇家特许权，要求到海上去闯荡，到海外去开辟殖民地。他们或者以私人方式从事海外贸易，或者如霍金斯、德雷克那样当海盗抢劫。其中，以女王的宠臣埃塞克斯伯爵（Robert Devereux, Earl of Essex）和沃尔特·雷利爵士为代表，积极推动新的北美远征探险。1595年，雷利爵士再次到圭亚那冒险，但仍旧是一无所获。第二年6月，埃塞克斯和雷利又率领一支英国舰队驶入伊比利亚半岛西南部的加的斯湾（Bay Cádiz），消灭了西班牙的驻守舰队，洗劫了加的斯城。[①] 在击败"无敌舰队"的第二年，德雷

---

① 斯特莱切：《伊丽莎白女王和埃塞克斯伯爵：一部悲剧性的历史》，戴子钦译，三联书店1986年版，第101—102页。

克奉命大规模武装袭击了西班牙和葡萄牙的本土目标。1595年8月,他受命于女王,和霍金斯一起,最后一次奔袭美洲。远征队由27艘战船和2,500名水手组成,其中包括伊丽莎白提供的6艘战船。11月12日,他们到达中美洲波多黎各附近,但年迈的霍金斯死在船上;德雷克不仅一无所获,还染上了热带传染病,于1596年1月8日去世。

西班牙在1588年的失败并不是英西战争的结束,西班牙的海上帝国依然很强大,菲利普不仅无意放弃西班牙的霸主地位,还三番两次地组织远征队,企图进攻英国本土,结果都以失败告终。为了集中力量对付英国,他与交战中的法国媾和。1598年5月,西法两国缔结《韦尔万和约》(Peace of Vervins),结束了双方持续的交战局面。对英国来说,西班牙是一个顽固的敌人,英西间的报复性战争又断断续续进行了十几年。客观地看,新老殖民国家间此消彼长的关系,是民族国家形成时期欧洲国际关系最主要的特征之一。伊丽莎白时代英国人的胜利,为他们在下一个阶段建立帝国准备了基础。可是,当他们忽然面对打败西班牙这突如其来的胜利时,他们尚不具备支撑一个帝国所必需的财力和人力,更缺乏必要的心理准备。为了摆脱长期战争的困扰,伊丽莎白选择了一条妥协之路,尝试与西班牙实现和解。1599年,两国代表在英吉利海峡法国一侧北部港市布洛涅(Boulogne)举行谈判,女王指示英国使节争取在东、西印度,以及西班牙和葡萄牙欧洲属地的自由贸易权,而在海外殖民地问题上,英国则可以作出某些让步。但直到1603年3月女王去世,双方的战争仍在持续。

斯图亚特王朝建立后,英西和谈出现了转机。两朝重臣罗伯特·塞西尔根据詹姆斯一世的授意,开始执行亲西班牙政策,试图使英西之间再度联姻。1604年5月,和平谈判在伦敦恢复,英国代表再次要求西班牙人接受他们的条件,就是英国人可以在东、西印度自由经商,正像他们可以自由地与西班牙在欧洲的属地开展贸易活动一样。此外,他们还从有效占领原则出发,要求西班牙人承认英国可以在未被西班牙人占领的土地上建立殖民地。① 最终双方达成妥协,正式签署了《伦敦条约》。该条约终结了老殖民国家西班牙和葡萄牙的殖民霸权,开启了英国、荷兰和法国等新殖民国家迅速扩张的时代。如果说1588年击溃西班牙是伊丽莎白时代的辉煌成就,那么《伦敦条约》签订后,英国人海外扩张的主要对手就由西班牙转变为荷兰和法国,英国海洋活动的重心也开始从地理探险、寻找到达东方的捷径,转移到开拓美洲殖民地、建立海洋帝国方面。

经过都铎朝推动的宗教改革,英国人在摆脱罗马教皇权威和克服国际天主教势力的基础上,到海外去创建帝国的野心变得愈发强烈。但是,直到伊丽莎白统治时期,才提出建立殖民地的具体问题。英国史学家、哈佛大学教授尼尔·弗格森(Niall Ferguson)追溯说:"1569年,沃勒姆男爵圣莱加尔提议在芒斯特西南部建立殖民地;两年后,在女王将沙恩·奥尼尔的不动产收归国有后,亨利·西德尼男爵和莱斯特伯爵说服女王在阿尔斯特也建立殖民地。"② 英国未来的希望,在于建立自己的海外殖民地,像埃塞克斯伯爵、吉尔伯特爵士、雷利爵士、格伦维尔爵士、弗罗比歇爵士等一大批坚定的殖民主义者,对这一点更是深信不疑。可是现在,英国还没有一块属于自己的殖民地,而殖民地却是建构海洋帝国的基础。

---

① Lord Elton, *Imperial Commonwealth*, New York: Reynal & Hitchcock, 1946, pp. 26, 35.
② 尼尔·弗格森:《帝国》,雨珂译,中信出版社2012年版,第48页。

开始时，英国人建立北美殖民地的努力，是同传统对手法国人的殖民扩张联系在一起的。虽然中世纪的法国和英国都是基督教世界的成员，但它们始终视对方为宿敌，并诉诸长期的战争来解决问题。事实上，随着"亚维农之囚"（Avignon Captivity）事件发生，法国不仅摆脱了对罗马教廷的依附，而且将天主教会置于王权的统治下。1516年，根据法王弗朗西斯一世和教皇利奥十世（Pope Leo X）签订的《波伦亚宗教协定》（Concordat of Bologna），法国将天主教定为国教，自此天主教会开始沦为法王专制统治的工具。进入宗教改革时代后，虽然法国形成了胡格诺派新教，但天主教的国教地位始终未受到触动，而法国则因固守天主教又进一步加深了与英国的矛盾。16世纪后期，法国深陷宗教战争（1562—1594年）的泥潭，当时两个敌对的宗教派别是胡格诺派和天主教派，前者以那瓦尔的亨利（Henry of Navarre）为领袖，后者则以吉斯公爵（François de Lorraine Guise, Duke of Guise）为首领。在这场旷日持久的宗教战争爆发之前，西班牙人因支持法国的吉斯家族，自然被胡格诺派视为政治上和宗教上的仇敌。另一方面，英国同法国的新教徒之间因存在着天然的新教纽带，在反对天主教和西班牙强权方面具有共同的利害关系。于是，出于反对西班牙和葡萄牙殖民霸权的需要，16世纪60年代初，英法在民间海盗活动方面保持着密切联系。例如在巴西沿岸，他们试图突破伊比利亚人的禁令，破坏西班牙与新大陆之间的经贸关系，与美洲土著人进行直接的贸易。1562年法国宗教战争爆发后，英国女王派出一支武装力量帮助胡格诺教徒，去对付法国的天主教势力。这个行动促使英国人开始考虑越过大西洋，到美洲建立殖民地。

为了削弱西班牙，法国的胡格诺派首先欲以海盗方式去骚扰西班牙人,后来又想直接到美洲海岸建立殖民地,用作反对西班牙的前哨站。关于殖民地点的选择,法国人最初选定南美的巴西。1561年夏,胡格诺派首领、法国海军大臣加斯帕尔·德·科利尼(Gaspard de Coligny)宣布派出一支远征队去北美沿岸考察,准备在佛罗里达(Terra Florida)一带建立殖民地,称之为新法兰西。第二年2月,让·利博尔(Jean Ribault,1520—1565)船长受科利尼派遣,率领一支远征队前往新大陆。利博尔信奉新教,当伊丽莎白听说科利尼在新大陆实施冒险计划时,她立刻派兵予以驰援。利博尔考察了佛罗里达的圣约翰斯河(St. Johns River)河口,把它命名为"梅河"(River May),并在此为法国建立了第一个要塞,称之为"查尔斯堡"(Charlesfort),以纪念法王查理九世(Charles Ⅸ)。这是利博尔北美冒险行动的初步成果。[①] 当年7月利博尔回到了法国,随后因内战而逃亡英国。在伦敦,他用英文发表北美探险报告,第一次详细报告了他在佛罗里达的经历。随后,伊丽莎白的注意力受到托马斯·斯图克利爵士(Sir Thomas Stukeley)关于利博尔冒险活动报道的吸引,并欣然接受斯图克利提出的建立北美殖民地的方案。斯图克利曾效力于萨默塞特公爵,萨默塞特倒台后流亡法国;后来,他和利博尔一起到佛罗里达,成为英国最早赴北美开拓殖民地的冒险家。虽然斯图克利得到了伊丽莎白的暗中资助,但他指挥的英法联合探险队,背弃了在公海上不加区别地抢劫西班牙、葡萄牙和法国船只的承诺;而且,利博尔还将整个探险计划出卖给了西班牙人,甚至还允诺把船只交给西班牙人使用。总的来看,斯图克利和利博尔并没有

---

① D. B. Quinn, *Voyages and Colonising Enterprises of Sir Humphrey Gilbert*, vol. 1, London: The Hakluyt Society, 1940, p.6.

接近西印度群岛，英国的北美殖民计划受阻。如果一定要说这次活动有什么价值，那么，这是英国人第一次提出在美洲建立殖民地，为后来的类似活动提供了参考。

去北美建立殖民地出于以下几点考虑：第一，北美不在西班牙人实际控制范围内，而是属于尚未被"任何基督教国家"染指的地方，在此建立殖民地不会导致与其他欧洲国家的直接冲突。第二，大西洋对岸那块不为人们熟悉的大陆，对于向东方的探险与扩张可能有益处，也许会成为通往亚洲的跳板。在纽芬兰和佛罗里达之间，说不定还有尚未被探索的地区，可能"存在着发现第二个盛产金银的墨西哥和秘鲁的机会"①；或者至少可以"免费获得优良的港口、大量的优质桅杆木材，及建设强大海军所需的优质木料、沥青、焦油等原料"②。第三，16世纪60年代以来，许多英国人把纽芬兰称为不列颠最古老的殖民地，而约翰·卡波特的北美航行，成为他们对北美提出权利要求的根据。16世纪70—80年代，人们对殖民地的兴趣不断增长，许多人把建立殖民地作为医治英国社会病和提升国力的重要途径，如殖民思想家们所主张的那样：建立殖民地可以传播上帝的福音，发现金银矿藏，为英国制造品提供销售市场和原料基地，有助于解决"人多地少"的矛盾，解决"人口压力"问题，等等。于是，英帝国的设计者们开始把建立殖民地当作目标，而他们的主张与伊丽莎白反对西班牙海洋垄断权的政策相吻合，并在推动英国建立第一批永久性海外殖民地方面起了奠基性作用。

---

① George B. Parks, Richard Hakluyt and the English Voyages, New York: American Geographical Society, 1928, p.39.
② D. C. Douglas (ed.), *English Historical Documents*, IX (American colonial documents to 1776), New York: Oxford University Press, 1969, p.104.

伊丽莎白时代，英国依靠两个西部群体推动建立殖民地，他们都与都铎王室保持着密切关系：一是殖民理论的践行者，包括汉弗莱·吉尔伯特、沃尔特·雷利、理查德·格伦维尔、马丁·弗罗比歇和他们的亲朋好友；二是殖民理论家和宣传鼓动家，包括哈克卢伊特家族、塞西尔家族（Cecil's）、帕里家族（Parry's）,德弗罗家族（Devereuxes）、约翰·迪、阿德里安·吉尔伯特（Adrian Gilbert）等。① 事实上，这两个西部群体主导了伊丽莎白时代北美殖民地的开拓活动。而对涉及美洲的每一个事件，女王都极为关心，如她对胡格诺教徒殖民北美颇感兴趣，她把这类事交给亲信大臣沃尔辛厄姆处理，而这位国务秘书对所有可能付诸实施的北美殖民方案都给予必要的鼓励。英吉利民族向外扩张的动力，驱使吉尔伯尔、格伦维尔、雷利等殖民者和帝国探险者走向北美大陆。其中，作为帝国早期重要的殖民者、"复仇"号船长的理查德·格伦维尔爵士，是第一个提出进入太平洋的英国航海家，他曾精心筹划过一个太平洋航行方案。在格伦维尔周围还形成一个以普利茅斯人为核心的、热心殖民的团体，他的亲朋好友彼得·埃奇库姆（Peter Edgcumbe）、亚瑟·巴西特爵士（Sir Arthur Bassett）、埃德蒙·特里梅因（Edmund Tremayne）、威廉·霍金斯等都是他的支持者。他们普遍认为，发现一块"南方大陆"并殖民于此会给英国带来巨大好处，或许堪与西班牙人从美洲、葡萄牙人从东方获得的财富相媲美，英国人由此可获得"上帝恩赐"的整个世界的四分之一。

到16世纪70—80年代，又有两位探险家恢复了沉寂已久的西

---

① A. L. Rowse, *The Expansion of Elizabethan England*, London: Macmillan, 1955, p.206.

北方向冒险,他们沿着卡波特当年开辟的航线航行。1576—1578年,马丁·弗罗比歇爵士三次为伦敦的东方公司(Company of Cathay)航行北美,目的是寻找英国人梦寐以求的贵金属。1585—1587年,约翰·戴维斯(John Davis)先后三次到北极地区探险,来到北纬73度,是16世纪欧洲人对该地区探险的极限。戴维斯和弗罗比歇这两位探险家都确信有一条到达亚洲西北航线的存在,而他们一直在这条航线的边缘活动,就是想在此寻找有价值的殖民场所。[1]

与此同时,英国人掀起一股直接到新大陆建立殖民地的热潮,其中的关键人物是汉弗莱·吉尔伯特爵士。他是继莫尔之后明确主张为医治社会弊病而建立殖民地的人。他知道莫尔心中的理想国和英国社会现实之间的界限,因而坚定地主张在北美建立殖民地。[2] 吉尔伯特具有丰富的想象力,是个理想主义者和帝国主义者。他曾撰写过一篇关于西北航线的论文,以手稿的形式流传,题目是《论通过西北航线到达中国和东印度的通道》(*Discourse to Prove a Passage by the North-West to Cathay and the East Indies*)。1576年,他发表了另一篇关于西北航线的文章《论到达中国新通道之发现》(*Discourse of a Discovery for a New Passage to Cataia*)。他认为,英国因有战无不胜的海军,通过与中国和印度发展新的贸易,就能获得广泛的海外利益;美洲必定是一个岛屿,在美洲建立殖民地,就可以作为通向亚洲的中途基地。他还坚定地认为,"我们可以居住于那些国家的某些地方,在那里安置我国的穷人";"把在国内制

---

[1] J. A. Williamson, *Great Britain and the Empire: a discursive history*, London: A. & C. Black, 1944, pp. 25-26.
[2] W. D. Hussey, *The British Empire & Commonwealth, 1500 to 1961*, Cambridge: Cambridge University Press, 1963, p.5.

造麻烦的人殖民到那里",而那些人对于殖民地本身的发展又是必不可少的。①

军人出身的汉弗莱·吉尔伯特是北美殖民地的设计者和开拓者。他出生于德文郡的一个富裕人家,早年在伊顿公学和牛津大学受教育,学会了法语和西班牙语,还学习战争与航海的技艺。他撰写过探险与探险史论文,还身体力行去北美开拓殖民地。他以发现为借口,请求伊丽莎白提供军舰保护,去破坏西班牙的运输线,进而征服西印度群岛。1578年6月,女王颁授特许状,授权他去发现和占有那些"野蛮的、异教徒的、实际上没有为任何基督教君主或人民所占有"的土地。这是都铎君主发出的第一张明确以发现与征服为目的的特许状。②依据这份特许状,吉尔伯特及其继承人可以"去发现和占领尚未被任何基督教列强占领的、任何遥远的、野蛮的异教徒土地,可以在那里定居",可以转让那些土地,也可以享有永久的殖民权,把入侵者赶到200海里以远的地方。换句话说,他可以在海外建立一个新英格兰,制定"与英国的法律与政策保持一致"的法律,对该地行使司法管辖权。

为了准备这次的航行,西部乡绅中的亲朋好友提供了资金,其中包括他的亲兄弟约翰·吉尔伯特爵士(Sir John Gilbert)和阿德里安·吉尔伯特,还有他的异父同母兄弟卡鲁·雷利爵士(Sir Carew Raleigh)和沃尔特·雷利爵士。他的挚友乔治·佩卡姆爵士和托马

---

① D. B. Quinn, *Voyages and Colonising Enterprises of Sir Humphrey Gilbert*, vol. 1, London: The Hakluyt Society, 1940, p.9.
② G. R. Elton (ed.), *The New Cambridge Modern History*, vol. 2 (*The Reformation, 1520—1559*), Cambridge: Cambridge University Press, 1958, p.524;参见本文第一章第三目。

斯·杰勒德爵士(Sir Thomas Gerrard)所领导的一个宗教团体,以及一些来自西部的地位较低而好战的廷臣们,也是他的热情支持者。他们愿意为具有共同信仰的人寻找出路,认为在新的土地上宗教能够得到宽容。然而,西班牙驻英大使贝纳迪诺·德·门多萨(Bernardino de Mendoza)指责英国探险家,说他们蔑视教皇的权威,他们的良心将会受到伤害;并警告说,如果到美洲去,他们会被杀死。门多萨还派西班牙间谍登上吉尔伯特的远征船,报告这次行动的全过程。可是,英国人没有被吓倒,吉尔伯特的远征船队装备得很好。他设想把远征活动与建立殖民地联系起来,将殖民地点选择在北美大陆的佛罗里达沿岸。虽然这次远征失败了,但他没有放弃,又在第二年派遣一艘装有大炮的八吨小型快速帆船,对北美重新进行考察。这艘船在安全越过大西洋后,在一个无人知晓的地方登陆,也许是新英格兰的某个地方。

吉尔伯特既是理论家又是实践家,1583年6月,他本人从普利茅斯启程前往北美开展活动,目的是先到纽芬兰,然后向南航行,最终到温暖的纬度上寻找建立殖民地的最佳地点。这一年8月5日,他登上纽芬兰岛,并以女王的名义占领圣约翰斯港。他把在场的商人和渔民聚拢到一起,向他们宣读和解释了女王的委任状。他接受了象征所有权的权杖和草皮土,声称英国人吞并了这个地区以及方圆200海里的地方。

在美洲移植和重建一个英国社会是吉尔伯特的理想。他把铅制的英国徽章安装在竖起的木柱上,还宣布在此实行英国的法律和宗教,宣称任何反对女王的行为都属叛逆罪,那些被判有罪的人会被割去耳朵、没收船只和财物。如此,吉尔伯特的航行成就不小,但是当船队启程回国、路经亚速尔群岛时,他乘坐的"松鼠"号

(Squirrel)小船遭到了风暴的猛烈袭击。当时,小船在海面上费力地行驶,艰难向前,可是吉尔伯特却在读书,并兴高采烈地对大海喊道:"我们在海上和在陆地上一样接近天堂!"人们知道《乌托邦》中有这样的句子:"上天堂的路到处远近一样。"①据一份材料说,有个名叫爱德华·海斯(Edward Hales)的人记述了吉尔伯特遭遇海难前的情景:"九月九日那个星期一的下午,护卫舰几乎被海浪吞没,然后又从浪谷中冲了出来。我们欢呼起来,随船的耶稣会教士拿着一本书坐在船尾,当我们靠近他的时候,听到他反复地说,'我们在海上也和在陆地上一样地靠近天堂'。"当晚十二点,"松鼠"号沉没了,吉尔伯特葬身海底。②

沃尔特·雷利爵士是吉尔伯特的异母兄弟和未竟事业的继承者,学者对他的评价很高,认为他作为伊丽莎白时期著名的军人兼探险家,非常适合拓殖海外帝国事业,正如美国学者比尔德夫妇所指出的那样:"他一心考虑重大的冒险事业,思考各国的命运;到了晚年,他事实上为世界哲学史草拟了一个宏大的计划。他在梦中看到了由他祖国人民征服的美洲荒原,这就是英国殖民命运的第一位建筑师。"③雷利爵士很早就对殖民冒险产生了兴趣,他具有吉尔伯特那种创造性的思维,力图找到一条经过北部大陆通往大海的道路。他接过吉尔伯特1583年的美洲殖民冒险方案和伊丽莎白于

---

① J. H. Rose, A. P. Newton, and E. A. Benians (eds.), *The Cambridge History of British Empire*, vol. 1, Cambridge: Cambridge University Press, 1929, p.107;参见托马斯·莫尔著《乌托邦》,商务印书馆1982年版,第11页。
② 引自温斯顿·丘吉尔《英语国家史略》上册,薛力敏、林林译,新华出版社1985年版,第548页。
③ 查尔斯·比尔德、玛丽·比尔德:《美国文明的兴起》第1卷,许亚芬译,商务印书馆1991年版,第46页。

1584年3月25日签发的特许状,由此获得了开发殖民地的特权。①他下决心要在佛罗里达建立一块永久性的农业殖民地,在美洲南部温暖的土地上创建一个新英格兰。皇家特许状一经发出,他立刻就派出两艘船到西印度群岛探险,继而考察了佛罗里达沿岸一带。为了向女王表示敬意,他将佛罗里达以北的整个北美称为"弗吉尼亚",即"童贞女之地",以纪念终身未嫁的女王伊丽莎白。②

1585年,雷利爵士率领两艘探险船远征新大陆,它们的载重量在100—150吨之间。这一次,他在弗吉尼亚一带帕姆利科湾(Pamlico Sound)③的罗阿诺克岛(Roanoke Island)登陆,在此建立第一块持续时间较长的英国人殖民地(1585—1587)。为了巩固弗吉尼亚的殖民成果,他连续派出新的殖民者前往北美,1587年,大约100名男人和70名女人在绅士艺术家、弗吉尼亚殖民地的开创者之一约翰·怀特(John White)的领导下,前去寻找罗阿诺克岛幸存下来的殖民者,并在切萨皮克湾(Chesapeak Bay)一带继续建立殖民地。他们登上罗阿诺克岛,发现原先的殖民地已不存在,但房屋建筑仍保留下来,而且发现了最初15个殖民者中一个人的残骸。"罗阿诺克岛消失事件"(Roanoke Island Lost)是美洲殖民史上一个未解之谜,罗阿诺克也得到"消失的殖民地"(Lost Colony)之称。这一

---

① D. B. Quinn (ed.), *The Roanoke Voyages, 1584—1590: Documents to illustrate the English voyages to north America under the patent granted to Walter Raleigh*, I, London: Hakluyt Society, 1955, pp. 82 - 89; W. D. Hussey, *The British Empire & Commonwealth 1500 to 1961*, Cambridge: Cambridge University Press, 1963, p.7.

② Samuel Eliot Morison, *The European Discovery of America: The northern voyages, A. D. 500—1600*, New York: Oxford University Press, 1971, pp.624, 631.

③ 帕姆利可湾位于北卡罗来纳沿岸和离海岸不远的诸岛之间的大西洋。1524年,法国人最早发现北卡罗来纳海岸。

年的8月18日,一个叫作弗吉尼亚·戴尔(Virginia Dare)的小女孩在西半球降生,这是在美洲出生的第一个英国人后代。① 不过由于地点选择不当,又缺乏必要的后续支援,雷利爵士的殖民地仍然以失败告终。北美殖民活动没有给他带来任何好处,财政困难又迫使他不得不在1589年将女王授予他的许多特权抵押出去,其中价值最小的就是弗吉尼亚的殖民专利权。专利权的接受者包括那个小女孩的外公约翰·怀特和她的父亲阿纳尼亚斯·戴尔(Ananias Dare),还包括理查德·哈克卢伊特以及其他赞成继续拓殖的人。然而,新的努力直到17世纪初才重新开始。

二、殖民扩张的动力和社会阶层

最初,促使英国人跨出国门、走向海外,投身于殖民扩张的动机,除追逐商业利益之外,还有政治的、宗教的、精神的和欲求的因素,应当说是多方面的,但是依据轻重程度,它们又有主次之分。对于民族国家初期的英吉利民族而言,殖民扩张的最主要动力,来自他们在反抗外来民族压迫的斗争中不断增强的民族意识和民族精神。由于民族国家的排他性和利己性,他们把阻碍其民族利益发展的任何外来势力都视为敌手,诸如在海外贸易与殖民扩张中占有垄断权的汉萨人、威尼斯人、西班牙人、葡萄牙人,以至享有政治与宗教特权的罗马教皇。在早期殖民扩张过程中,伊比利亚国家是英国

---

① D. B. Quinn (ed.), *The Roanoke Voyages, 1584—1590: Documents to illustrate the English voyages to north America under the patent granted to Walter Raleigh*, II, London: Hakluyt Society, 1955, pp. 531 - 532, 540.

走向海外的最主要障碍,因此也是英国需要花更大精力去对付的强权国家。正如《美国文明的兴起》一书的作者所分析的那样:"英国人向美洲移植的动机,除了商业和征掠以外,还掺杂了其他因素。毫无疑问,政治动机纵然或许有它的经济根源,却是在大西洋沿岸开拓殖民地的有力因素,把旧世界一些王朝和国家之间的竞争转移到了新世界。原来可能在欧洲战场上燃起大战火的妒忌和野心,此时蔓延全球,加速了在整个世界上争夺领地的斗争。在英国旗帜下拓殖弗吉尼亚的活动,首先是一种把矛头指向西班牙和葡萄牙的国王的挑衅行为,因为教皇亚历山大六世已经把南北美洲分配给他们了。"① 为了打破西班牙和葡萄牙的殖民垄断权,同时也是为了挑战教皇权,都铎时期英国的臣民们自发地开展贸易、探险等海外拓殖活动。他们对北美的殖民权利的要求,显然是在挑战西班牙的独占权。②

相较于欧洲其他国家,英国在大航海时代的对外殖民扩张不仅大大落后于早期殖民者葡萄牙和西班牙,也落后于新兴殖民者荷兰和法国。在一个世纪的时间里,英国的殖民扩张总体上处于尝试阶段,直到都铎时代终结,都未能建立起一块永久性的海外殖民地。最早的探险者是商人、渔民和海员,紧随其后的是那些试图建立海外功业的不安分的绅士、急欲发财冒险的军人和笃信福音的虔诚传教士。在长子继承制下,那些没有继承权而又不甘平庸的绅士子弟,不但自己热衷于前途未卜的冒险航行,而且"还尽其所能地在他

---

① 查尔斯·比尔德、玛丽·比尔德:《美国文明的兴起》第 1 卷(农业时代),许亚芬译,商务印书馆 1991 年版,第 20 页。
② D. C. Douglas (ed.), *English Historical Documents*, IX (American colonial documents to 1776), New York: Oxford University Press, 1955, p.61.

们的佃户中间,或者在他们的父亲的佃户中间引诱或强迫这些人,陪伴他们一道去参加这种航行"①。随着大航海的发展和海外贸易商栈、移民地的建立,英国殖民主义者的社会成分越来越复杂,尤其移居美洲新大陆的人,许多是被赶出庄园的失地农民、破产的手工业者和无业游民,还有街头流浪汉和危害社会秩序的罪犯,他们属于令英国统治阶级时刻感到担心的所谓"亚文化群",也即早期殖民主义理论家所指的"过剩人口"。

原始积累时期,追逐利益、追求利润是资本和资本家的本质特征。最初的海上冒险者,主要是那些为了利润、发财铤而走险的商人冒险家和中小贵族,他们构成了英国早期殖民扩张的基本社会动力。投资是获利的前提,有投资就有风险,任何时候商人都是为了积聚资本而甘愿冒险的谋利者,正如萨姆所指出的那样,"16世纪,英格兰商人已经逐步获得在英国社会中的统治地位,形成一个特征鲜明的群体";"商人冒险公司承担着非常重要的政治和经济角色。"②格林菲尔德甚至认为,16世纪的英国商人可以归入新贵族的范畴。③ 正是由于商人阶层崛起,英国的海外扩张活动才有声有色,并为本国的原始积累和打败伊比利亚人的殖民垄断创造物质基础。16世纪50年代,英国商人组建了著名的莫斯科公司,并多次组织探险,朝东北方向航行,结果成功地开拓了英国与俄国等地的贸易。这些商人主要来自西部的布里斯托尔、普利茅斯、赫里福德、南安普

---

① J.E.尼尔:《女王伊丽莎白一世传》,聂文杞译,商务印书馆1992年版,第330—331页。
② P. E. Sum, *The Origins of Nationalism, An Inquiry into the Determinants of Nationalism in Tudor England*, Ann Arbor, MI: UMI Co., 1996, p.84.
③ Liah Greenfeld, *Nationalism: Five Roads to Modernity*, Cambridge, Mass.: Harvard University Press, 1992, pp. 47-48.

顿和东部的伦敦。像霍金斯家族、索恩家族、巴洛家族、弗兰普顿家族、帕里家族、德弗罗家族,以及莱昂内尔·达克特爵士、托马斯·斯迈思爵士等大实业家,他们或者直接参加了早期的海外探险活动,或者为殖民贸易活动提供了大量的资金。就前者来说,以霍金斯为代表的商人家族,亲自参与海外探险,如开启大西洋上最早的三角奴隶贸易,以海盗方式抢劫西班牙商船,获得了巨大的商业利益;就后者而言,典型的例子是商人群体对卡波特父子北美探险的资助,如1497年约翰·卡波特的第一次探险航行,就得到了布里斯托尔商人的资助,他们提供了船只、船员和船上的装备。1498年5月,来自伦敦的商人为卡波特的第二次航行装备了5艘船,并提供了约200名船员。[①] 尽人皆知的是,伊丽莎白女王本人就是都铎时期英国殖民探险活动的最大私人投资者;此外,她的廷臣们也都以个人身份,为海外活动不同程度地提供了财政资助。

资本积累时期,所有社会阶层似乎都受到了海外探险和发现的刺激,他们以不同的方式表现出对海上活动的兴趣和热情。除商人集团外,处于社会顶层的英国贵族虽然高高在上,但是也受到商品经济迅速发展的影响,其中就有相当一部分人,开始关注自己的经济利益,他们对于投资海外冒险活动表现得相当积极,希望能为自己带来丰厚的利润回报。但是,由于无法预测结果,他们很少以实际行动参与到创建海外殖民地的过程中,而像汉弗莱·吉尔伯特爵士、沃尔特·雷利爵士和巴尔的摩勋爵乔治·卡尔弗特(George Calvert, Lord Baltimore)那样真正热衷于移民与拓展殖民地的贵族,毕竟是少而又少。斯图亚特初期,他对殖民计划进行投资已经成为

---

① 引自张箭《地理大发现研究:15—17世纪》,商务印书馆2002年版,第200页。

一种癖好。他得到了英王的支持,到北美去开拓殖民地,目的是"为国内衰落的天主教和封建土地所有制寻找一个理想的乐园"①。他在北美马里兰(Maryland)的殖民活动,还得到了一些能干的贵族朋友的帮助,其中在 1609 年就有 8 个伯爵、1 个子爵和 1 个主教帮助他创办了著名的弗吉尼亚公司。1632 年,巴尔的摩获得查理一世(Charles I)授予其家族的一大片土地,它南起波托马克河(Potomac)南岸,北至北纬 40 度,向东越过切萨皮克湾,至西抵达波托马克河源头。② 依据皇家特许状,1634 年他的儿子塞西尔·卡尔弗特(Cecil Calvert)组织考察队探险,创建了马里兰殖民地。实际上,像巴尔的摩这样留在殖民地的贵族家庭并不多见。③

中等阶层,尤以乡绅为代表,是大航海早期英国殖民扩张活动的积极参与者。16—17 世纪社会转型时期,英国发生了激烈的社会变动,等级区别开始含糊,许多相近的阶层之间并没有严格的界限,还出现彼此间相互流动的特点。④ 乡绅的成分十分复杂,他们不是一个法定的社会群体,⑤大致上包括骑士、绅士、有绅士称谓的约曼农、富有的农场主,甚至购置土地的商人也算在其中。作为土地所有者,乡绅的地位虽然不及贵族小地主,但其所占有的土地却可以超出许多贵族,他们依靠广大的田产生活在舒适的庄园邸宅中。通

---

① R. C. Simmons, *The American Colonies: from settlement to independence*, London: Longman, 1976, p.46.
② Merrill Jensen (ed.), *American Colonial Documents to 1776*, New York and London: Oxford University Press, 1969, p.85.
③ Josepher E. Illick (ed.), *America & England, 1558—1776*, New York: Appleton-Century-Crofts, 1970, pp. 154 - 155.
④ 王觉非主编:《近代英国史》,南京大学出版社 1997 年版,第 20 页。
⑤ Keith Wrightson, *English Society, 1580—1680*, London: Routledge, 1982, p.23.

常情况下,乡绅还是地方上的贤达,他们直接参与国家的政治生活,成为都铎王权在基层的代言人,如经由皇家任命,担任地方治安官;或由乡邻选举,担任下院议员。例如,著名的政治家威廉·塞西尔出身于林肯郡(Lincolnshire)的小乡绅家庭,两度担任伊丽莎白女王的国务秘书和王室财政大臣,后晋升为贵族。历史学家勃里格斯指出,乡绅"跻身于伦敦和宫廷上流社会,这些人在价值观念上迥然不同于在乡间过'平淡生活'的人"①。实际上,乡绅是一个正在形成中的农业资产阶级,他们积极参与圈地运动,投资工商业,并热衷于海外冒险事业。尤其在都铎王朝建立后,新君主制为英国带来了相对稳定的社会秩序,又创造了和平发展的外部环境,这就"给新的中间阶级创造了机会……小土地所有者,他们后来被称为乡绅,在乡村的大土地所有者和城市商人之间搭起一座社会之桥,并和他们两者保持着密切关系。……正是他们将其个人勇气和冒险精神同外国统治对立了起来"②。因此,这就不难理解为什么乡绅会积极参与到海外殖民扩张活动中来。

约曼农是辛勤耕作、拥有财产的富裕农民,他们作为英国移植到新大陆的最大社会群体,是人口稀少、土地资源丰富、封建束缚少的北美最重要的拓荒者。1618年伦敦弗吉尼亚公司作出承诺,所有愿意携家带口前往弗吉尼亚的人,都可以享受每12.1镑股份换取50英亩土地的待遇。③ 这一诱人的承诺,吸引了大批约曼农举家迁

---

① 阿萨·勃里格斯:《英国社会史》,陈叔平等译,中国人民大学出版社1991年版,第131页。
② Lord Elton, *Imperial Commonwealth*, Oxford: Reynal & Hitchcock, 1946, p.14.
③ W. D. Hussey, *The British Empire and Commonwealth 1500 to 1961*, Cambridge: Cambridge University Press, 1963, p.17.

往新大陆。英国学者认为,约曼农具有良好的品格,如勤奋与节俭,朴素而大方,良好的邻里关系,独立的精神风貌,尊敬上司但不畏惧他们,等等。总之,勤奋、节俭和吃苦耐劳是约曼农的支柱,否则,他们就会失去其邻人的尊重,而且经济地位也可能受到伤害。① 由于"他们有精力、首创精神、个性和财产,懂得怎样耕地、轮种、照管庄稼、管理工人和维持自己的利益。他们比乡绅们提供了更多的经济管理人员以指导美洲殖民地的发展"。英国的约曼农早就摆脱了农奴制的束缚,但"他们所享有的自由是一种后果莫测的自由,是那样不可捉摸,从而为他们不顾一切危险移居新世界作好思想准备"②。当然,殖民地也为他们提供了较好的条件,如巴尔的摩家族规定:来到马里兰的殖民者,作为契约农为庄园主工作四到七年之后,就可以享受自由民的待遇,并拥有自己的土地。③ 正因为如此,英国约曼农为北美殖民地未来的开发提供了大量廉价的、习惯于田间艰苦劳动而自由的劳动者。

三、殖民扩张的民间性和盲目性

大航海时代的英吉利民族,其海外冒险从西部港口开始,布里斯托尔人正是早期殖民活动的开路先锋。布里斯托尔具有优越的

---

① Josepher E. Illick (ed.), *America & England, 1558—1776*, New York: Appleton-Century-Crofts, 1970, pp.147, 151.
② 查尔斯·比尔德、玛丽·比尔德:《美国文明的兴起》第1卷(农业时代),许亚芬译,商务印书馆1991年版,第34、35页。
③ W. D. Hussey, *The British Empire and Commonwealth 1500 to 1961*, Cambridge: Cambridge University Press, 1963, pp. 19-20.

地理条件,这里的商人、渔民、水手等等,都可以方便地从事海上活动,包括经商、航海、掠夺,以及与葡萄牙人、西班牙人的交往。他们从事渔业生产、海上贸易、海盗劫掠,或者自发地到海外去寻找金银矿藏和贸易市场,多是结伴而行,以减少危险性。但在伊比利亚强权面前,都铎君主对国人的海外探险与殖民活动,起初虽然采取支持的态度,但是由于英格兰国力弱小,力量所限,在具体的政策或行动上,就表现得较为含蓄,有心有余而力不足的感觉。直到都铎王朝终结时,在海外殖民扩张方面,组织者、资助者和探险者的角色往往由民间团体、商业公司或个体商人充当,而不是英王或王室政府。就是说,英国的商人、冒险家等民间力量主导了英帝国的启动,由私人特许公司出面组织、私人进行投资和探险,与其他殖民国家相比,英国的殖民活动体现出民间性的鲜明特点。

民间性或私人性是英国早期海外殖民贸易的基本特征。英国与葡萄牙、西班牙等国不同,它的殖民活动不是由政府来组织,而是由民间力量自发推动的事业。个体商人或私人特许商业贸易公司在获得皇家颁发的特许状后便筹措资金、招募人员、建造船只,完成准备工作后再到海外去冒险,建立商站、开拓殖民地。也就是说,英帝国不是都铎国家详细论证和精心策划的结果,[1]至少在都铎时代,英国的政治家没有制订过帝国创建计划。如果说英国政府同冒险家的海洋活动有什么关联的话,那就是,都铎王室向他们签发特许状,并在一定程度上参与他们的海外投资。特许状对于冒险家们来说是尚方宝剑,一方面足以向英国国民证明王室的支持力度,从而

---

[1] Hereford B. George, *The Historical Geography of the British Empire*, London: Methuen & Co., 1919, p.1.

接受其冒险活动的正当性；另一方面是向外国政府或外国人表示英国政府的保护政策，从而意识到阻挠或反对这些活动即是对抗英国王室。1497年，亨利七世将特许状颁给约翰·卡波特，授权他"以充分自由的权力航行至东海、西海、北海的所有海域和海岸，去寻找、发现和考察位于世界任何部分的、迄今为基督教世界所不知的、异教徒和不信神者所居住的海岛、陆地、国家和地区"，以期"给他的王国或至少给他所喜爱的布里斯托尔商人带来利益"。作为对王室的回报，卡波特须将探险所得收益的五分之一交给英王。[①] 对于王室来说，签发特许状并不困难，是一件有利可图的事，何乐而不为。

随着都铎新君主制的强化和国际环境的改变，英国殖民扩张的私人性和民间性特点也在不断发生变化。16世纪80年代以后，英国人对殖民贸易扩张的兴趣，从实践上到理论上，都是有增无减。这一时期，英国农业"连续遭遇危机"[②]，加之受圈地运动和宗教改革的双重影响，失业人口不断增多，这些都引发了持续的社会动荡，因而越来越多的人把向外扩张看作是医治社会问题的重要手段。尽管一些个人冒险家推动殖民扩张的尝试没有成功，如吉尔伯特和雷利的教训所表明的那样，因为在荒凉的新大陆建立殖民地极为困难；[③]但是，私人冒险活动的重要性却不可低估，因为正是那些失败的努力和尝试，积累了通向成功的经验，为英帝国奠定了基础。由于"英国国王财力短绌，不能资助殖民地；个人事业则热衷于冒险，

[①] G. E. Weare, *Cabot's Discovery of North America*, London: John Macqueen, 1897, p.107.

[②] Barry Coward, *The Stuart Age: A History of England, 1603—1714*, New York: Longman, 1980, p.4.

[③] 邵政达、姜守明：《伊丽莎白一时期北美殖民失败之探因》，载《学海》2011年第1期。

以及劫掠西班牙领地和掳获西班牙船只所得到的稳妥利益。这类活动增强了英国的信心,也增加了他们对海洋的认识,所以最终还是对帝国的成就有所裨益"①。与葡萄牙、西班牙相区别,私人的、民间的海上冒险活动是英帝国启动时期的基本特点。那么,这种特征是如何形成的?

从地理方面来看,岛国环境是一个重要因素。不列颠岛位于大西洋中,其南北最长不过 600 英里,东西最宽仅 300 英里,而在这片不足 25 万平方公里的土地上,任何一个地方距离海洋都不会超过 75 英里。② 英国人的"岛国位置使他们不必花费开支来维持一支庞大的陆军,而是要求他们把钱用于海军以供保护之用"③。如此独特的自然条件,哺育了吃苦耐劳的渔民和水手,造就了许多有个性、有勇气的海洋冒险家。15 世纪,布里斯托尔商人首先将探险与发现的触角伸向大洋,这是中世纪人们不敢触及的地方。为了避开西班牙、葡萄牙在南大西洋的海上霸权,英国人利用自身的优越地理位置选择向北航行,探寻北大西洋的贸易航线,开拓可能存在的殖民地。西部的英国商人不仅朝北大西洋探险,还支持卡波特父子沿西北航线发现了纽芬兰渔场和北美大陆。理查德·钱塞勒向东北方探险,开辟了英俄间的贸易航线。伊丽莎白时期,汉弗莱·吉尔伯特、沃尔特·雷利等人到北美地区殖民;17 世纪,英国人在北美大陆

---

① 塞缪尔·埃利奥特·莫里森、亨利·斯蒂尔·康马杰、威廉·爱德华·洛伊希腾堡:《美利坚合众国的成长》上卷,南开大学美国史研究室译,天津人民出版社 1980 年版,第 47 页。
② 参见钱乘旦、许洁明《英国通史》,上海社会科学院出版社 2002 年版,第 1—2 页。
③ 查尔斯·比尔德、玛丽·比尔德:《美国文明的兴起》第 1 卷(农业时代),许亚芬译,商务印书馆 1991 年版,第 20 页。

陆续建立了13个殖民地，分属特许殖民地、自治殖民地、业主殖民地和皇家殖民地四种不同类型。这些成就既归功于不列颠海岛环境哺育出的优秀航海家，也归因于英国地处北大西洋的地缘环境。

从民族传统方面说，酷爱"自由"是促进私人性、民间性殖民扩张的内在动力。英吉利民族来源于北方日耳曼人，"生而自由的英国人"（freeborn Englishman）是他们自诩的民族特征。英国人有自治的传统，在历史上曾一再为"自由"而战。与西班牙人和葡萄牙人不同，英国人更愿意由民间自发地向海洋探索，而伊比利亚人是在政府主导下开展探险与殖民活动的。基思·托马斯指出，15—16世纪的英国人信奉"人类中心主义"，他们"踌躇满志"，向海外冒险，勇于征服大自然。[1] 其中，最具代表性的是15世纪的布里斯托尔商人团体和16世纪霍金斯家族那样的海盗兼商人冒险家，他们不受拘束、任意妄为的行动，恰是英吉利民族自由传统的某种表达。

从宗教方面说，亨利八世的宗教改革开启了一个半世纪之久的宗教冲突的序幕。其间，英国的教派斗争激烈、冲突不断，天主教与新教的斗争、国教与清教的斗争屡现高潮。许多遭受宗教压制的教派为了追求其宗教理想，把向海外移民作为重要的出路，其中就包括清教徒到北美创建殖民地：一批清教徒寄希望于建立一个"远离教会和国家控制的'圣经共和国'"[2]，于1620年9月搭乘"五月花"号（Mayflower）向新大陆航行。两个月后，这些清教徒抵达北美马萨诸塞湾东岸北端的科德角（Cape Cod），在一个被称为"普利茅斯

---

[1] 基思·托马斯：《人类与自然世界：1500—1800年间英国观念的变化》，宋丽丽译，译林出版社2008年版，第305页。

[2] Merrill Jensen (ed.), *American Colonial Documents to 1776*, New York and London: Oxford University Press, 1969, p.19.

岩"(Plymouth Rock)的地方靠岸,他们在上岸前签署了著名的《五月花公约》(*Mayflower Compact*),按许多美国人的说法,这就是现代美国的起源。1630年,在约翰·温思罗普(John Winthrop)的率领下,马萨诸塞湾公司第一批移民700人从英国到来,由此开启了持续到1642年的清教徒北美"大迁徙"。登陆美洲之前,温思罗普还发表演讲,鼓励大家团结协作,希望通过基督之爱的纽带,致力于建立一个"山巅之城"(City upon the Hill)。①

除了上述几个原因,16—17世纪的客观现实,也对早期英国海外殖民扩张私人性与民间性特征的形成产生了影响。民族国家形成初期,英国人推进海外殖民扩张的过程,与维护民族国家的主权和平等发展权的过程相吻合。尽管这种做法有利于推动海外贸易与殖民帝国的建立,但其局限性也非常明显。就私人殖民探险活动本身而论,不论组织得多么完善,参与者多么勇敢和多么智慧,其结果大多注定失败。都铎后期,虽然伊丽莎白女王及其廷臣们多成为海外事业的投资合伙人,他们也只是以个人身份、而非政府名义介入其中,且他们的目的多受纯粹冒险与获利动机的制约。无论到西印度群岛去抢劫西班牙运宝船,还是到东印度群岛去开拓香料贸易,或是到西非海岸掳掠黑人,那些私人投资者都期望从中获得高额的利润回报,否则就不可能吸引投资者再进一步去推动同一条航线的冒险活动。由于资本通常在第一次冒险活动中就被消耗殆尽,那些商人冒险家根本得不到人力、物力和财力的后续补充,也就很难采取进一步的行动并取得成功。只有获得源源不

---

① D. B. Quinn & A. N. Ryan, *England's Sea Empire, 1550—1642*, London: George Allen & Unwin, 1983, p.201.

断的后备补充,商人冒险家才可能把探险活动进行下去,而任何参与冒险的个人或海盗,或小规模的私人团体,都无法做到这一点。在殖民冒险方面,私人或个体的力量极为有限,较政府行为更具危险性;只有当规模较大的特许公司采取联合行动时,他们才更有可能取得成功。

通过上述的考察,我们发现,都铎英国的殖民扩张活动,除了卡波特、钱塞勒、德雷克等人的探险发现和德雷克、霍金斯的海盗劫掠有所成就外,那些以建立殖民地为目的的殖民冒险活动,几乎都以失败而告终,个中原因有几点不可忽视:一是大多数探险者单纯为物质财富所诱惑,而不是为创建殖民地所吸引,[1]他们无法按照既定方案把探险活动向前推进。赫西指出:"殖民者首先做的不是种植采集,也不是打猎捕鱼,而是寻找黄金、白银或者富庶的印第安王国,这浪费了他们的主要精力。"[2]二是个人探险家缺乏必要的后勤补给,而私人赞助者又不能为远征探险提供足够的后续资本,故探险活动难以为继。如1585年和1587年雷利爵士两次派遣探险队到达北美,创建了罗阿诺克岛殖民地,但是前后都因补给不足而终告失败。三是由于受到伊比利亚人的排挤,英国人不得不到既荒凉又难以生存的地方去拓殖,他们要取得成功就必须付出更大的代价。如此一来,英国殖民扩张活动的私人性、民间性特征,就决定了英帝国的形成困难重重。

就葡萄牙、西班牙、法国的殖民活动来看,它们一开始就受到王室的控制,由政府派遣军队和官员,负责推进殖民地事务,个体

---

[1] Leonard W. Cowie, *Seventeenth-Century Europe*, London: G. Bell, 1984, p.67.
[2] W. D. Hussey, *The British Empire and Commonwealth 1500 to 1961*, Cambridge: Cambridge University Press, 1963, p.17.

殖民者在殖民地的生活中不起主导作用。① 在葡萄牙和西班牙的殖民活动中，商人、贵族、教士往往是三位一体，他们一旦取得了成功，便立即把所征服或侵占的土地直接宣布为王室所有。英国则是另外一番情形。从都铎朝到斯图亚特朝，王室不承担殖民探险或建立殖民地所需的费用，而是采取放任自流的态度，让殖民者自力更生，听任殖民地自生自灭。这就必然导致几个后果：其一，英国人只能到人口稀少、远离文明的北美大陆进行探险和殖民，以避开强大的西班牙人和葡萄牙人的势力范围。即使如此，他们的努力还是连连受挫。当时，北美新大陆乃为蛮荒之地，当地的印第安人处于落后状态，其"原始的耕种方式不足以同时满足印第安土著和新来的欧洲人"需要。② 伊丽莎白一世时期，英国创建殖民地的失败就证明了这一点。其二，英国后来建立的殖民地形式多样，各不相同。1607—1733年，英国人在北美大陆东起大西洋沿岸、西迄阿巴拉契亚山脉之间的狭长地带，共建立13个殖民地，分属业主、公司、王室直辖和自治等四种形式，具有移民、定居、贸易经营和种植园开发等多种功能。这种情况在起初看来是不利的，但后来被证明更有活力。其三，英国的殖民地对母国保持着较强的政治独立性。总督是殖民地的最高首脑，他们握有军事、政治和财政大权，代表英王进行统治。但是殖民者却关注殖民地自身的利益，而不是宗主国的利益，所以从一开始，殖民者的前途就同殖民地的命运相关联，通过自治机构保护自己的权利，这种权利为后来摆脱英王的统治提供了制度保障。其四，不管是业主殖民地还是公司殖

---

① D. C. Douglas (ed.), *English Historical Documents*, IX (American colonial documents to 1776), New York: Oxford University Press, 1969, p.4.
② A. L. Rowse, *The Expansion of Elizabethan England*, London: Macmillan, 1955, p.216.

民地,或者是皇家殖民地还是自治殖民地,基本上都属于生产型而非消费型的殖民地。在北美的自然环境下,殖民者不得不进行生产性的开发,早期的失败使他们意识到农业种植之于殖民地的意义,一些殖民者还"与印第安人交好,虚心学习他们的生产、捕猎技能"[1]。与葡萄牙、西班牙对殖民地不计后果的杀戮、掠夺和破坏相比,英国人对殖民地的开拓有其明显的优势,以至于后来英国殖民地的经济水平发展更高,因此也就更富裕。

大航海时代早期的殖民扩张,是代价高昂的冒险活动,与地理的探险、发现、建立商栈和殖民活动相联系,只有在强大王权的保护下,并获得持续不断的经济支持,才有可能取得成功。英国的殖民扩张遵循这样的发展轨迹,它起始于以私人冒险为主的民间行为,逐渐发展为民间与官方兼而有之的合作冒险,最后成为整个国家的事业。不论在个人冒险活动背后隐藏着怎样的动机,英国人始终把私人的海外冒险看成是争取民族国家平等发展权的重要手段,英王通过向本国的商人冒险家颁授特许状,表明王室政府反对外国的海洋霸权和鼓励国人参与殖民掠夺的明确态度。在推动海外殖民扩张方面,都铎早期英王政府并没有制订具有远见卓识的伟大计划,采取极富创建性的努力,而是以权宜之计去应对、摆脱眼前的困境。从 1588 年击溃无敌舰队之日起,英国的海外殖民贸易扩张活动,开始加快了从私人性向官方性转变的速度,尽管后来继位的詹姆斯一世只是出于其亲近西班牙的外交考虑,才延续了这种转变过程。无论如何,都铎朝历代君主,甚至玛丽一世也在其中,莫不把本国的商业和殖民扩张,视为追逐专制权

---

[1] J. E. Pomfret & F. M. Shumway, *Founding the American Colonies, 1583—1660*, New York, Evanston and London: Harper and Row, 1970, p.118.

力的重要途径,也在客观上促进了英帝国的启动。

最初,永久性的殖民地是由皇家特许公司建立起来的,这种私人性质的商业冒险公司正是推动英国早期殖民扩张的有力工具。到17世纪初,英商还可以通过斯图亚特朝君主颁授的皇家特许状,获得海外殖民贸易垄断权。实际上,从1624年皇家殖民地创建之时起,特许私人商业公司在建立和维持殖民地中的地位越来越重要,即使在殖民地建立起来后,它们仍不同程度地起着殖民地自治政府的作用。犹如比尔德夫妇所说的:"用于商业活动的机构即资本家的公司是建立第一批成功的殖民地并为其在宗教、政治和经济方面形成最初国家体制的机构。由此可见,不管从事殖民事业的商业公司是产生于追求利润的唯一动机,还是来源于诸如经营商业和开展宗教宣传这样的一些混合诱因,它实质上是一种自治政府。象国家一样,它可以无限期地存在下去,一直继续到特许状作废为止;它的成员可能死亡,但通过不断选举继任人员,公司仍旧维持下去。象国家一样,它有法规、即一张由君主颁布的特许状,这种凭照形成了约束选民和官员的最高法律。"[1]在这种意义上,王室特许状就是最早获得成功的英国殖民地的法律基础。[2] 可见,只有当民间力量与国家政权实现最紧密的结合时,国家才能形成向外冲击的强大合力,去推进海外殖民活动,而英国的殖民冒险家之所以得以在条件恶劣的北美大陆立足,并创建永久性殖民地,其缘由就不言自明了。这也是英帝国启动和发展的根基。

---

[1] 查尔斯·比尔德、玛丽·比尔德:《美国文明的兴起》第1卷(农业时代),许亚芬译,商务印书馆1991年版,第48—49页。

[2] D. C. Douglas (ed.), *English Historical Documents*, IX (American colonial documents to 1776), New York: Oxford University Press, 1969, p.61.

英帝国前史,即英国民族国家形成时期的海外探险、发现与扩张的历史,是一个渐进、曲折的发展过程。15世纪后期至16世纪初,英国人看到他们的近邻西班牙人和葡萄牙人正如火如荼地前往东方和新大陆开展大航海,还有那些数不尽的财富随着探险发现的推进而回流到伊比利亚半岛。然而,此时的英国王族不是深陷内讧的泥潭,就是纠缠于毫无意义的欧洲大陆事务,或者与罗马教皇及天主教国际势力周旋,根本无意、也无力推动海外殖民活动。但在经济利益的驱使下,英国的商人冒险家不愿错失大航海时代造就的历史机遇,他们走出国门,不自觉地充当了英吉利民族走向世界的引路人。然而,由于推动力的主体来自私人和民间,直到17世纪来临时,英国的海外殖民扩张,不仅政府的介入有限,而且没有切实可行的长远计划。虽然民间的冒险活动造就了英国的殖民思想家、理论家和宣传鼓动家,但是商人冒险家的行动摆脱不了盲目性和无序性的局限,有一种跟着感觉走的意味。随着时间的推移和政府的逐渐介入,英国的殖民扩张才逐渐从无意识走向有意识、从民间发展到政府推动、从争取平等海洋权推进到建立永久性殖民地。在殖民探险与扩张的过程,英国人既挑战了葡萄牙和西班牙的殖民霸权,又积累了雄厚的资本,为大英帝国奠定了基础。早在17世纪初,托马斯·孟就充分肯定了英国商人冒险家的历史地位。他指出:"商人肩负与其他各国往来的商务而被称为国家财产的管理者,实在是受之无愧的。这种工作所得的荣誉与所负的责任同样巨大,应该以极大的技巧和责任心去履行才好,这样,私人的利益才会常常跟着公共利益而来。"[①]显然,孟的观点表达了早期英国民间商人在建立

[①] 托马斯·孟:《英国得自对外贸易的财富》,袁南宇译,商务印书馆1965年版,第1页。

殖民地过程中的地位。

当然,商人冒险家的私人性和民间性特征,决定了英国早期殖民活动的盲目性、随意性的特点。起初,英商的海外探险范围,仅限于不列颠群岛和爱尔兰岛附近,以及北海、波罗的海一带海域。而且,英国的海外殖民扩张是零星的、分散的,与伊比利亚人那种宏大的国家计划相比,完全不可同日而语。然而从 16 世纪后期起,英国殖民活动的范围逐渐扩大,已经触及地中海、大西洋西部海域,以及非洲西部离岸的西属、葡属的几个群岛海域,最后又发展到北大西洋、北冰洋和美洲,乃至亚洲太平洋的广大地区。不过,西班牙和葡萄牙由于先发优势,他们垄断了前往东方的海路和到新大陆的殖民活动。面对这两大海上霸权势力,刚刚走出国门的英国人因力量不足没有实力去挑战自己的对手,而雷利爵士两度失败的殖民经历,冷却了英国人向北美殖民探险的热情。① 在这种势单力薄的情况下,英国个体商人和商人团体向海外的探险就不能不带有极大的盲目性、随意性,而那些分散的民间活动,或向东南方,从事涉足非洲大陆的奴隶贸易;或向西南方,染指西属美洲殖民地,进行海盗劫掠;抑或朝向东北方,到波罗的海地区建立与沙俄的贸易联系;甚或朝向西北方,到荒无人烟的北美大陆去探险。在 17 世纪更强有力殖民扩张活动出现之前,英国人根本无法克服其殖民扩张的盲目性。虽然他们在盲目的探索中不断有所发现,但与西班牙、葡萄在拉美地区和东方亚洲的活动相比,实有天壤之差,而英国人殖民扩张的未来所在,应是尚未被伊比利亚人染

---

① J. E. Pomfret & F. M. Shumway, *Founding the American Colonies, 1583—1660*, New York, Evanston and London: Harper and Row, 1970, pp. 18‑19.

指的北美大陆。

卡波特父子最早拉开了英国探险北大西洋和北美新大陆的序幕。如果说约翰·卡波特为布里斯托尔商人发现了不为人知的北美大陆和丰饶的纽芬兰渔场,那么可以说,托马斯·莫尔是最早含糊其词地描述北美大陆的英国人。莫尔关于移民海外的主张,虽然尚不成熟,但是很清楚,他的出发点就是要把建立海外殖民地作为解决国内社会问题的一种手段,而在客观上,这种主张无疑成为英国人走向海外的重要推力。从16世纪50年代开始,他们探寻到达亚洲的便捷通道和开辟海外贸易市场的紧迫性越来越明显,其直接诱因是安特卫普市场金融危机引起的正面反应。爱德华六世和玛丽一世时期,英国人加快了对外探索的步伐,甚至冒着被天主教女王玛丽压制和西班牙的菲利普二世威胁的危险,大胆走出去,追求自己的海外利益。探险者后面有投机者,投机者后面是殖民者。英国的商人冒险家不顾王室禁令,朝东北方向探险,意外地开通了俄罗斯市场。他们的船只并未停止航行,又朝西南方向驶去,闯入了伊比利亚人垄断的非洲西海岸一带。1553年,他们还把冒险活动范围拓展到了更南部的黄金海岸,获得了胡椒、象牙和黄金等珍奇贵重物品。奢侈品贸易是诱惑和刺激商人从事海上冒险活动的重要因素,这一点决不应该被低估。英商爱德华·卡斯宁(Edward Castlyn)与安东尼·希克曼合伙经营奢侈品贸易,在加那利群岛驻扎经商,并成为玛丽时期西非沿岸开拓航行的主要投资人。乔治·巴恩斯爵士、约翰·约克爵士、托马斯·洛克(Thomas Lock)、安东尼·希克曼、爱德华·卡斯宁组成辛迪加,并于1554年再次远航非洲西海岸,马丁·弗罗比歇爵士也参加了此次探险行动。他们从非洲之行中获得了几内亚的谷物、象牙和四百磅黄金。此时,英商的举动不再仅限于单纯的商业冒险,而且渐渐具备了政治意义,就是反对伊比利亚人的海外霸权和要求实现所谓平等扩张权。

民族国家形成时期,英商的谋利行为与都铎王朝专制权力相结合,产生了一种强大力量,支撑着英吉利民族走向海洋扩张。伊丽莎白时期,深受伊比利亚强权挤压的英国人,在法国胡格诺教徒赴北美探险活动的影响下,逐渐确定了殖民扩张的目标,就是把殖民地点选择在美洲新大陆,以此作为进一步探寻到达亚洲之路的中转站。随着大航海的不断深入和殖民扩张运动的演进,英国人越来越清楚地意识到打败伊比利亚的海上霸权,确立自己的海洋优势,并建立海外永久性殖民地,对于英吉利民族未来的意义。"英国人的头脑里确实是慢慢地才开始出现这样的想法:既然别的国家可以带了货物、宗教、文化和刀枪越过海洋,他们自己也能建立一些主要由他们本族人民占领和统治的伟大国家。"[①]所以到16世纪后期,像约翰·迪、哈克卢伊特、培根等一大批探险史学家、重商主义者和帝国主义者,已经清晰地意识到了北美新大陆的真正价值,并把殖民扩张和建立殖民帝国的问题,提高到涉及富国强兵目标的高度来认识。他们不但大力倡导殖民和贸易的扩张,更是把建立殖民地视为解决英国社会问题和提升英国国际地位的必要途径。可以说,直到此时英国的殖民扩张活动才有了较为清晰的目标,就是通过在北美建立永久性殖民地,扩张英国的海外帝国势力。为了这个目的,"他们找到了实现帝国野心的合法性来源,即

[①] 查尔斯·比尔德、玛丽·比尔德:《美国文明的兴起》第1卷(农业时代),许亚芬译,商务印书馆1991年版,第23页。

完成将美洲的异教徒归化为基督徒的使命。"①

建立永久性殖民地的尝试,是英国海外扩张从盲目探险到有组织殖民运动的重要转折。长期的海上实践,锻炼了像霍金斯、德雷克、吉尔伯特、雷利等许多经验丰富的冒险家,他们在谋求自身利益的同时,促进了由葡萄牙、西班牙人建立的旧殖民体系的瓦解,增强了英国人创建帝国的自信心。至17世纪上半叶,英国人对北大西洋的探险终于迎来了丰收季节。这一时期,西班牙因卷入旷日持久的"三十年战争"(Thirty Years' War)而无力扩大西属美洲殖民地,②这就给英国创造了极好的机会,去拓展他们自己在北美的殖民地。1606年4月,詹姆斯一世向来自伦敦、普利茅斯和布里斯托尔的三个商人群体颁发特许状,授权普利茅斯弗吉尼亚公司向"北弗吉尼亚"殖民,授权伦敦和布里斯托尔公司(London and Bristol Company, or Newfoundland Company)向"南弗吉尼亚"殖民。当年,普利茅斯弗吉尼亚公司派出探险队前往今天的缅因地区进行殖民,他们在恶劣的环境中坚持不到一年。1607年初,伦敦弗吉尼亚公司则派出150人,分乘三艘船前往弗吉尼亚,于当年5月在詹姆斯敦为英国建立了第一个永久性殖民地。詹姆斯敦殖民地成功的秘诀,就在于领导者"使用铁腕纪律使殖民者专事农业生产,而不是把精力浪费在寻找并不存在的黄金白银上"③。在最初的几年里,詹姆斯敦

---

① Nicholas Canny, "England's New World and the Old 1480s—1630", in Nicholas Canny, *The Origins of Empire: British Overseas Enterprise to the Close of the Seventeenth Century*, Oxford: Oxford University Press, 2001.
② A. L. Rowse, *The Expansion of Elizabethan England*, London: Macmillan, 1955, p.221.
③ W. D. Hussey, *The British Empire and Commonwealth 1500 to 1961*, Cambridge University Press, 1963, p.17.

的殖民者受到了严寒、食物短缺和印第安人攻击的威胁,屡次处于崩溃的边缘,直到托马斯·戴尔(Sir Thomas Dale)成为他们的领导人才出现转机。由于北美大陆"原始的耕种方式不足以同时满足印第安土著和新来的欧洲人"需要①,1612年以后,来自母国的殖民者引进了烟草种植,运回国内的烟草在市场上大受欢迎。随着种植业的改进,弗吉尼亚殖民地日益发展壮大,并为后来的殖民者提供了成功的模式,鼓舞了英国人向北美其他地区的移民。至1640年内战爆发前,英国人在北美和加勒比海地区,已经开辟了数十个大大小小的拓殖地。

总之,英国的海外殖民活动,从盲目、无序的探险发现,发展到有组织、有计划的殖民扩张,是一个漫长、渐进和充满曲折的过程。尽管民间性和私人性的特征并没有发生根本改变,但随着商人冒险公司的发展及官方的鼓励和推动,英国海外扩张的规模已经逐渐向西班牙和葡萄牙看齐。至17世纪中叶,英国沿着大西洋海岸建立起来的北美殖民地,像珍珠一样连成了串;英国的商船往来于北大西洋两岸,将殖民地产出的原材料运回母国,又将更多的殖民者带到北美新大陆。正是这种有组织、有计划的海外殖民活动,最终启动了英帝国。

---

① A. L. Rowse, *The Expansion of Elizabethan England*, London: Macmillan, 1955, p. 216.

结语：正在形成的英帝国

作为大航海时代海外殖民扩张的后来者，英国人显然错失了成为先驱者的机会，但是，他们没有再错过成为后来居上者的第二次历史机遇。① 虽然至 16 世纪末，英国还没有建立起一块永久性殖民地，可是经过这百多年的不懈努力，到都铎朝终结时，与一个多世纪以前相比，它在海洋扩张方面显然取得了较大的进展。尤其在北美地区，德雷克爵士来到了加利福尼亚沿岸，吉尔伯特爵士宣称英国对纽芬兰的主权，雷利爵士用"弗吉尼亚"的名字命名了他所认识的北美新大陆。都铎时代的海外活动，逐步摆脱了最初的盲目探险，进入了有序殖民阶段，并为英国殖民发展确定了大方向。所以到伊丽莎白女王去世时，英国不仅明确了在北美新大陆建立殖民地的目标，同时也奠定了建立以北美大陆为核心的殖民帝国的基础。

固然，商人冒险家自发的扩张行为并非出自政府有组织、有计划的安排，但民间贸易与殖民活动同都铎时期国家追求的目标相一致。如学者所说："成功的殖民事业至少在开始阶段不是任何个人

---

① Anthony Pagden, "The Struggle for Legitimacy and the Image of Empire in the Atlantic to 1700", in Nicholas Canny, *The Origins of Empire: British Overseas Enterprise to the Close of the Seventeenth Century*, Oxford: Oxford University Press, 2001, p.34.

的力量和资财所能胜任的"①,民族主义是推进英国人走向海外、开展拓殖活动的精神动力,而都铎专制政权是把英国人的扩张愿望付诸实践的政治保障和客观载体。在民族精神和重商主义的共同作用下,他们的海外贸易与殖民帝国开始萌芽,并日益朝着大英帝国的方向发展。

斯图亚特王朝囿于国内的政治环境和君主的亲天主教立场,对海外殖民活动的兴趣有限,这在很大程度上抑制了英国人对外扩张的热情。但是,斯图亚特君主既无法改变英国原始积累过程加快发展的趋势和资本天然具有的流动属性,也无法拂逆都铎时期英国人焕发出来的冒险精神。17世纪初期,英国人在海外建立殖民地的兴趣不时被唤起,一条通向英帝国的道路已经在他们的脚下铺垫。雷利爵士关于在弗吉尼亚建立殖民地的思想及实践,深深地吸引着来自普利茅斯和伦敦的商人冒险家,他们和那些具有商业头脑的王室廷臣取得一致,于1606年劝说英王詹姆斯一世向弗吉尼亚公司发放皇家特许状,把从大约北纬34°到45°之间的北美沿岸划为两部分,其中南部交由普利茅斯弗吉尼亚公司开发渔业资源,北部则给伦敦弗吉尼亚公司发展由雷利所开辟的殖民地。② 这两个弗吉尼亚公司最初确定的目标,是想通过设立商贸代办处,从事渔业生产,或进一步寻找适宜的殖民场所,以期获得直接的投资回报。③ 1607年,伦敦

---

① J. H. Rose, A. P. Newton, and E. A. Benians (eds.), *The Cambridge History of British Empire*, I, Cambridge: Cambridge University Press, 1929, p.107.
② H. S. Commager & Milton Cantor (eds.), *Documents of American History*, I, Englewood Cliffs, New Jersey: Prentice Hall, 1988, p.5; Godfrey Davies, *The Early Stuarts, 1603—1660*, Oxford: Oxford University Press, 1959, p.327.
③ Wallace Notestein, *The English People on the Eve of Colonization, 1603—1630*, New York: Harper & Brothers, 1962, p.257.

商人在弗吉尼亚海岸的切萨皮克湾一处定居下来,这里被他们称作詹姆斯顿(Jamestown),以示对他们的君主的尊敬。为了与伦敦弗吉尼亚公司展开竞争,普利茅斯弗吉尼亚公司在北部的缅因地区建立了波帕姆(Popham)殖民地。由于1612年引种烟草成功,军人兼探险家约翰·史密斯拯救了英国在北美大陆南部的弗吉尼亚殖民地;而北方的毛皮及来自母国的虔诚清教徒,拯救了普利茅斯殖民地。1614年,史密斯从詹姆斯敦出发,考察了弗吉尼亚北部,并将其命名为"新英格兰"(New England)。回国以后,史密斯通过出版小册子和地图,把新英格兰介绍给国人,这对后来英国在北美新大陆深入开展殖民活动,产生了重要的影响。①

此后,英属北美殖民地不断发展。1609年,海盗冒险家乔治·萨莫尔斯爵士(Sir George Somers)率领船队前往弗吉尼亚,目的是拯救詹姆斯敦殖民地,但是途中遭遇风暴,找到一个不知名的小岛避难。他因祸得福,揭开了百慕大群岛(Bermuda Islands)的面纱,从而成为百慕大殖民地的创建人。这个群岛很适合作为前往弗吉尼亚殖民地的补给站,因而从1612年起,不断有人来到这里殖民,所以到1629年,百慕大群岛已有2 000居民。② 马里兰是由巴尔的摩家族向英王申请建立起来的殖民地,1634年塞西尔·卡尔弗特(Cecil Calvert)派遣一支探险队到达美洲,并建立圣玛丽镇(St. Mary's City),这个名字是以王后亨利埃塔·玛丽亚(Henrietta Maria)命名的,以表达对英王查理一世的感激之意。由于巴尔的摩家族奉行宗教宽容,基督教各派

---

① D. B. Quinn & A. N. Ryan, *England's Sea Empire, 1550—1642*, London: George Allen & Unwin, 1983, p.173.

② W. D. Hussey, *The British Empire and Commonwealth 1500 to 1961*, Cambridge: Cambridge University Press, 1963, p.18.

信徒纷纷来到马里兰,殖民地遂迅速扩大。从性质上来看,马里兰作为业主殖民地,与中世纪封建君主颁赐给下级领主的领地相似。来到这里的殖民者,往往要作为契约农为庄园主工作,期限一般是四到七年,然后方可享受自由民待遇,如拥有土地等。

1620年,乘坐"五月花"号船登陆北美的清教徒在马萨诸塞湾的普利茅斯建立殖民地,今天美国人认为,这批前辈朝圣者(Pilgrim Fathers)正是美利坚民族的源起。马萨诸塞殖民地的建立,标志着有组织的移民已成为英国海外扩张的主要方式。1630年,马萨诸塞湾公司的清教领导人按计划组织了一次大规模的殖民活动,当年,17艘满载2 000人的船只前往北美,他们在波士顿附近建立了殖民城镇,并由选举产生的官员在法律范围内处理城镇殖民事务。① 此后,殖民者以马萨诸塞殖民地为基地,继续向其他地区渗透,先后建立了罗德岛、朴茨茅斯、康涅狄格(Connecticut)和纽黑文(New Haven)等新的殖民地。至1642年,马萨诸塞殖民地的居民已经达到2 000人。②

17世纪初,英国人还向靠近西属美洲殖民地的加勒比地区开展了有组织的殖民探险,船长托马斯·沃纳爵士(Sir Thomas Warner)是英国在这一地区开辟殖民地的第一人。1624年,他带领殖民者在小安的列斯群岛(Lesser Antilles)中一个叫圣克里斯托弗(St. Christopher)③的海岛上引进了烟草种植业,殖民地迅速繁荣起来。以圣克里斯托弗为基地,殖民者还对邻近的尼维斯岛(Nevis)、蒙特

---

① D. B. Quinn & A. N. Ryan, *England's Sea Empire, 1550—1642*, London: George Allen & Unwin, 1983, p.201.
② W. D. Hussey, *The British Empire and Commonwealth 1500 to 1961*, Cambridge: Cambridge University Press, 1963, p.23, p.24.
③ 今圣基茨(St. Kitts)。

塞拉特岛(Montserrat)和安提瓜岛(Antigua)进行成功开发,并在诸岛上建立了甘蔗种植园。在加勒比地区,巴巴多斯岛(Barbados)是迄至当时英国人建立的最重要的殖民地。相对于其他海岛殖民地,这个岛屿面积更大、也更安全。1625年5月,从巴西回国的约翰·鲍威尔(John Powell)发现并占领了该岛。1627年2月,第一批来自英国的冒险家和契约农来到这里。[1] 次年,第一代卡莱尔伯爵詹姆斯·海(James Hay, Earl of Carlisle)从国王手中接过赏赐,获得了对巴巴多斯的业主权。这个殖民地发展很快,1640年时人口已达到约1万人[2],主体经济是依靠奴隶劳动的大型甘蔗种植园经济。此外,英国探险者在北美西海岸的圣卡特琳娜(St. Catalina)建立了殖民地,并把这里和邻近岛屿建成了袭击西班牙商船的基地。[3] 这一时期,英国人还借助于1600年成立的东印度公司,作为开拓在远东印度的贸易和殖民的前哨阵地,将海外殖民扩张的触角伸展到了东方之地。1612和1614—1615年,该公司两度取得对葡萄牙海战的胜利,并控制了南亚次大陆东海岸。1622年,它又夺取波斯湾地区的重要港口霍尔木兹(Hormuz),1630年迫使葡萄牙停止商业竞争,都沉重打击了葡萄牙的东方霸权。到17世纪40年代英国革命爆发前,英国人在北美大陆、西印度群岛等地,已经建立起许多不同类型的永久性殖民地,英帝国的雏形依稀可见。

---

[1] D. B. Quinn & A. N. Ryan, *England's Sea Empire, 1550—1642*, London: George Allen & Unwin, 1983, p.198.

[2] D. B. Quinn & A. N. Ryan, *England's Sea Empire, 1550—1642*, London: George Allen & Unwin, 1983, p.199.

[3] W. D. Hussey, *The British Empire and Commonwealth 1500 to 1961*, Cambridge: Cambridge University Press, 1963, pp. 33-34, 35.

附　录

一、地图*

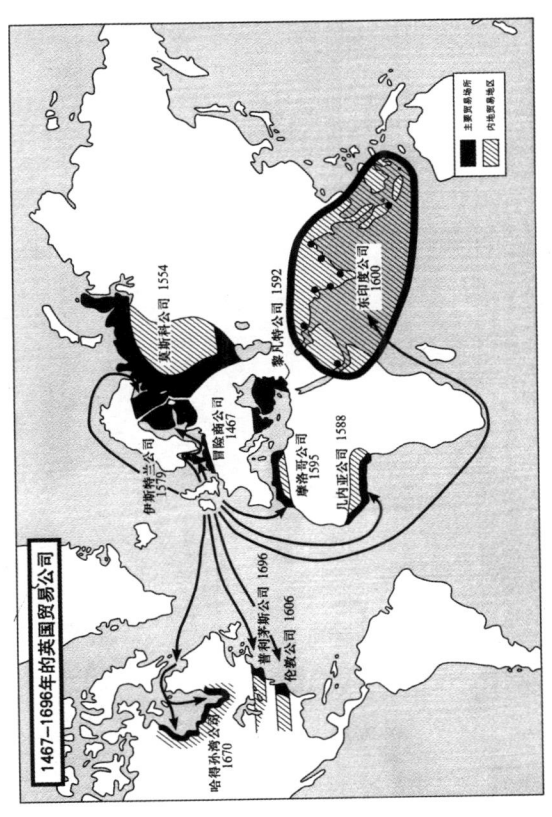

---

* 本书地图引自〔英〕马丁·吉尔伯特著《英国历史地图》(第三版),王玉菡译,中国青年出版社,2009年。

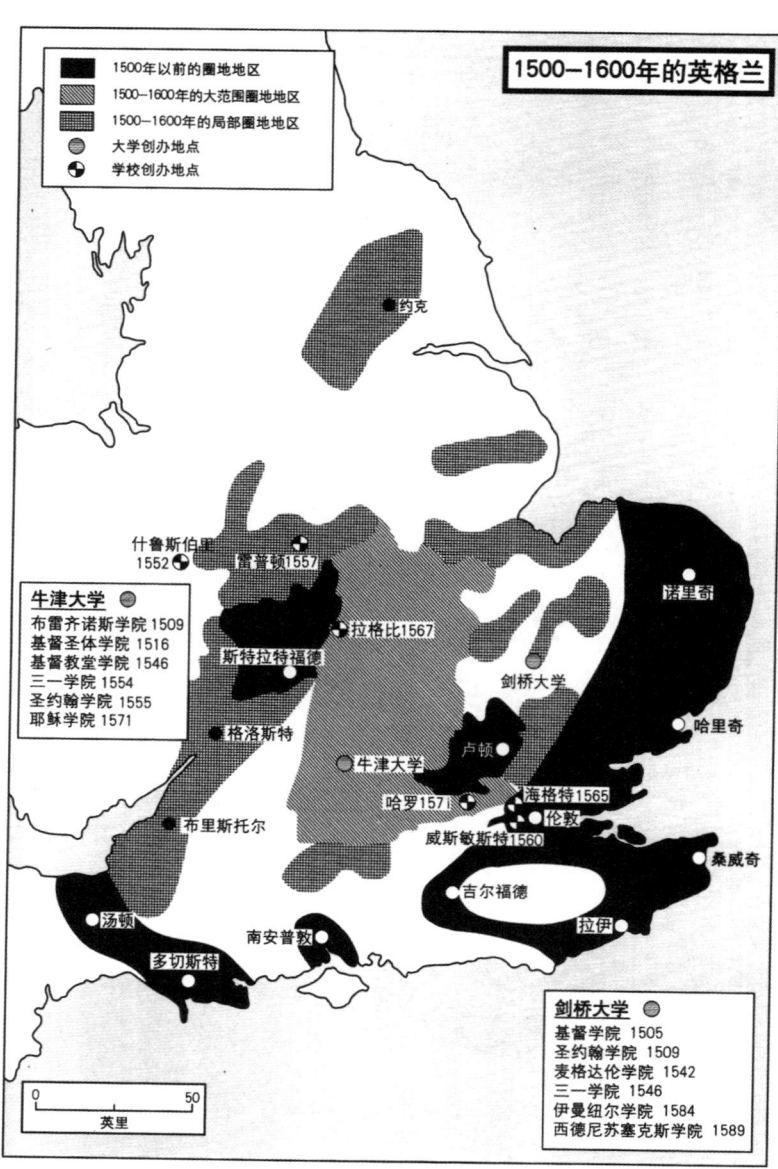

附录 265

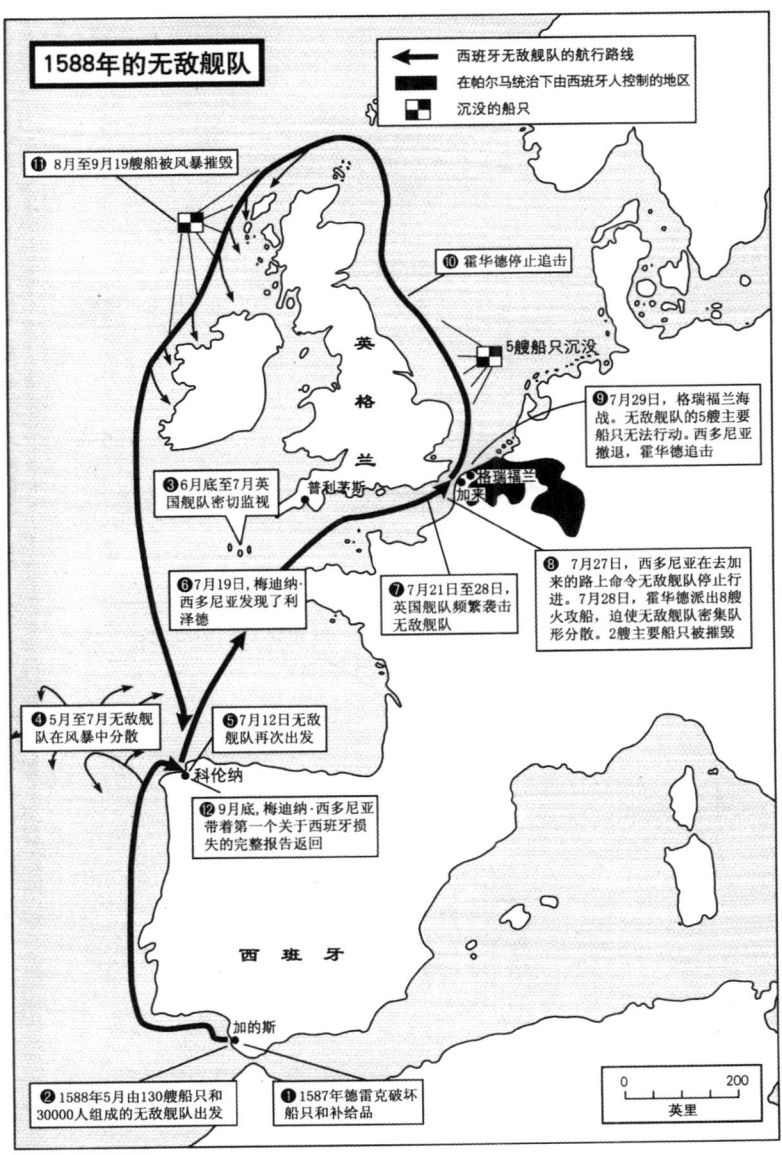

二、大事年表

1319 年	最早的商人团体羊毛出口贸易商公司获得特许状
14 世纪后期	伦敦、布里斯托尔等城市组成商人冒险家公司
1381 年	英王理查二世颁布历史上第一个《航海条例》
1405—1433 年	明朝中国航海家郑和七次下"西洋"
1415 年	葡萄牙人占领摩洛哥的休达,迈出海外扩张第一步
1418 年	葡萄牙王子亨利创设萨格里什航海学校
1445 年	英国 200 名朝圣者赴圣地亚哥进行航行活动
1455—1485 年	约克家庭与兰开斯特两王族间发生"玫瑰战争"
1457—1458 年	商人罗伯特·斯特米率领一支商船队闯入地中海
1461—1483	英王爱德华四世在位
1463 年	爱德华四世颁令禁止通过外国商人出口羊毛
1471 年	英国爆发反汉萨运动
1474 年	英国和汉萨同盟签订《乌得勒支条约》
	爱德华四世奖赏布里斯托尔城建造新船者
1480 年	船长马斯·劳埃德驾船驶入大西洋冒险
1486—1489 年	亨利七世颁订《航海条例》
1485 年	亨利·都铎建立都铎王朝
1485—1509 年	英王亨利七世在位
1488 年	葡萄牙航海家巴托罗缪·迪亚士到达非洲南端"好望角"
	英王拒绝德·阿尔布开克关于发展英国与几内亚贸易的方案
1489 年	英国与西班牙签订《梅迪纳·德·坎波条约》
1490 年	威尼斯航海家约翰·卡波特定居于西班牙东部港市巴伦西亚
1492 年	热那亚航海家克里斯弗·哥伦布发现新大陆
1494 年	《托尔德西拉斯条约》设定"教皇子午线",首次划分殖民范围;
	约翰·卡波特定居于英国西部港市布里斯托尔
1496 年	约翰·卡波特获得英王颁发的探险特许状
1497 年	约翰·卡波特北美探险,发现纽芬兰岛
1498 年	约翰·卡波特重获英王颁发的探险特许状

1499 年	葡萄牙航海家达·伽马开通到达印度航路
1499—1504 年	佛罗伦萨航海家亚美利哥·维斯普奇考察南美洲
1501 年	葡萄牙航海家佩德罗·卡布拉尔发现南美巴西
1504 年	塞巴斯蒂安·卡波特组织到新大陆航行
1507 年	德国地图学家马丁·瓦尔德泽米勒发表地理学著作《宇宙志导论》
1508—1509 年	塞巴斯蒂安·卡波特带领探险队到北美探险
1509—1547 年	英王亨利八世在位
1511 年	意大利史学家彼得·马丁出版《论新大陆》
1512 年	塞巴斯蒂安·卡波特被西班牙国王任命为海军上校
1513 年	西班牙航海家瓦斯科·巴尔博亚在美洲发现太平洋
1513—1514 年	英国建造海军船只"大哈里"号和"玛丽·玫瑰"号
1515 年	托马斯·莫尔出访尼德兰
1516 年	托马斯·莫尔发表幻想著作《乌托邦》 法王弗朗西斯一世和教皇利奥十世签订《波伦亚宗教协定》
1517 年	勒班托战役;约翰·拉斯泰向亨利八世提出第一个探险发现方案
1518 年	约翰·拉斯泰尔出版地理学著作《四元素本质之插曲》
1519—1522 年	葡萄牙航海家费尔南多·麦哲伦开始环球航行
1521 年	亨利八世获得教皇利奥十世授予"信仰捍卫者"称号
1524 年	佛罗伦萨航海家乔万尼·达·维拉扎诺为法国考察北美大西洋海岸
1527 年	水手约翰·卢特在意大利航海家帮助下探寻北方通道
1528—1530 年	冒险家威廉·霍金斯前往北非几内亚沿岸从事海盗活动
1529 年	葡萄牙和西班牙订立《萨拉哥撒条约》,第二次划分殖民范围
1529—1536 年	英国召开"宗教改革议会"
1530 年	小罗伯特·索恩和罗杰·巴洛共同起草《印度群岛之声明》
1530—1540 年	托马斯·克伦威尔推行"都铎政府革命"
1532 年	亨利八世重新恢复亨利七世《航海法》
1533 年	《禁止向罗马上诉法》;亨利八世被开除教籍
1534 年	《至尊法》
1536 年	"求恩巡礼"叛乱
1536—1540 年	亨利八世解散修道院
1539 年	《六信条法》

1540 年	亨利八世批准新《航海法》;"巴巴拉"号船远航加勒比海
1540—1550 年代	英国国教(新教安立甘宗)初步形成
1547 年	塞巴斯蒂安·卡波特由西班牙重返英国
1547—1553 年	英王爱德华六世在位
1549 年	《信仰划一法》
1550—1560 年代	伦敦、南安普顿等地爆发排外运动
1551 年	新大陆商人冒险家公司建立
1552 年	汉萨同盟在英国特权被废除
1553 年 7 月 10—19 日	"九日女王"简·格雷夫人僭位
1553 年	第一个特许合股公司莫斯科公司获准组建
1553—1558 年	英王玛丽一世在位
	休·威洛比爵士和理查德·钱塞勒探险东北航路
1554 年	英格兰教会重新归顺罗马教廷
1554—1558 年	英国恢复天主教信仰
1555 年	第一个殖民商业股份公司莫斯科公司组建
1558 年	英国失去在大陆的最后据点加莱
1558—1603 年	英王伊丽莎白一世在位
1559 年	英国与法国等签订《卡托—康布雷奇和约》
1550—1560 年代	清教运动出现
1562—1594 年	法国宗教战争
1563 年	《三十九信条》
1570 年	伊丽莎白女王被开除教籍
1573 年	弗朗西斯·德雷克爵士首次看见太平洋
1576—1578 年	马丁·弗罗比歇爵士三次前往北美探险
1577 年	耶稣会士理查德·威尔斯编辑出版《西印度和东印度旅行记》
	旅行家约翰·弗兰普顿翻译出版《来自新发现大陆之喜讯》
1577—1580 年	弗朗西斯·德雷克爵士环球航行
1579 年	东地公司或北海公司组建
1560—1570 年代	约翰·霍金斯爵士从事英国、非洲和西印度间的"三角贸易"
1580 年	西班牙吞并葡萄牙,第一个"日不落帝国"形成
1581 年	土耳其公司组建,经营地中海东岸贸易
1583 年	威尼斯公司组建
1584 年	沃尔特·雷利爵士派遣探险队在北美建立英国第一块殖民地弗吉尼亚

	探险史家理查德·哈克卢伊特发表《向西殖民论》
1585—1587 年	约翰·戴维斯三次北极探险，
1587 年	理查德·哈克卢伊特编辑出版《论新大陆八十年》
1588 年	英国打败西班牙"无敌舰队"；几内亚公司组建
	哈克卢伊特发表《英吉利民族的主要航海、航行、贸易和发现》
1592 年	威尼斯公司与土耳其公司合并，组建利凡特公司
1594—1603 年	英国通过"九年战争"，实现对爱尔兰的再征服
1598 年	汉萨商人被迫关闭在伦敦办事处
1600 年	英国组建东印度公司

三、参考文献

（一）英文类

Ahlstrom, Sydney E., *A Religious History of the American People*, New Haven and London: Yale University Press, 1972.

Alexander, Michael Van Cleave, *The First of the Tudors: a study of Henry VII and his reign*, London: Croom Helm, 1981.

Armitage, David, *The Ideological Origins of the British Empire*, Cambridge: Cambridge University Press, 2004.

Atton, Henry & Henry Hurst Holland, *The King's Customs*, vol. 1 (*An Account of Maritime Revenue & Contraband Traffic in England, Scotland, and Ireland, from the Earliest Times to the Year 1800*), London: Frank Cass & Co. Ltd., 1908.

Andrew, K. R., *Elizabethan Privateering: English privateering during the Spanish War, 1585—1603*, Cambridge: Cambridge University Press, 1964.

Barker, Sir Ernest, *The Ideas and Ideals of the British Empire*, Cambridge: Cambridge University Press, 1946.

Beazley, C. R., *Prince Henry the Navigator, the Hero of Portugal and of Modern Discovery, 1394—1460*, New York and London: The Knickerbocker Press, 1911.

Beer, Barrett L., *Rebellion and Riot: Popular disorder in England during the reign of Edward VI*, Kent: The Kent State University Press, 2005.

Beier, A. L., *Masterless Men: The vagrancy problem in England, 1560—1640*, London: Routledge, 1985.

Benson, S. G., *Elizabethan World*, New York: Thomson Gale, 2007.

Biggar, H. B. (ed.), *The Precursors of Jacques Cartier, 1497—1534*, Ottawa: Canadian Archives, 1911.

Biggar, H. P. (ed.), *The Precursors of Jacques Cartier, 1497—1534: A Collection of Documents Relating to the Early History of the Dominion of Canada*, Ottawa: Government Printing Bureau, 1911.

Black, J. B., *The Reign of Elizabeth, 1558—1603*, Oxford: Clarendon Press, 1952.

Bonn, M. J., *The Crumbling of Empire*, London: G. Allen & Unwin Ltd., 1938.

Bowen, H. V., Elizabeth Mancke and J. G. Reid, *Britain's Oceanic Empire, Atlantic and Indian Ocean worlds, 1550—1850*, Cambridge: Cambridge University Press, 2012.

Bradshaw, Breendan & Peter Roberts, *British Consciousness and Identity: The making of Britain 1533—1707*, Cambridge: Cambridge University Press, 2003.

Canny, Nicholas, *The Origins of Empire: British Overseas Enterprise to the Close of the Seventeenth Century*, Oxford: Oxford University Press, 2001.

Canny, Nicholas (ed.), *The Oxford History of the British Empire*, vol. 1(*The Origins of Empire: British overseas enterprise to the close of the seventeenth century*), Oxford and New York: Oxford University Press, 1998.

Chapman, Hester W., *The Last Tudor King: A study of Edward VI, October 12th, 1537~July 6th, 1553*, New York: Macmillan, 1959.

Chaunu, Pierre, *European Expansion in the Later Middle Ages*, New York: North Holland Pub. Co., 1979.

Clark, G. N., *The Earlier Tudors, 1485—1558*, Oxford: The Clarendon Press, 1957.

Clark, H. L., *Studies in the English Reformation*, London: Society for promoting Christian knowledge, 1912.

Coleman, D. C., *The Economy of England, 1450—1750*, Oxford: Oxford University Press, 1984.

Commager, H. S. & Milton Cantor (eds.), *Documents of American History*, I & II, Englewood Cliffs, N. J.: Prentice—Hall, 1988.

Cook, Chris & John W. Totowa, *English Historical Facts, 1603—1688*, Totowa, NJ: Rowman & Littlefied, 1980.

Coward, Barry, *The Stuart Age: England, 1603—1714*, London & New York:

Longman, 1980.

　　Cowie, Leonard W. , *Seventeenth-Century Europe*, London: G. Bell, 1984.

　　Davies, Godfrey, *The Early Stuarts, 1603—1660*, Oxford: Oxford University Press, 1959.

　　Di Biase, Carmine G. (ed.), *Travel and Translation in the Early Modern Period*, Amsterdam &. New York: Rodopi, 2006.

　　Doran, Susan &. Glenn Richardson (eds.), *Tudor England and its Neighbors*, Basingstoke and New York: Palgrave Macmillan, 2005.

　　Douglas, D. C. (ed.), *English Historical Documents*, V (1485—1558), London: Eyre &. Spottiswoode, 1967.

　　Douglas, D. C. (ed.), *Historical Documents*, IX (American colonial documents to 1776), New York: Oxford University Press, 1969.

　　Eliot, Charles W. (ed.), *American Historical Documents, 1000—1904*, New York: P. F. Collier &. Son Co. , 1938.

　　Elton, G. R. (ed.), *The New Cambridge Modern History*, vol. 2 (*The Reformation, 1520—1559*), Cambridge: Cambridge University Press, 1958.

　　Elton, G. R. (ed.), *The Tudor Constitution: Documents and Commentary*, Cambridge: Cambridge University Press, 1982.

　　Elton, Lord, *Imperial Commonwealth*, New York: Reynal &. Hitchcock, 1946.

　　Feiling, Keith, *England under the Tudors and Stuarts, 1485—1688*, London: Oxford University Press, 1951.

　　Firth, J. F. (ed.), *Historical Memoranda, Charters, Documents, and Extracts, from the Records of the Corporation and the Books of the Company, 1396—1848*, London: \[s. n.\], 1848.

　　Fisher, H. A. L. , *The Political History of England*, V (*The History of England from the Accession of Henry VII to the Death of Henry VIII, 1485—1547*), London: Longmans, Green and Co. , 1906.

　　Flux, Arthur T. , *The Building of the British Empire, 1497—1900*, London: Meiklejohn and Holden, 1906.

　　Fox, Sir Frank, *The British Empire*, London: A &. C Black, 1929.

　　Fulbrook, Mary (ed.), *National History and European History*, London: UCL Press, 1993.

　　Fuller, M. C. , *Voyages in Print: English travel to America, 1576—1624*, Cambridge: Cambridge University Press, 1995.

　　Gee, H. &. W. Hardy, *Documents Illustrative of the History of the English Church*, London: Macmillan, 1914.

　　George, Hereford B. , *The Historical Geography of the British Empire*,

London: Methuen & Co. , 1919.

Gibbs, Philip, *The Romance of Empire*, London: Selwyn and Blount, Ltd. , 1920.

Green, J. R. , *A Short History of the English People*, London: Macmillan, 1921.

Greenfeld, Liah, *Nationalism: Five Roads to Modernity*, Cambridge, Mass. : Harvard University Press, 1992.

Gunn, S. J. , *Early Tudor Government*, 1485—1558, London: Macmillan, 1995.

Guy, John, *Tudor England*, Oxford: Oxford University Press, 1991.

Haigh, Christopher (ed.), *The Reign of Elizabeth I*, London: Macmillan, 1986.

Hakluyt, Richard, *Divers Voyages Touching the Discovery of America and the Islands Adjacent* (Hakluyt Society; 1st Ser. , no. 7). London: Hakluyt Society, 1850.

Hakluyt, Richard, *Hakluyt's collection of the early voyages, travels, and discoveries of the English nation*, III, London: Printed for R. H. Evans, ... J. Mackinlay, ... and R. Priestly, ... , 1810.

Halpin, James, *From Columbus to Cromwell: from about 1450 to 1660*, Dublin: Gill and Macmillan, 1978.

Hechter, Michael, *Internal Colonialism*, Berkeley: California University Press, 1975.

Holmes, George, *The Later Middle Ages, 1272—1485*, London: Nelson, 1962.

Hunt, William, *Bristol*, London: Longmans, Green, and Co. , 1889.

Hussey, W. D. , *The British Empire and Commonwealth, 1500 to 1961*, Cambridge: Cambridge University Press, 1963.

Hutchinson, John & Anthony D. Smith (eds.), *Nationalism*, Oxford: Oxford University Press, 1994.

Illick, Joseper E. (ed.), *America and England, 1558—1776*, New York: Appleton-Century-Crofts, 1970.

Irving, Sarah, *Natural Science and the Origins of the British Empire*, London: Pickering & Chatto, 2008.

Jack, Sybil M. , *Trade and Industry in Tudor and Stuart England*, London: George Allen & Unwin, 1977

Jensen, Merrill (ed.), *American Colonial Documents to 1776*, New York and London: Oxford University Press, 1969.

Jensen, Merrill (ed.), *English Historical Documents*, IX (American colonial documents to 1776), London: Eyre & Spottiswoode, 1955.

Kearney, Hugh F., *The British Isles: A History of Four Nations*, Cambridge & New York: Cambridge University Press, 1989.

Kidd, Colin, *British Identities before Nationalism, Ethnicity and Nationhommd in the Atlantic World, 1600—1800*, Cambridge: Cambridge University Press, 2004.

Knorr, Klaus E. (ed.), *British Colonial Theories, 1570—1850*, London: Frank Cass, 1963.

Leacock, Stephen, *Our British Empire: Its structure, its history, its strength*, London: John Lane, 1941.

Lipson, Ephraim, *The Economic History Of England*, vol. 1, London: A & C Black, 1937.

Lis, C. & H. Soly, *Poverty & Capitalism in Pre-industrial Europe*, Brighton: Harvester Press, 1982.

Lloyd, T. O., *The British Empire, 1558—1983*, New York: Oxford University Press, 1984.

Lloyd, T. O., *The British Empire, 1558—1995*, New York: Oxford University Press, 1996.

Lockyer, Roger, *Tudor and Stuart Britain, 1471—1714*, London: Longman, 1984.

Logan, F. D., *The Vikings in History*, London & New York: Hutchinson & Co., 1991.

Louis, Wm. Roger (ed.), *The Oxford History of the British Empire*, vol. 1 (*The Origins of Empire: British overseas enterprise to the close of the seventeenth century*), Oxford: Oxford University Press, 1998.

Mackie, J. D., *The Oxford History of England: The Earlier Tudors, 1485—1558*, London: Oxford University Press, 1962.

Mackinder, H. J., *Britain and the British Seas*, Oxford: Clarendon Press, 1930.

Macpherson, D., *Annals of Commerce, Manufactures, Fisheries, and Navigation, with Brief Notices of etc.*, vol. 1, London: Nichols and Son, 1805.

Marshall, Peter & Glyn Williams, *The British Atlantic Empire before the American Revolution*, London: Routledge, 1980.

Morgan, Kenneth, *Slavery and the British Empire: From Africa to America*, Oxford: Oxford University Press, 2007.

Morgan, Kenneth O., *The Oxford Illustrated History of Britain*, Oxford:

Oxford University Press, 2000.

Morison, Samuel Eliot, *The European Discovery of America: The northern voyages, A. D. 500—1600*, New York: Oxford University Press, 1971.

Neale, J. E., *Queen Elizabeth*, London: Jonathan Cape, 1934.

Neillands, Robin, *The Hundred Years War*, London & New York: Routledge, 2001.

Notestein, Wallace, *The English People on the Eve of Colonization, 1603—1630*, New York: Harper & Brothers, 1954.

Olson, James S. & Robert Shadle (eds.), *Historical Dictionary of the British Empire*, Westport: Greenwood Press, 1996.

Palliser, D. M., *The Age of Elizabeth: England under the later Tudors, 1547—1603*, London: Longman, 1983.

Parks, George B., *Richard Hakluyt and the English Voyages*, New York: American Geographical Society 1928.

Pollard, A. F., *Factors in Modern History*, London: A. Constable and Co. Ltd., 1921.

Pollard, A. F., *Henry VIII*, London: Longmans, Green & Co., 1919.

Pollard, A. F., *The Political History of England*, VI (*The History of England from the Accession of Edward VI to Death of Elizabeth, 1547—1603*), London: Longmans, Green and co., 1923.

Pomfret, John E., *Founding the American Colonies, 1583—1660*, London: Harper & Row., 1970.

Pomfret, J. E. & F. M. Shumway, *Founding the American Colonies, 1583—1660*, New York: , Evanston and London: Harper & Row, 1970.

Potter, G. R., *The New Cambridge Modern History*, I (The Renaissance, 1493—1520), London, New York, & Melbourne: Cambridge University Press, 1971.

Powell, Ken & Chris Cook, *English Historical Facts, 1485—1603*, London: Macmillan, 1977.

Quinn, D. B., *Dictionary of Canadian Biography*, vol. 1 (1000—1700), University of Toronto / Université Laval, 1966.

Quinn, D. B., *North America from Earliest Discovery to First Settlements: The Norse voyages to 1612*, New York: Harpercollins, 1977.

Quinn, D. B., *Set Fair for Roanoke: Voyages and colonies, 1584—1606*, Chapel Hill: University of North Carolina Press, 1985.

Quinn, D. B. (ed.), *The Roanoke Voyages, 1584—1590: Documents to illustrate the English voyages to north America under the patent granted to Walter*

Raleigh, I, London: Hakluyt Society, 1955.

Quinn, D. B. (ed.), *The Roanoke Voyages, 1584—1590: Documents to Illustrate the English Voyages to North America under the Patent Granted to Walter Raleigh*, II, London: Hakluyt Society, 1955.

Quinn, D. B., *Voyages and Colonising Enterprises of Sir Humphrey Gilbert*, vol. 1, London: The Hakluyt Society, 1940

Quinn, D. B. & A. N. Ryan, *England's Sea Empire, 1550—1642*, London: George Allen and Unwin, 1983.

Rabb, Theodore K., *Enterprise and Empire: Merchant and gentry investment in the wxpansion of England, 1575—1630*, Cambridge, Mass.: Harvard University Press, 1967.

Ramsay, G. D., *English Overseas Trade during the Centuries of Emergence: studies in some modern origins of the English-speaking world*, London: Macmillan, 1957.

Ramsay, Peter H., *Tudor Economic Problems*, London: Gollancz, 1963.

Ranum, Orest (ed.), *National Consciousness, History, and Political Culture in Early-Modern Europe*, Baltimore: John Hopkins University Press, 1975.

Rengel, Marian, *John Cabot: The Ongoing Search for a Westward Passage to Asia*, New York: The Rosen Publishing Group, 2003.

Rex, Richard, *Henry VIII and the English Reformation*, New York: St. Martin's Press, 1993.

Ridley, Jasper, *The Tudor Age*, London: Constable and Co., 1988.

Rose, J. Holland, A. P. Newton, and E. A. Benians, *The Cambridge History of British Empire*, vol. 1 (*Old Empire from the Beginnings to 1783*), Cambridge: Cambridge University Press, 1929.

Ross, Charles, *Edward IV*, London: E. Methuen, 1983.

Ross, Charles, *Edward IV*, Berkeley and Los Angeles: University of California Press, 1974.

Rowse, A. L., *The English Spirit: Essays in history and literature*, London: Macmillan, 1946.

Rowse, A. L., *The Expansion of Elizabethan England*, London: Macmillan, 1955.

Rowse, A. L., *The Spirit of English History*, London: Jonathan Cape, 1943.

Seeley, J. R., *The Expansion of England*, London: Macmillan, 1925.

Simmons, R. C., *The American Colonies: From Settlement to Independence*, London: Longman, 1976.

Smith, Alan G. R., *The Emergence of a Nation State: the Commonwealth of

England, *1529—1660*, New York: Longman, 1984.

Smith, Lesley M. (ed.), *The Making of Britain: The Middle Ages*, London: Macmillan, 1985.

Southgate, George W., *The British Empire*, London: J. M. Dent and Sons Ltd., 1945.

Sum, P. E., *The Origins of Nationalism: An Inquiry into the Determinants of Nationalism in Tudor England*, Ann Arbor, MI: UMI Co., 1996.

Tanner, J. R., *Tudor Constitutional Documents*, *A. D. 1485—1603*, *with a historical commentary*, Cambridge: Cambridge University Press, 1951.

Taylor, E. G. R., *Tudor Geography*, *1485—1603*, London: Methuen, 1930.

Tittler, Robert & Norman Jones (eds.), *A Companion to Tudor Britain*, Oxford: Blackwell Publishing, 2004.

Tytler, Patrick Fraser, *The life of John Wycliffe*, Edinburgh: William Whyte and Co, and Maclachlan and Stewart, 1842.

Wagner, John A. & Susan Walters Schmid (eds.), *Encyclopedia of Tudor England*, Santa Barbara, CA: ABC-Clio, 2012.

Walker, Eric A., *The British Empire: Its Structure and Spirit*, London: Oxford University Press, 1947.

Warner, George Townsend (et al.), *The New Groundwork of British History*, London: Blackie & Son Ltd., 1946.

Weare, G. E., *Cabot's Discovery of North America*, London: John Macqueen, 1897.

Wilson, E. M. Carus (ed.), *The Overseas Trade of Bristol in the Later Middle Ages*, New York: Barnes & Noble, 1967.

Williams, Basil, *The British Empire*, London: Butterworth, 1931.

Williams, C. H. (ed.), *English Historical Documents*, V, London: Eyre and Spottiswoode, 1971.

Williamson, J. A., *A Short History of British Expansion*, London: Macmillan & Co., 1947.

Williamson, J. A., *Great Britain and the Empire: a discursive history*, London: A. & C. Black, 1944.

Williamson, J. A., *Maritime Enterprise*, *1485—1558*, Oxford: Clarendon Press, 1913.

Williamson, J. A., *The Cabot Voyages and British Discovery under Henry VII*, Cambridge: Hakluyt Society at The Cambridge University Press, 1962.

Williamson, J. A., *The Ocean in English History: Being the Ford Lectures*, Oxford: Oxford University Press, 1941.

Williamson, J. A., *The Tudor Age*, London: Longman, 1979.

Williamson, J. A., *The Voyages of the Cabots and the English Discovery of North America under Henry VII and Henry VIII*, London: Argonaut Press, 1929.

Winks, Robin W. (et al.), *A History of Civilization: Prehistory to the Present*, Englewood Cliffs, New Jersey: Prentice Hall, 1992.

Woodward, William H., *A Short History of the Expansion of the British Empire, 1500—1930*, Cambridge: Cambridge University Press, 1952.

Wrightson, Keith, *English Society, 1580—1680*, London: Routledge, 1982.

(二) 中文类

阿萨·勃里格斯:《英国社会史》,陈叔平等译,中国人民大学出版社1991年版。

埃里克·罗尔:《经济思想史》,陆元诚译,商务印书馆1981年版。

爱德华·麦克诺尔·伯恩斯、菲利普·李·拉尔夫:《世界文明史》第2卷,罗经国等译,商务印书馆1987年版。

安东尼·吉登斯:《民族—国家与暴力》,胡宗泽 赵力涛译,三联书店1998年版。

安东尼娅·弗雷泽:《历代英王生平》,杨照明、张振山译,湖北人民出版社1985年版。

B. C. 塞尔格叶夫:《古希腊史》,缪灵珠译,高等教育出版社1955年版。

保罗·布特尔:《大西洋史》,刘明周译,中国出版集团东方出版中心2011年版。

本内迪克特·拉佩尔:《话说欧洲民族性》,刘玉俐译,中国人民大学出版社2007年版。

C. 沃伦·霍莱斯特:《欧洲中世纪简史》,陶松寿译,商务印书馆1988年版。

查尔斯·比尔德、玛丽·比尔德:《美国文明的兴起》第1卷,许亚芬译,商务印书馆1991年版。

丹尼尔·J. 布尔斯廷:《发现者:人类探索世界和自我的历史》,严撷芸、吕佩英、李成仪、吴亦南译,上海译文出版社1992年版。

范存忠:《中国文化在启蒙时期的英国》,上海外语教学出版社1991年版。

费尔南·布罗代尔:《菲利普二世时代的地中海和地中海世界》第2卷,吴模信译,北京:商务印书馆1996年版。

费尔兰·布罗代尔:《菲利普二世时代的地中海和地中海世界》第1卷,唐家龙、曾培耿译,商务印书馆1996年版。

伏尔泰:《风俗论》下册,谢戊申等译,商务印书馆1997年版。

弗朗西斯·培根:《培根论说文集》,水天同译,商务印书馆1983年版。

弗朗西斯·培根:《新大西岛》,何新译,商务印书馆1979年版。

G. R. 波特编《新编剑桥世界近代史》第1卷(文艺复兴),张文华、马华译,中国社会科学出版社1999年版。

葛剑雄、周筱赟:《历史学是什么?》,北京大学出版社2007年版。

顾卫民:《以天主和利益的名义:早期葡萄牙海洋扩张的历史》,社会科学文献出版社2013年版。

汉斯·豪斯赫尔:《近代经济史:从十四世纪末至十九世纪下半叶》,王庆余、吴衡康、王成稼译,商务印书馆1987年版。

J. E. 尼尔:《女王伊丽莎白一世传》,聂文杞译,商务印书馆1992年版。

J. H. 萨拉依瓦:《葡萄牙简史》,李均报、王全礼译,中国展望出版社1988年版。

J. R. 希尔:《英国海军》,王恒寿、梁志海译,海洋出版社1987年版。

基思·托马斯:《人类与自然世界:1500—1800年间英国观念的变化》,宋丽丽译,译林出版社2008年版。

姜守明:《路德"因信称义"说之于民族国家的意义》,载《世界历史》2009年第6期。

姜守明:《民族国家形成时期英国殖民扩张特点探析》,载《世界历史》2004年第2期。

姜守明:《英国前工业社会的贫困问题与社会控制》,载《史学月刊》1997年第2期。

《蒋孟引文集》,南京大学出版社1995年版。

蒋孟引主编:《英国史》,中国社会科学出版社1988年版。

杰弗雷·乔叟:《坎特伯雷故事》,方重译,上海译文出版社1983年版。

卡洛·M. 奇波拉主编:《欧洲经济史》第1卷(中世纪时期),徐璇译,商务印书馆1988年版。

肯尼思·O. 摩根主编:《牛津英国通史》,王觉非等译,商务印书馆1993年版。

И. H. 奥西诺夫斯基:《托马斯·莫尔传》,杨家荣、李兴汉译,商务印书馆1984年版。

李宏图:《西欧近代民族主义思潮研究》,上海社会科学院出版社1997年版。

马克思:《强迫移民》,载《马克思恩格斯全集》第8卷,人民出版社1963年版。

马克斯·韦伯:《新教伦理与资本主义精神》,于晓、陈维纲等译,三联书店1991年版。

马文·佩里主编:《西方文明史》上卷,胡万里等译,商务印书馆1993年版。

孟德斯鸠:《论法的精神》下册,张雁深译,商务印书馆1963年版。

尼尔·弗格森:《帝国》,雨珂译,中信出版社2012年版。

尼科洛·马基雅维里:《君主论》,潘汉典译,商务印书馆1985年版。

帕尔默、科尔顿:《近现代世界史》上册,孙福生、陈敦全译,商务印书馆1988年版。

乔治·霍兰·萨拜因:《政治学说史》上册,盛葵阳、崔妙因译,商务印书馆1986年版。

乔治·霍兰·萨拜因:《政治学说史》下册,刘山等译,商务印书馆1986年版。
钱乘旦:《欧洲民族问题的历史轨迹》,载《中国社会科学季刊》,香港1996年秋季卷,汉语第16期。
钱乘旦:《思考中的历史:当代史学视野下的现代社会转型》,北京师范大学出版社2015年版。
钱乘旦主编:《英国通史》第3卷《铸造国家:16—17世纪英国》,江苏人民出版社2016年版。
钱乘旦:《英国王权的发展及文化与社会内涵》,载《历史研究》1991年第5期。
钱乘旦、高岱主编:《英国史新探》,北京大学出版社2011年版。
钱乘旦、许洁明:《英国通史》,上海社会科学院出版社2002年版。
戚国淦、陈曦文主编:《撷英集》,首都师范大学出版社1994年版。
R. B. 沃纳姆:《新编剑桥世界近代史》第2卷(宗教改革),中国社会科学院世界历史研究所组译,中国社会科学出版社1999年版。
塞缪尔·埃利奥特·莫里森、亨利·斯蒂尔·康马杰、威廉·爱德华·洛伊希腾堡:《美利坚合众国的成长》上卷,南开大学美国史研究室译,天津人民出版社1980年版。
邵政达、姜守明:《近代早期英国海外殖民的宗教动因》,载《历史教学》2012年第6期。
邵政达、姜守明:《伊丽莎白一时期北美殖民失败之探因》,载《学海》2011年第1期。
施脱克马尔:《十六世纪英国简史》,上海外国语学院编译室译,上海人民出版社1959年版。
斯·尤·阿勃拉莫娃:《非洲:四百年的奴隶制度》,陈士林、马惠平译,商务印书馆1983年版。
斯特莱切:《伊丽莎白女王和埃塞克斯伯爵:一部悲剧性的历史》,戴子钦译,三联书店1986年版。
斯塔夫里阿诺斯:《全球分裂:第三世界的历史进程》上册,迟越等译,北京:商务印书馆1995年版。
斯塔夫里阿诺斯:《全球通史:1500年以后的世界》,吴象婴、梁赤民译,上海社会科学院出版社1992年版。
斯塔夫里阿诺斯:《全球通史:1500年以前的世界》,吴象婴、梁赤民译,上海社会科学院出版社1992年版。
汤普逊:《中世纪经济社会史》上册,耿淡如译,商务印书馆1961年版。
汤普逊:《中世纪经济社会史》下册,耿炎如译,商务印书馆1961年版。
梯利:《西方哲学史》(增补修订版),葛力译,商务印书馆1995年版。
托马斯·孟:《英国得自对外贸易的财富》,袁南宇译,商务印书馆1965年版。
托马斯·莫尔:《乌托邦》,戴镏龄译,商务印书馆1959年版。

王联主编:《世界民族主义论》,北京大学出版社2002年版。
王觉非主编:《近代英国史》,南京大学出版社1997年版。
威尔·杜兰:《世界文明史》之宗教改革卷,台北幼狮文化公司译,东方出版社1999年版。
温斯顿·丘吉尔:《英语国家史略》上册,薛力敏、林林译,新华出版社1985年版。
吴于廑主编:《十五十六世纪东西方历史初学集》,武汉大学出版社1985年版。
希罗多德:《历史》上册,王以铸译,商务印书馆1959年版。
肖厚国:《古希腊的思想与历史:自由职业古典探索》,上海人民出版社2010年版。
小戴维·佐克、罗宾·海厄姆:《简明战争史》,军事科学院外国军事研究部译,商务印书馆1982年版。
雪莱:《基督教会史》,刘平译,北京大学出版社2004年版。
雅各布·布克哈特:《意大利文艺复兴时期的文化》,何新译,商务印书馆1979年版。
雅依梅·科尔特桑:《葡萄牙的发现》第2卷,王华峰等译,中国对外翻译出版公司1996年版。
雅依梅·科尔特桑:《葡萄牙的发现》第1卷,邓兰珍译,中国对外翻译出版公司1996年版。
晏智杰:《亚当·斯密以前的经济学》,北京大学出版社1996年版。
阎照祥:《英国政治制度史》,人民出版社1999年版。
约·彼·马吉多维奇:《世界探险史》,屈瑞、云海译,世界知识出版社1988年版。
臧小华:《陆海交接处:早期世界贸易体系中的澳门》,社会科学文献出版社2013年版。
张箭:《地理大发现研究:15—17世纪》,商务印书馆2002年版。
张子恺:《竞逐富强:近代早期低地国家南部城市的经济转型研究(14至15世纪)》,南京大学2016年博士学位论文(未刊)。
朱孝远:《近代欧洲的兴起》,学林出版社1997年版。

四、译名对照表

A

阿拔斯王朝(Abbasid Dynasty,750—1258)
阿波罗(Apollo)
阿尔比恩(Albion)
阿尔弗雷德(Alfred the Great,871—899)
阿尔汉格尔(Archangel)
《阿尔卡索瓦斯条约》(Treaty of Alcacovas)

阿尔瓦公爵(Duke of Alba)
阿卡迪亚(Arcadia)
阿方索五世(Afonso V of Portugal, 1438—1481,葡萄牙国王)
阿佛洛狄忒(Aphrodite)
阿拉贡(Aragon)
阿勒颇(Aleppo)
阿奎丹(Aquitaine)
阿什赫斯特,托马斯(Asshehurst, Thomas)
阿斯特拉罕(Astrakham)
阿泽拉(Arzina)
艾顿(Eyton)
埃尔米纳(Elmina)
埃布罗河(Ebro)
埃拉托色尼(Eratosthenes of Cyrene, c. 276—194 bc)
埃里克(Eric the Red, c. 950—1004)
埃里克森,利夫(Ericson, Leif, c. 970—1020)
埃利奥特,休(Elyot, Hugh, fl. 1480—1510)
埃奇库姆,彼得(Edgcumbe, Peter, 1536—1608)
埃塞克斯伯爵(Earl of Essex)
埃文河(River Avon)
"爱德华·博纳文图尔"号(Edward Bonaventure)
爱德华二世(Edward II of England, 1307—1327,英国国王)
爱德华六世(Edward VI of England, 1547—1553,英国国王)
爱德华三世(Edward III of England, 1327—1377,英国国王)
爱德华四世(Edward IV of England, 1461—1483,英国国王)
爱德蒙兹大寺院(Bury St. Edmunds)
爱斯基摩人(Eskimoes)

艾阿尼斯,吉尔(Eanes, Gil, 1395—?)
艾顿(Eyton)
安达卢西亚(Andalusia)
安东尼长城(Antonine's Wall)
安尼安海峡(Anian Strait)
安茹王朝(House of Anjou, 1154—1216)
安特卫普(Antwerp)
安提瓜岛(Antigua)
安提利亚岛(Antillia, or Antilia)
盎格鲁人(Angles)
《盎格鲁-撒克逊编年史》(Anglo-Saxon Chronicle)
盎格鲁-撒克逊美洲(Anglo-Saxon America)
盎格鲁-撒克逊人(Anglo-Saxons)
盎格鲁-撒克逊人国王(King of the Anglo-Saxons)
盎格鲁-撒克逊主义(Anglo-Saxonism)
盎格恩(Angeln)
奥尔戴,詹姆斯(Alday, James, c. 1516—1576)
奥古斯丁(St. Augustine, 354—430)
奥古斯都,屋大维(Augustus, Octavian, 63 BC—AD14,古罗马第一位皇帝)
奥克尼群岛(Orkney Islands)
奥斯本,爱德华爵士(Osborne, Sir Edward, c. 1530—1591)

B

八角茴香(fennel)
"芭芭拉"号(Barbara)
巴巴多斯岛(Barbados)
巴巴里海岸(Barbary Coast)
巴恩斯,乔治爵士(Barnes, Sir George, ?—1558)
巴尔的摩勋爵(Lord Baltimore)

巴尔博亚(Vasco Nuñez de Balboa, 1475—1519)
巴伐利亚公爵(Duke of Bavaria)
巴芬岛(Baffin Island)
巴克,安德鲁(Barker, Andrew)
巴克,欧内斯特爵士(Barker, Sir Ernest)
巴利阿里群岛(Islas Baleares)
巴洛,罗杰(Barlow, Roger, c. 1500—1553)
巴洛家族(Barlows)
巴门尼德斯(Parmenides of Elea, c. 515—450 BC)
巴伦支海(Barents Sea)
巴拿马地峡(Isthmus of Panama)
巴内特(Barnet)
巴塞罗纳(Barcelona)
巴西特,亚瑟爵士(Bassett, Sir Arthur, 1541—1586)
拔图塔,伊本(Battūta, Ibn, 1304—1368)
办事处(factories)
鲍威尔,约翰(Powell, John)
鲍恩,H. V.(Bowen, H. V.)
"保罗"号(Paul)
保罗三世(Pope Paul III, 1534—1549)
"报春花"号(Primrose)
卑尔根(Bergen)
白海(White Sea)
百慕大群岛(Bermuda Islands)
百年战争(Hundred Year's War, 1337—1453)
北爱尔兰(North Ireland)
北非公司(Barbary Company)
北非海岸(Barbary Coast)
北海公司(North Sea Company)
北角(North Cape)
北卡罗来纳(North Carolina)
北美13州独立战争(American War of Independence)
北欧海盗,维京人(Vikings)
贝宁(Benin)
本色列(Bensalem)
比德(Bede, 673—735)
比克人(Beaker Folk)
比斯开湾(Bay of Biscay)
俾斯麦(Otto von Bismarck, Iron Chancellor, 1815—1898)
冰岛(Iceland)
波多黎各(Puerto Rico)
波尔,雷金纳德(Pole, Reginald, 1500—1558)
波尔多(Bordeaux)
波尔图(Porto)
波里比阿(Polybius, c. 200—118 BC)
波罗,马可(Polo, Marco, 1253—1324)
波罗的海(Baltic Sea)
波拿巴,拿破仑(Bonaparte, Napoleon, 1769—1821,法国皇帝)
波帕姆(Popham)
波士顿(Boston)
波托马克河(Potomac)
伯利勋爵(Lord Burghley)
勃艮第公爵(Duke of Burgundy)
勃艮第人(Burgundians)
柏拉图(Plato, 429—347 BC)
博哈多尔角(Cabo Bojador)
博林,安妮(Boleyn, Anny of England, c. 1501—1536,英国王后)
"博纳·埃斯佩兰萨"号(Bona Esperanza)
"博纳·康菲登切亚"号(Bona Confidentia)
博尼,托马斯(Borey Thomas)
博斯沃思野战役(Battle of Bosworth Field)

不列颠(Britain, Brtannia, Brttannia)
不列颠群岛,英伦三岛(British Isles)
不列颠人,布列吞人(Britons)
布列塔尼(Brittany)
布克哈拉(Bokhara)
布拉希尔(Brasylle, Hy-Brasil)
布莱德肖,布林登(Bradshaw, Breendan)
布莱顿角岛(Cape Breton Island)
布兰科角(Cape Blanco)
布兰奇(Blanche of Lancaster, 1345—1368)
布雷顿角岛(Cape Breton Island)
布雷纳斯(Brennus)
布雷泰尼(Bretayne)
布里斯托尔(Bristol)
布里斯托大教堂(Bristol Cathedral)
布列塔尼(Brittany)
布卢瓦(Blois)
布鲁日(Brugge)
布洛涅(Boulogne)
布匿战争(Punic War, 264—146 BC)

C

查尔斯堡(Charlesfort)
查理八世(Charles VIII of France, 1483—1498,法国国王)
查理九世(Charles IX of France, 1560—1574,法国国王)
查理曼(Charlemagne of the Franks, 742—814,法兰克国王)
查理五世(Charles V of Spain, 1519—1556,神圣罗马帝国皇帝)
查理一世(Charles I of England, 1625—1649,英国国王)
朝圣者(Pilgrim Fathers)
彻伯里男爵(Baron of Cherbury)
城邦,城市国家(city-state)

绸布商(Mercers)
绸布商公司(Mercers' Company)

D

达·伽马(Vasco da Gama, 1469—1524)
达克特,莱昂内尔爵士(Ducket, Sir Lionel, 1511—1587)
达·维拉扎诺,乔万尼(da Verrazzano, Giovanni, c. 1485—1528)
达德利,罗伯特(Dudley, Robert, c. 1532—1588,莱斯特伯爵)
达德利,约翰(Dudley, John, 1502—1553,诺森伯兰公爵)
达特茅斯(Dartmouth)
大不列颠(Great Britain)
《大不列颠列王传》(*Historia Regum Brittaniae*)
大船(great ship)
"大哈里"号(Great Harry)
大航海或地理大发现时代(Age of Discovery or Exploration)
大马士革(Damascus)
大雅茅斯(Great Yarmouth)
大一统,大同(Great Unity)
大英第二帝国(Second British Empire)
大英第一帝国(First British Empire)
英帝国,不列颠帝国(British Empire)
戴尔,阿纳尼亚斯(Dare, Ananias, c. 1560—1587)
戴尔,弗吉尼亚(Dare, Virginia, 1587—?)
戴尔,托马斯(Dale, Sir Thomas, ? —1619)
戴尔,伊利诺尔·怀特(White, Dare, Elynoer, c. 1568—1599)
戴维斯,约翰(Davis, John, c. 1550—1605)

单层甲板大帆船(galley)
但泽(Danzig)
道加瓦河(River Daugava)
道斯,罗伯特(Daws, Robert)
德·阿尔布开克,D. 洛波(de Albuquerque, D. Lopo, 1460—?)
德·阿亚拉,佩德罗,·(de Ayala, Pedro, ?—1513)
德·奥维多,冈萨罗·费尔南德斯(de Oviedo, Gonzalo Fernández, 1478—1557)
德·波旁,安蒂昂(de Bourbon, Antoine, 1518—1562)
德·查理,洛林(de Lorraine, Charles, 1524—1574)
德·戈马拉,弗朗西斯科·洛佩兹(de Gómara, Francisco López, c. 1511—1566)
德·科尔泰·里尔,加斯帕(de Corte Réal, Gaspar)
德·科尔特斯,埃尔南多(de Cortez, Hernando, 1485—1547)
德·科利尼,加斯帕尔(de Coligny, Gaspard, 1519—1572)
德·克林顿,爱德华·法因斯(de Clinton, Edward Fiennes, 1512—1585)
德·拉·冯特,威廉(de la Fount, William)
德·拉·奎德拉,阿尔瓦罗(de la Quadra, lvaro, ?—1564)
德·拉斯·卡萨斯,巴托洛梅(de las Casas, Bartolomé, c. 1484—1566)
德·洛林·吉斯,弗朗索瓦(de Lorraine Guise, Franois, 1519—1563)
德·蒙蒂费拉托,艾伦(de Monteferrato, Alan)
德·门多萨,贝纳迪诺(de Mendoza, Bernardino, 1540—1604)
德·尼古拉,尼古拉斯(de Nicolay, Nicolas, 1517—1583)
德·诺利,安东尼(de Noli, Antonio, c. 1415—?)
德·萨尔伏,约翰(de Salvo, John)
德·桑德里可,詹姆斯(de Sanderico, James)
德·桑切诺,雷蒙多(de Soncino, Raimondo)
德·维加,洛佩(de Vega, Lope, 1562—1635)
德安吉尔拉,彼得·马特(Pietro Martire d'Anghiera, 1457—1526)
德埃利,皮埃尔(d'Ailly, Pierre, 1351—1420)
德比郡(Derbyshire)
德弗罗家族(Devereuxes)
德弗罗,罗伯特(Devereux, Robert, 1565—1601)
德雷顿,迈克尔(Drayton, Michael, 1563—1631)
德雷克,埃德蒙(Drake, Edmund, c. 1518—1585)
德雷克,弗朗西斯爵士(Drake, Sir Francis, 1540—1596)
德特福德码头(Deptford Docks)
德维纳河(Dvina River)
德文郡(Devon)
德意志帝国(Reich, Kaiserreich)
等级君主制(Grade Monarchy)
低地国家(Low Countries)
狄奥金尼斯(Diogenes, 404—323 BC)
迪,约翰博士(Dee, Dr. John, 1527—1608)
迪亚士,巴托罗缪(Dias, Bartholomew, c. 1451—1500)
迪耶普(Dieppe)

《地理学概要》(A Briefe Summe of Geographie)
第一版《公祷书》(Book of Common Prayer, 1549)
帝国(empire)
帝国制度(Imperial system)
帝国主义(imperialism)
帝国主义者(imperialist)
帝制,绝对权力(Imperium)
丁香(clove)
东地公司(Eastland Company)
东灵人(Easterlings)
东印度公司(East India Company)
豆蔻(cardamon)
都铎,亨利(Tudor, Henry of England, 1485—1509,英国国王)
都铎,玛格丽特(Tudor, Margaret of England, 1489—1541,英国公主)
都铎,玛丽(Tudor, Mary of England, 1496—1533,英国公主)
都铎王朝(Tudor Dynasty, 1485—1603)
都铎政府革命(Tudor Revolution in Government)
杜卡特(ducats)
杜罗河(Douro)
多佛海峡(Dover Strait)
多塞特侯爵(Dorset Marquis)

E

俄罗斯公司(Russia Company)
厄尔斯特新殖民公司(New Plantation of Ulster)
二桅小船(pinnaces)
二元政治(dual politics)

F

发现优先权(discovery priority)
法尔茅斯(Falmouth)
法兰西帝国(l'Empire)
法兰西公司(French Company)
法兰西斯修会(Franciscans)
法尔茅斯(Falmouth)
法尔内塞,亚历山大(Farnese, Alexander, 1545—1592)
法尔韦尔角(Cape Farewell)
方济各(San Francesco d'Assisi, c. 1181—1226)
方济各会(Order Frians Minor)
纺织原料商(Drapers)
纺织原料商公司(Drapers' Company)
非正式帝国(informal empire)
菲利帕(Philippa of Lancaster, 1359—1415,葡萄牙王后)
菲利普二世(Philip II of Spain, 1556—1598,西班牙国王)
菲利普六世(Philip VI of France, 1328—1350,法国国王)
菲尼斯特尔(Finisterre)
腓尼基人(Phoenicians)
斐迪南二世(Ferdinand II of Aragon, 1479—1516,西班牙国王)
费尔南德斯,弗朗西斯科(Fernandes, Francisco)
费尔南德斯,乔奥(Fernandes, Joao)
费希尔,约翰(Fisher, John, c. 1469—1535)
芬顿,爱德华(Fenton, Edward, 1536—1603)
弗吉尼亚(Virginia)
弗拉辛(Flushing)
弗兰普顿,约翰(Frampton, John)
弗兰普顿家族(Framptons)
弗朗西斯卡(Francesca)
弗朗西斯一世(Francis I of France, 1515—1547,法国国王)

弗里西亚(Frisia)
弗罗比歇,马丁爵士(Frobisher, Sir Martin, c. 1535—1594)
佛得角群岛(Cape Verde Islands)
佛莱明人(Flemings)
佛兰德斯(Flanders)
佛兰芒语(Flemish)
佛罗里达(Terra Florida)
佛罗伦萨(Florence)
伏尔泰(Voltaire, 1694—1778)
福威(Fowey)
福音传道者(Evangelist)
附属小船(cog)
"复仇"号(Revenge)
富勒,M. C.(Fuller, M. C.)
富尔布鲁克,玛丽(Fulbrook, Mary)

G

盖纳(Guienne)
干船坞(dry dock)
坎宁根,威廉(Cunningham, William, 1849—1919)
冈萨雷斯,安东尼(Gonzales, Antonio)
冈萨雷斯,乔奥(Gonsalves, Joao)
冈森,本杰明(Gonson, Benjamin, c. 1525—1577)
冈森,凯瑟琳(Gonson, Katharine, c. 1534—1591)
冈森,威廉(Gonson, William, 1517—1536)
高尔,弗朗西斯(Gualle, Francis)
高卢(Gaul)
高尚皮革公司(Worshipful Company of Skinners)
高尚织工公司(Worshipful Company of Clothworkers)
哥伦布,巴托罗缪(Columbus, Bartholomew, 1461—1515)

哥伦布,斐迪南(Columbus, Ferdinand, 1488—1539)
哥伦布,克里斯托弗(Columbus, Christopher, 1451—1506)
哥特兰岛(Gotland)
戈尔韦(Galway)
格但斯克(Gdańsk)
格拉纳达(Granada)
格雷,托马斯(Grey, Thomas, 1477—1530)
格雷,简夫人(Grey, Lady Jane, ? 1536—1554)
格雷沙姆,托马斯爵士(Gresham, Sir Thomas, 1519—1579)
格雷律师学会(Gray's Inn)
格伦维尔,理查德爵士(Grenville, Sir Richard, 1542—1591)
公祷书叛乱(Prayer Book Rebellion)
公教会或普世教会(Catholic Church)
公平价格(fair price)
功利主义(utilitarianism)
贡比涅(Compiègne)
古巴岛(Cuba Island)
古特兰(Gootland)
股份公司(joint-stock company)
关起门来(behind closed doors)
光荣革命(Glorious Revolution)
光荣孤立(Splendid Isolation)
光荣女王(Gloriana)
规约公司(regulated company)
圭亚那(Guyana)
《国富论》(*An Inquiry into the Nature and Causes of the Wealth of Nations*)
国家,国土(country)
国务秘书(Secretary of State)

H

哈伯勒,威廉(Harborne, William, c.

1542—1617)
哈布斯堡(Habsburg)
哈布斯堡王朝(House of Habsburg)
哈德良长城(Hadrian Wall)
哈德孙,亨利(Hudson, Henry, 1550—1611)
哈德孙海峡(Hudson-Strait)
哈德孙河(Hudson River)
哈得孙湾(Hudson's Bay)
哈顿,克里斯托弗爵士(Hatton, Sir Christopher, 1540—1591)
哈顿,威廉(Hatton, William)
哈克卢特,雨果(Hakelute, Hugo)
哈克卢伊特,理查德(Richard Hakluyt, the elder, c. 1530—1591)
哈克卢伊特,理查德(Hakluyt, Richard, the older, ? —1557)
哈克卢伊特,理查德(Hakluyt, Richard, the younger, c. 1552—1616)
哈克卢伊特,托马斯(Hakluyt, Thomas)
哈里奥特,托马斯(Hariot, Thomas, c. 1560—1621)
哈钦森,约翰(Hutchinson, John)
海,詹姆斯(Hay, James, c. 1580—1636)
海盗(Pirate)
海盗劫掠(pirates robbed)
海狗(sea dogs)
海军上校(captain)
海斯(Hythe)
海斯,爱德华(Hales, Edward)
汉尼拔(Hannibal, 247—182 BC)
汉萨同盟(Hansa)
《捍卫七件圣事》(*Defense of the Seven Sacraments*)
《航海法》(*Navigation Act*)

《航海与旅行》(*Navigations and Travels*)
好望角(Cape of Good Hope)
豪丁,约翰(Howting, John)
红衣主教(Cardinal)
《和平保卫者》(*Defensor pacis*)
赫伯特,爱德华(Edward Herbert of Cherbury, 1583—1648,彻伯里男爵)
赫布里底群岛(Hebrides)
赫尔(Hull)
赫卡柏(Hecuba)
赫卡泰奥斯(Hecataeus, c. 550—476 BC)
赫里福德郡(Herefordshire)
赫克特尔,迈克尔(Hechter, Michael)
赫卢兰(Helluland, Hulluland)
赫托夫特,亨利(Huttoft, Henry)
黑斯廷斯(Hastings)
亨利(Henry of Navarre, 1553—1610),
亨利,航海家(Prince Henry of Portugal, the Navigator, 1394—1460,葡萄牙王子)
亨利八世(Henry VIII of England, 1509—1547,英国国王)
亨利六世(Henry VI of England, 1422—1461,英国国王)
亨利七世(Henry VII of England, 1485—1509,英国国王)
亨利四世(Henry IV of England, 1399—1413,英国国王)
亨利五世(Henry V of England, 1413—1422,英国国王)
红衣主教(Cardinal)
胡安娜(Joanna of Castile, 1479—1555,查理五世母亲)
胡格诺派(Huguenots)
胡椒(pepper)

怀特,约翰(White, John, c. 1540—1593)
黄金国(El Dorado)
惠特吉夫,约翰博士(Whitgift, Dr. John, c. 1530—1604)
混合君主制(Mixed Monarchy)
货币平衡论(balance of money)
霍布斯,托马斯(Hobbes, Thomas, 1588—1679)
霍尔木兹(Hormuz)
霍华德,查尔斯勋爵(Howard, Lord Charles, 1536—1624)
霍华德,罗伯特爵士(Howard, Sir Robert, 1585—1653)
霍华德,威廉(Howard, William, c. 1510—1573)
霍金斯,老威廉(Hawkins, William Senior, c. 1495—1555)
霍金斯,老约翰(Hawkins, John Senior, c. 1475—?)
霍金斯,小威廉(Hawkins, William Junior, c. 1519—?)
霍金斯,小约翰爵士(Hawkins, Sir John Junior, 1532—1595)
霍金斯家族(Hawkins')
霍斯利,吉尔伯特(Horsley, Gilbert)

J

基德,科林(Kidd, Colin)
基督教人文主义者(Christian Humanist)
基督教世界(Christendom)
《基督教君王之教育》(*The Education of a Christian Prince*)
基督教学院(Christ Church, Oxford)
基尔特,行会(guild)
吉布斯,菲利普(Gibbs, Philip)
吉尔伯特,阿德里安(Gilbert, Adrian, c. 1541—1628)
吉尔伯特,汉弗莱爵士(Gilbert, Sir Humphrey, c. 1539—1583)
吉尔伯特,约翰爵士(Gilbert, Sir John)
几内亚公司(Guinea Company)
"加百利"号(Gabriel)
加的斯(Cádiz)
加的斯湾(Bay Cádiz)
加莱(Gallay, Gallais)
加勒比海(Caribbean Sea)
加利西亚(Galicia)
加利福尼亚(California)
加龙河(Garonne)
加那利群岛(Canaries Islands)
加斯科尼(Gascony)
贾德,安德鲁爵士(Judde, Sir Andrew)
剑桥大学三一学院(Trinity College, Cambridge)
教皇子午线(Papal Meridian)
教权主义(clericalism)
杰弗利(Geoffrey of Monmouth, c. 1100—1155)
杰勒德,威廉爵士(Gerrard, Sir William, c. 1509—1626)
杰勒德,托马斯爵士(Gerrard, Sir Thomas, c. 1560—1621)
吉斯公爵(Duke of Guise)
杰伊,约翰(Jay, John)
禁止向罗马教廷上诉法(*Act in Restraint of Appeals*)
"金鹿"号(Golden Hind)
金罗德(Kingroad)
金斯利,查尔斯(Kingsley, Charles, 1818—1875)
旧金山(San Francisco)
巨石文化(Stonehenge Civilization)
巨型石柱群(Stonehenge)
绝对君主制,君主专制(Absolute

Monarchy)
均衡外交(diplomacy of balance)
君士坦丁堡(Constantinople)
君主的(monarchic)
"君主"号(Sovereign)
君主国(realm, monarchy)
军舰(man of war)

K

卡波特,乔万尼(Caboto, Giovanni)
卡波特,朱安(Caboto, Zuan)
卡波特,朱利奥(Caboto, Giulio)
卡波特,塞巴斯蒂安(Cabot, Sebastian, c. 1476—1557)
卡波特,约翰(Cabot, John, 1450—1598)
卡布拉尔,佩德罗·阿尔瓦斯(Cabral, Pedrolvares, c. 1467—1520)
卡蒂埃,雅克(Cartier, Jacques, 1492—1557)
卡尔弗特,乔治(Calvert, George, 1579—1632)
卡尔弗特,塞西尔(Calvert, Cecil, 1605—1675)
卡莱尔,克里斯托弗(Carleill, Christopher, c. 1551—1593)
卡利卡特(Calicut)
卡莱尔伯爵(Earl of Carlisle)
卡罗莱纳(Carolinas)
卡斯宁,爱德华(Castlyn, Edward)
卡斯宁,威廉(Castlyn, William)
卡斯宁,詹姆斯(Castlyn, James)
卡斯提(Castile)
卡斯提王位继承战争(War of the Castilian Succession, 1475—1479)
卡文迪什,托马斯(Cavendish, Thomas, 1560—1592)
开俄斯(Chios)
克尔特人(Celts)
凯瑟琳(Catherine of Aragon, 1485—1536,英国王后)
恺撒(Gaius Julius Caesar, 100 BC—44 BC)
凯特,罗伯特(Kett, Robert, 1492—1549)
《坎波条约》(Treaty of Medina del Campo)
坎迪亚(Candia)
坎特伯雷大主教(Archbishop of Canterbury)
《坎特伯雷故事集》(Tales of Caunterbury)
康布雷红衣主教(Cardinal of Cambray)
康迪亲王(Prince of Condé, 1552—1588)
康涅狄格(Connecticut)
康帕内拉,托马索(Campanella, Tommaso, 1568—1639)
康沃尔郡(Cornwall)
考文垂(Coventry)
科德角(Cape Cod)
科拉半岛(Kola Peninsula)
科林斯湾(Collins Bay)
科泽科德(Kozhikode)
克尔特人(Celts)
克拉伦斯公爵(Duke of Clarence)
克拉尼希,伯查德(Cranich, Burchard, c. 1515—1578)
克莱门七世(Pope Clement VII, 1523—1534,教皇)
克莱门五世(Pope Clement V, 1305—1314,教皇)
克兰默,托马斯(Cranmer, Thomas, 1489—1556)
克劳狄(Claudius, 41—54,罗马皇帝)
克伦福特修道院(Clonfert Monastery)

克伦威尔,托马斯(Cromwell, Thomas, c. 1485—1540)
克罗夫特,托马斯(Croft, Thomas, 1442—1488)
科洛尼亚(colōnia)
克洛维(Clovis I of the Franks, c. 466—511,法兰克第一位国王)
肯特郡(Kent County)
垦殖运动(Assart Colonization)
宽身帆船(carracks)
矿石(ore)

L

拉布拉多(Labrador)
拉蒂默,休(Latimer, Hugh, c. 1487—1555)
拉丁帝国(Latin Empire, 1204—1261)
拉克鲁斯(La Cruz)
拉缪肖,贾姆巴提斯塔(Ramusio, Giambattista, 1485—1557)
拉卢姆,奥雷斯特(Ranum, Orest)
拉普拉塔河(Rio de la Plata)
拉普兰(Lapland)
拉斯泰尔,约翰(Rastell, John, c. 1475—1536)
拉脱维亚(Latvia)
《来自新发现大陆之喜讯》(*Joyfull Newes out of the New Founde World*)
莱恩,拉尔夫爵士(Lane, Sir Ralph, c. 1530—1603)
莱姆斯特(Leominster)
莱斯特伯爵(Earl of Leicester)
莱斯特郡(Leicestershire)
兰伯特,弗朗西斯(Lambert, Francis, c. 1560—1610)
兰开斯特公爵(Duke of Lancaster)
兰开斯特王朝,兰开斯特家族(House of Lancaster, 1399—1471)
兰斯河(Rance)
兰兹克罗纳(Landskrona)
勒班托战役(Battle of Lepanto)
雷利,卡鲁爵士(Raleigh, Sir Carew, c. 1550—1625)
雷利,沃尔特爵士(Raleigh, Sir Walter, c. 1554—1618)
雷内格,罗伯特(Reneger, Robert)
利奥十世(Pope Leo X, 1513—1521,教皇)
利泽德岬角(Lizard Point)
林恩(Lynn)
劳埃德,托马斯(Lloyd, Thomas)
劳埃德,约翰(Lloyd, John)
冷冻鳕鱼干(stockfish)
李,爱德华(Lee, Edward, c. 1482—1544)
利博尔,让(Ribault, Jean, 1520—1565)
里德,J. G.(Reid, J. G.)
里德利,尼古拉斯(Ridley, Nicholas, c. 1500—1555)
里海(Caspian Sea)
海里(Riga)
理查三世(Richard III of England, 1483—1485,英国国王)
理查二世(Richard II of England, 1377—1399,英国国王)
理查一世(Richard I of England, the Lion, 1189—1199,英国国王)
里奇蒙伯爵(Earl of Richmond)
里斯本(Lisbon)
《理想国》(*The Republic*)
利凡特(Levent)
利凡特公司(Levent Company)
利己主义(egoism)
利他主义(altruism)

利维坦(Leviathan)
联合王国(UK)
朗姆酒(rum)
林地(Wooded Land)
林肯郡(Lincolnshire)
林肯律师学会(Lincoln's Inn)
林赛,威廉(Lindsay, William)
领港公会(trinity house)
卢多维克斯(Ludovicus)
卢特,约翰(Rut, John, fl. 1512—1528)
卢伊(Looe)
路德,马丁(Luther, Martin, 1483—1546)
路易十一(Louis XI of France, 1461—1483,法国国王)
路易四世(Louis IV, c. 1287—1347,神圣罗马帝国皇帝)
《旅行日记》(Itinerarium)
伦敦弗吉尼亚公司(Virginia Company of London, London Company)
伦敦和布里斯托尔公司(London and Bristol Company, or Newfoundland Company)
伦敦商人冒险家公司(Company of Merchant Adventurers)
伦敦塔(Tower of London)
《伦敦条约》(Treaty of London)
《论到达中国新通道之发现》(Discourse of a Discovery for a New Passage to Cataia)
《论教会的巴比伦之囚》(On the Babylonian Captivity of the Church)
《论说文集》(Essays)
《论通过西北航线到达中国和东印度的通道》(Discourse to Prove a Passage by the North-West to Cathay and the East Indies)
《论新大陆》(De Orbe Novo)
《论新大陆八十年》(De Orbe Nouo Decades Octo)
罗阿诺克村事件(Roanoke Island Lost)
罗阿诺克岛(Roanoke Island)
罗伯茨,彼得(Roberts, Peter)
罗丹河(Rhodanus)
罗德岛(Rhodes)
罗罗(Rollo, c. 860—931)
罗马大道(Roman Roads)
罗马和平(Pax Romana)
罗姆尼(Romney)
洛克,托马斯(Lock, Thomas)
洛克,约翰(Locke, John, 1632—1704)
洛奇,托马斯爵士(Lodge, Sir Thomas)
洛维萨(Lovisa)
"吕贝克的耶稣"号(Jesus of Lübeck)

M

马德拉群岛(Madeira Islands)
马蒂亚(Mattea)
马尔摩(Malmo)
马尔西利奥(Marsilio de Padua, c. 1275—1342)
马盖特(Margate)
马格尔岛(Magerya)
马基雅维里,尼科洛(Machiavell, Niccolo, 1469—1527)
《马可·波罗游记》(The Travels of Marco Polo)
马克(Mark)
马克兰(Markland)
马里兰(Maryland)
马鲁古群岛(Maluku Islands)
马萨诸塞湾(Massachusetts Bay)
马萨诸塞湾公司(Massachusetts Bay Company)

"马太"号(Mathew)
马歇尔,彼得(Marshall, Peter)
玛杰里(Margery)
玛姆岛(Isle of Mam)
玛丽(Mary of Burgundy, 1457—1482)
玛丽(Mary of Scotland, 1542—1587, 苏格兰女王)
玛丽一世(Mary I of England, 1516—1558, 英国女王)
"玛丽·吉尔福德"号(Mary Gilford)
"玛丽·玫瑰"号(Mary Rose)
"玛丽·幸运"号(Mary Fortune)
玛丽亚,亨利埃塔(Maria, Henrietta of England, 1609—1699, 英国王后)
麦哲伦,费尔南多(Magellan, Ferdinand, 1480—1521)
麦哲伦海峡(Strait of Magellan)
曼努埃尔一世(Manuel I of Portugal, 1469—1521, 葡萄牙国王)
曼克,伊丽莎白(Mancke, Elizabeth)
芒茨湾(Mounts Bay)
毛里塔尼亚(Mauritania)
《贸易论》(*England's Treasure by Foreign Trade*)
贸易平衡论(balance of trade)
贸易站,商栈(trading stations, depots)
玫瑰战争(Wars of the Roses, 1455—1485)
梅河(River May)
《梅迪纳·德·坎波条约》(*Treaty of Medina del Campo*)
梅迪纳·西多尼亚大公(Duke of Medina Sidonia, ? —1549)
梅迪纳·西多尼亚大公(Duke of Medina Sidonia, 1550—1615)
蒙哥马利,约翰(Montgomery, John)
蒙特塞拉特岛(Montserrat)
孟,托马斯(Mun, Thomas, 1571—1641)
孟,约翰(Mun, John)
孟德斯鸠(Charles Louis de Secondat Montesquiev, 1689—1755)
米德尔塞克斯(Middlesex)
米兰公爵(Duke of Milan)
"米尼恩"号(Minion)
米塞尔顿,爱德华(Misselden, Edward, c. 1608—1654)
缅因(Maine)
民族(nation)
民族国家(nation-state)
民族认同,国家认同(national identity)
莫尔,托马斯爵士(More, Sir Thomas, 1478—1535)
莫尔,约翰爵士(More, Sir John, c. 1451—1530)
莫尔顿,约翰(Morton, John, c. 1420—1500)
莫拉兹,尼古拉斯·鲍蒂斯塔(Monardes, Nicolás Bautista, 1493—1588)
莫雷纳山(Sierra Morena)
莫里森,塞缪尔·艾略特(Morison, Samuel Eliot)
莫塞尼哥,乔万尼(Mocenigo, Giovanni, 1558—1623)
莫斯科公司(Muscovy Company)
摩尔人(Moors)
摩根,肯尼思(Morgan, Kenneth)
摩鹿加群岛(Moluccas)
"母羊"号(Ewe)
穆斯林(Mohammedan)

N

拿破仑一世(Napoleon Bonaparte of France, 1769—1821)
那瓦尔学院(Collège de Navarre)

纳尔逊,霍雷肖(Nelson, Horatio, 1758—1805)
纳拉干塞特湾(Narragansett Bay)
南安普顿(Southampton)
南方大陆(Terra Australis)
南海(South Sea)
南洋(South Seas)
内殿律师学会(The Inner Temple)
内海的(pelagic)
内华达山(Sierra Nevada)
尼德兰(Netherlands)
尼德兰革命(Revolt of the Netherlands, 1566—1609)
尼古拉斯,托马斯(Nicholas, Thomas)
尼古拉五世(Pope Nicholas V, 1447—1455,教皇)
尼加拉瓜(Nicaragua)
尼科二世(Pharaoh Necho II, 610—595 BC,古埃及法老)
尼罗河(Nile)
尼维斯岛(Nevis)
尼西亚帝国(Empire of Nicaea)
涅科斯(Necos)
牛津伯爵(Earl of Oxford)
纽卡斯尔(Newcastle)
纽芬兰(Newfoundland)
纽黑文(New Haven)
纽约湾(New York Bay)
若奥一世(Joao I of Portugal, 1385—1433,葡萄牙国王)
诺布尔,约翰(Noble, John)
诺尔,克劳斯·E.(Knorr, Klaus E.)
诺夫哥罗德(Novgorod)
诺福克(Duke of Norffolk)
诺曼底公爵(Duke of Normandy)
诺曼人(Northman, Norman)
诺森伯兰公爵(Duke of Northumberland)
诺特斯坦,华莱士(Notestein, Wallace)
诺威奇(Norwich)

O

欧罗巴(Europa)
欧共体(European Economic Community)
欧文,萨拉(Irving, Sarah)

P

帕尔马(Palma)
帕尔马公爵(Ducde Parma)
庞弗雷特,J. E.(Pomfret, J. E.)
帕里家族(Parry's)
帕姆利科湾(Pamlico Sound)
帕斯顿,艾格尼丝(Paston, Agnes, 1472—?)
《帕斯顿书信集》(Paston Letters)
帕斯奎列戈,洛伦佐(Pasqualigo, Lorenzo)
帕斯奎列戈,阿尔瓦斯(Pasqualigo, Alvise)
帕斯奎列戈,弗朗西斯科(Pasqualigo, Francesco)
培根,安东尼(Bacon, Anthony, 1558—1601)
培根,弗朗西斯(Bacon, Francis, 1561—1626)
培根,罗伯特(Bacon, Robert, 1479—1548)
培根,罗吉尔(Bacon, Roger, c. 1216—1292)
佩卡姆,乔治爵士(Peckham, Sir George, ?—1608)
佩恩,约翰(Payne, John, c. 1406—1467)
彭布罗克伯爵(Earl of Pembroke)
彭布罗克郡(Pembrokeshire)

蓬特国(Land of Punt)
匹茨里戈湾(Pitsligo Bay)
平等(equality)
平提托(Pinteado)
珀切斯,塞缪尔(Purchas, Samuel, c. 1577—1626)
珀特,托马斯爵士(Pert, Sir Thomas)
朴茨茅斯(Portsmouth)
普德赛,约翰(Pudsey, John)
普里阿摩斯(Priam)
普利茅斯(Plymouth)
普利茅斯弗吉尼亚公司(Virginia Company of Plymouth, Plymouth Company)
普利茅斯公司(Plymouth Company)
普利茅斯岩(Plymouth Rock)
普世世界国家(universal world state)
普世主义(universalism)
普瓦提埃(Poitiers)

Q

七国时代(Heptarchy, 600—870)
七城岛(Island of Seven Cities)
奇布查人(Chibcha)
契约农(Indentured Servant)
钱塞勒,理查德(Chancellor, Richard, ?—1556)
强力君主制(Strong Monarchy)
乔叟,杰弗里(Chaucer, Geoffrey, c. 1343—1400)
"乔治"号(George)
"乔治·科布罕"号(le George Cobham)
侨民代理商(resident factors)
切萨皮克湾(Chesapeak Bay)
切斯特,威廉爵士(Chester, Sir William)
权利(rights)
权力平衡(power equalization)

R

人类帝国(Human Empire)
日不落帝国(An empire on which the sun never sets)
日德兰(Jutland)
热那亚(Genoa)
肉豆蔻(nutmeg)
肉桂(cinnamon)

S

撒克逊人(Saxons)
萨丁岛(Sardaigne)
萨福克公爵(Duke of Suffolk)
萨格雷斯(Sagres)
萨格雷斯航海学校(Sagres School of Navigation)
萨莫尔斯,乔治爵士(Somers, Sir George, 1554—1610)
萨默塞特公爵(Duke of Somerset)
"萨姆森"号(Samson)
萨默斯岛或百慕大公司(Somers Island or Bermuda Company)
"赛马"号(Sweepstake)
塞尔登,约翰(Selden, John, 1584—1654)
塞维利亚(Sevilla)
塞西尔,罗伯特爵士(Cecil, Sir Robert, c. 1563—1612)
塞西尔,威廉爵士(Cecil, Sir William, 1520—1598)
塞西尔家族(Cecil's)
三明治(Sandwich)
三角贸易(Triangular Trade)
《三十九信条》(*Thirty-Nine Articles*)
三十年战争(Thirty Years' War, 1618—1648)
三桅圆形帆船(round ship)

"三一"号(Trinity)
桑德威奇(Sandwich)
桑切斯(Santius)
菘蓝(woad)
沙姆韦,F. M.(Shumway, F. M.)
莎士比亚,威廉(Shakespeare, William, 1564—1616)
森图里奥尼,保罗(Centurioni, Paolo)
山巅之城(City upon the Hill)
商人国王(merchant king)
上帝和平(Peace of God)
《上帝之城》(*City of God*)
尚未确认的南方大陆(Terra Australis Incognita)
大炮(serpentines)
舍易斯(Sais)
"摄政王"号(Regent)
神圣罗马帝国(Holy Roman Empire)
神意岛公司(Providence Island Company, Providence Company)
生而自由的英国人(freeborn Englishman)
生姜(ginger)
"圣安娜"号(Santa Anna)
圣奥古斯丁(St. Augustine, 354—430)
圣布兰丹(St. Brendan of Clonfert, c. 484—577)
圣布兰丹岛(Saint Brendan's Isle)
圣彼得皇家学院(The Royal College of St. Peter)
《圣大菲协定》(*Capitulations of Santa Fe*)
圣地亚哥(Santiago de Compostela)
圣多明各(Santo Domingo)
圣赫勒拿岛(St. Helena)
圣卡特琳娜(St. Catalina)
圣经共和国(Bible Commonwealth)
圣基茨(St. Kitts)
圣克里斯托弗(St. Christopher)
圣克鲁斯(Santa Cruz)
圣卢卡(San Lucar)
圣马可(St. Mark)
圣马洛(St. Malo, c. 520—?)
圣玛丽镇(St. Mary's City)
圣乔治(St. George, ?—303)
圣乔治纪念日(St. George's Day)
圣文森特角(St. Vincent Angle)
圣约翰纪念日(St. John's Day)
圣约翰斯河(St. Johns River)
施列斯威格(Schlesivig)
十字军战争(Crusades, 1189—1192)
石地(Stony Land)
史密斯,安东尼·D.(Smith, Anthony D.)
史密斯,艾伦(Smith, Alan G. R.)
史密斯,约翰(Smith, John, c. 1580—1631)
世界主义(Cosmopolitanism)
世俗国家(Secular state)
收复失地运动(Reconquesta)
枢密院(Privy Council)
双层甲板船(two-decker)
双剑说(doctrine of the Two Swords)
"松鼠"号(Squirrel)
司法管辖权(jurisdiction)
私掠巡航(privateering)
斯宾塞,爱德蒙(Spenser, Edmund, c. 1552—1599)
斯宾塞,威廉(Spencer, William)
斯卡伯勒(Scarborough)
斯福查,路德维柯·玛丽亚(Sforza, Ludvico Maria, 1452—1508)
斯科伦(Schonen)
斯密,亚当(Smith, Adam, 1723—1790)
斯莱拜切庄园(Slebetch Manor)

斯路易斯战役(Battle of Sluys)
斯迈思,托马斯爵士(Smythe, Sir Thomas)
斯派塞,理查德(Spicer, Richard)
斯皮诺拉,安东尼奥(Spinola, Antonio)
斯塔福德,爱德华爵士(Stafford, Sir Edward, 1552—1605)
斯塔福德,威廉(Stafford, William, 1554—1612)
斯特劳恩,罗伯特(Straunge, Robert)
斯特佩尔,理查德(Staper, Richard, c. 1540—1608)
斯特米,罗伯特(Sturmy, Robert)
斯图克利,托马斯爵士(Stukeley, Sir Thomas, c. 1525—1578)
斯图亚特王朝(Stuart Dynasty, 1603—1649, 1660—1714)
四大律师组织(Inns of Court)
《四十二信条》(Forty-Two Articles)
《四元素》(Four Elements: A New Interlude and a Mery, of the Nature of the Four Elements)
苏格拉底(Socrates, c. 469—399 BC)
苏格兰(Scotland)
索尔兹伯里(Salisbury)
索恩家族(Thornes)
索恩,罗伯特(Thorne, Robert, the younger, 1492—1532)
索恩,罗伯特(Thorne, Robert, the elder, ?—1519)

T

塔霍河(Tagus)
《太阳城》(Civitas Solis)
唐·胡安(Don John of Austria, 1547—1578)
"塘鹅"号(Pelican)
特恩权(immunity)
特纳特苏丹国(Ternate Sultanante)
特雷斯庞塔斯(Tres Puntas)
特里梅因,埃德蒙(Tremayne, Edmund, c. 1525—1582)
特里斯唐,努诺(Tristao, Nuno)
特内里夫岛(Tenerife)
特赛拉(Terceira)
特许贸易公司(Chartered Company)
特许殖民地(chartered colony)
特许状(letters patent, Royal Charter)
提秤(Steelyard)
提森,托马斯(Tison, Thomas)
《天文学大成》(Almagest)
天职(Calling)
天主教会的巴比伦之囚(Babylonian Captivity of the Papacy)
廷臣(Courtiers)
同业公会(Livery Companies)
图尔(Tours)
图克斯伯里(Tewkesbury)
图卢兹(Toulouse)
土耳其帝国(Ottoman Empire)
土耳其公司(Turkey Company)
《托尔德西拉斯条约》(Treaty of Tordesillas)
托勒密,克劳狄乌斯(Claudius Ptolemy, c. 90—168)
托马斯,约翰(Thomas, John)
托斯堪内里(Paolo dal Pozzo Toscanelli, 1397—1482)

W

瓦尔德泽米勒,马丁(Waldseemüller, Martin, c. 1480—1518)
瓦伦西亚(Valencia)
瓦洛亚王室(House of Valois)
外滩群岛(Outer Banks)
外洋的(oceanic)

王朝国家(dynasty-state)
王国(kingdom)
王室财政大臣(Lord High Treasurer)
王室直辖殖民地(Royal Colony)
威尔士(Welsh)
威尔斯,理查德(Willes, Richard)
威克里夫,约翰(Wycliffe, John, c. 1320—1348)
威廉(William de Worcester, c. 1415—1482)
威廉斯,格林(Williams, Glyn)
威廉一世(William I of England, the Conqueror, c. 1028—1087)
威洛比,休爵士(Willoughby, Sir Hugh, ? —1554)
威尼斯公司(Venice Company)
威撒克斯人(West Saxons)
威斯比(Wisby)
威斯敏斯特学校(Westminster School)
《韦尔万和约》(Peace of Vervins)
韦斯顿,威廉(Weston, William)
韦斯普奇,亚美利哥(Vespucci, Amerigo, c. 1451—1512)
维登堡大学(University of Wittenberg)
"维多利亚"号(Victoria)
维尔吉尔达森,弗洛基(Vilgerdarson, Floki)
维斯普奇,亚美利哥(Vespucci, Amerigo, c. 1451—1512)
维也纳会议(Congress of Vienna)
温德姆,托马斯(Wyndham, Thomas, 1508—1554)
温思罗普,约翰(Winthrop, John, c. 1587—1649)
温特,乔治(Wynter, George)
温特,威廉爵士(Wynter, Sir William, c. 1521—1589)
文兰(Vinland)

沃德,理查德(Ward, Richard)
沃尔萨尔,约翰(Walsall, John)
沃尔西,托马斯(Wolsey, Thomas, c. 1473—1530)
沃尔辛厄姆,弗朗西斯爵士(Walsingham, Sir Francis, c. 1532—1590)
沃里克,理查德·内维尔(Warwick, Richard Neville, 1428—1471)
沃里克伯爵(Earl of Warwick)
沃纳,托马斯爵士(Warner, Sir Thomas, 1580—1649)
沃特福德港(Waterford)
《乌得勒支条约》(Treaty of Utrecht)
《乌托邦》(Utopia)
《五月花公约》(Mayflower Compact)
"五月花"号(Mayflower)
伍斯特主教(Bishop of Worcester)
无敌舰队(Invincible Armada)
无形帝国(invisible empire)

X

西班牙大陆美洲(Spanish Main)
西班牙公司(Spanish Company)
西部起义(Western Rising)
西兰岛(Seeland)
西摩,爱德华(Edward Seymour, c. 1506—1552)
西庇阿(Scipio Aemilianus Africanus, c. 185—129BC)
西塞罗(Marcus Tullius Cicero, 106—43BC)
《西印度和东印度旅行记》(The History of Trauayle in the West and East Indies, and Other Countreys Lying Eyther Way Towardes the Fruitfull and Ryche Moluccaes)
希克曼,安东尼(Hichman, Anthony)

希罗多德(Herodotus of Halicarnassus, c. 484—425 BC)
希思,爱德华(Heath, Sir Edward Richard George, 1916—2005)
希特勒(Adolf Hitler, Führer of Nazi Party, 1889—1945)
昔兰尼加(Cyrenaica)
悉尼,菲力浦爵士(Sidley, Sir Philip, 1554—1586)
《仙后》(The Faerie Queene)
香料(spices)
香料群岛(Spice Islands)
乡绅(squires, gentry)
肖尔沙姆(Shoresham)
消失的殖民地(Lost Colony)
小安的列斯群岛(Lesser Antilles)
小不列颠(Little Britain)
小型三桅帆船(barks)
斜阳帝国(Empire of the Setting Sun)
辛巴德(Sinbad)
辛迪加(syndicate)
新阿尔比恩(New Albion)
新大陆商人冒险家公司(Company of Merchant Adventurers to New Lands)
《新大西岛》(The New Atlantis, 1623)
新发现土地冒险者公司(The Company Adventures to the New Found Land)
新法兰西(New France)
新高卢(Nova Gallia)
新贵族(new aristocracy)
新君主制(New Monarchy)
新人(new men)
新斯科舍(Nova Scotia)
新斯科舍半岛(Mainland Nova Scotia)
新英格兰(New England)
幸福岛(Isle of the Blessed)
幸运岛(Insula Fortunatae, Fortunate Island)
休达(Ceuta)
修昔底德(Thucydides, c. 460—400 BC)
修昔底德陷阱(Thucydides' trap)
鳕鱼(gadus morhua)

Y

亚顿(Yatton)
亚历山大里亚(Alexandria)
亚历山大六世(Pope Alexander VI, 1492—1503,教皇)
亚美利加(America)
亚纳河(Guandiana)
亚瑟(Prince Arthur of Wales, 1480—1502,英国威尔士王子)
亚瑟王(King Arthur of Britain, ? —c. 537,传说中的克尔特人国王)
亚速尔群岛(Azores Islands)
亚特兰蒂斯(Atlantis)
亚维农之囚(Avignon Captivity, 1308—1378)
亚文化群(subcultures)
亚细亚(Asia)
《演说辞》(Discourse)
堰洲岛(Barrier Island)
羊毛集散中心商人(Staplers)
业主殖民地(Proprietary Colony)
"耶稣"号(Jesus)
《一份真实报告》(A True Reporte)
一元主义(monism)
伊比利亚(Iberia)
伊比利亚半岛(Hispania)
伊比利亚人,伊比利亚语(Iberian)
伊登,理查德(Eden, Richard, c. 1520—1576)
伊凡四世(Ivan IV, the Terrible, 1530—1584,俄罗斯第一位沙皇)

伊拉克里翁(Heraklion)
伊拉斯谟(Erasmus of Rotterdam, 1466—1536)
伊丽莎白一世(Elizabeth I of England, 1558—1603，英国女王)
伊莎贝拉一世(Isabella I of Castile, 1451—1504，西班牙女王)
伊普斯威奇(Ipswich)
伊斯帕尼奥拉岛，西属海地岛(Hispaniola)
异端罪(heresy)
《意象世界》(Imago Mundi)
因纽特人(Inuits)
英格拉兰(Englaland)
英格兰人或英吉利人(English)
英格兰羊毛出口贸易商公司(Company of the Merchant Staplers of England)
英国国教，安立甘宗(Anglicanism)
英国国教会(Church of England)
英国脱欧(Brexit)
《英国政策之陈情》(The Libel of English Policy)
英国中心主义的(Anglocentric)
英荷战争(Anglo-Dutch War)
英吉利海峡(English Channel)
英联邦(British Commonwealth of Nations)
罂粟籽(poppy seed)
《印度群岛之声明》(The Declaration of Indies)
幽灵岛(Phantom Islands)
有限君主制(Limited Monarchy)
有效占领(effective occupation)
有形帝国(visible empire)
宇宙志(Cosmography, cosmographus)
《宇宙志导论》(Universalis Cosmographia)
宇宙志学家(cosmographer)

远东(Far East)
远洋者(Ocean Men)
"月亮"号(Moon)
约翰(John of Gaunt, 1340—1399)
约翰(John of Denmark, 1481—1513, 丹麦国王)
约翰二十二世(Pope John XXII, 1316—1334，教皇)
约翰二世(John II of Portugal, 1481—1495，葡萄牙国王)
约翰一世(John I of England, Lackland, 1199—1216，英国国王)
约翰长老(John the Presbyter)
约克，约翰·吉尔伯特爵士(Yorke, Sir John Gilbert, 1524—1615)
约克大主教(Archbishop of York)
约克府(York House)
约克王朝，约克家族(House of York, 1461—1485)
约曼农(Yeoman)

Z

杂货商(Grocers)
窄海(Narrow Seas)
詹金森，安东尼(Jenkinson, Anthony, c. 1529—1611)
詹姆斯堡(James Fort)
詹姆斯敦(Jamestown)
詹姆斯四世(James IV of Scotland, 1473—1513，苏格兰国王)
詹姆斯一世(James I of England, 1603—1625，英国国王)
《征服西印度趣史》(The Pleasant Historie of the Conquest of the West Indies)
正式帝国(formal empire)
政务会成员(councillors)
直布罗陀(Gibraltar)

殖民地(colony)
殖民制度(colonial system)
殖民主义(colonialism)
殖民主义者(colonialist)
至尊法(*Act of Supremacy*)
至尊管理者(Supreme Governor)
至尊领袖(Supreme Head)
中殿律师学会(Middle Temple)
中国(Cathay)
东方公司(Company of Cathay)
中间航路(Middle Passage)
种类(breed)
种族(race)
重金主义(bullionism)
重商主义(mercantilism)
"朱迪思"号(Judith)
朱利安(Julian)
朱特人(Jutes)
诸圣徒岛(Isles of the Saints)
主权国家(state)
族群问题(ethnic matters)
专制君主制, 绝对君主制(Absolute Monarchy)
自由(liberty)
《自由贸易, 或创造贸易繁荣的方法》(*Free Trade, or the Means to Make Trade Flourish*)
自由主义(liberalism)
自治殖民地(Self-Governing Colony)
宗教法庭, 宗教裁判所(Inquisition)
宗教和解(Religious Settlement)
宗教改革议会(Reformation Parliament)
总裁, 总督(governor)

后　记

　　编写一部中国学者自己写的英帝国通史，一直是我们的愿望。今天，当这部书稿完成时，可以说这个夙愿正在变成现实。

　　英国，一个大陆离岛、蕞尔小国，何以能从欧洲如林的竞争对手中脱颖而出，在科技思想、工业文明、制度文化和绅士风范方面成为时代的弄潮儿，独步天下百年之久？大英帝国，一个贸易与殖民的"日不落"大帝国，又何以能无中生有，由小及大地发展，独霸世界长达一个世纪？不管你承认与否，英国、联合王国和大英帝国的历史，犹如神话一般，是任何一位当代史家或政治家都无法绕开的话题。目前，国内学界虽不乏英国史著述，但迄今尚无一部资料丰厚、内容翔实和观点鲜明的大英帝国通史类著作。这的确是件憾事。

　　记得，那是二十多年前，笔者师从钱乘旦教授学习英国史，先生问及学位论文选题事，我说要做都铎时期英国社会史方面的文章。先生则一再提醒说，还是做帝国史吧。英帝国史，当属政治史，或对外关系史的范畴，当时对于这方面，我连一点知识储备也没有，要完成这样的命题作文，的确没有把握。

　　还记得，最初接触英国史，是我再入北京师范大学读书的时候。三十多年前，我跟着李雅书、孔祥民二位先生，接触较多的是罗马史和德国史的知识。确定硕士学位毕业论文选题时，我按照自己的兴趣,径自选择了都铎史专题,这要归因于学界前辈戚国淦先生的影响。戚老家住西绒线胡同39号,在宣武门附近,我们几个研究生每周都要骑车去上课,听先生讲"都铎王朝史料学"。这是一座典型的北京四合院,那间正屋坐北朝南,就是我们读"私塾"、经常向先生讨教的地方。戚先生待人宽厚,尤爱后学。那时,他在北京师范学院(首都师范大学前身)工作,主持都铎王朝史研究室,还在中国社会科学院兼带世界古代中世纪史专业研究生。对于我来说,能向先生请益、学习都铎史,是一件非常有意义的事情。这不仅有助于学位论文的撰写,也为我打下了日后研究英国史的初步基础。

又记得,在南京大学求学的几年间,钱先生不仅向我们传授了许多治史方法,还让我与英国史结下了不解之缘。先生长我十来岁,他求真、务实、睿智,完全属于大智慧之人。不过由于是在职读学位,除了课堂上聆听和适当参与讨论外,课后我就不得不回到办公桌前,因而几无专门时间去看书、做温习。到了做学位论文的时候,虽然自己抱定了认真的态度,可是因知识积淀少,史学悟性与治学功力均为一般,再加上精力投入有限,所以对论文终稿的质量如何,心里完全没底。答辩时间比较好记,那是1999年9月9日下午三点,地点在文史楼五楼的一间会议室。五位委员一字排开,我端坐着,表面沉着,实则内心忐忑。依程序,我陈述了选题理由、立意依据,还有材料的搜集情况、主要创新之处与不足,等等,并一一回答了诸位先生的诘问。当主席宣布论文答辩通过时,至此我才真正体会到如释重负一词的真正含义,但我那份忐忑感似乎没有完全消失,就好像从未消失过一样。

不知不觉,又过去了十多年。适逢钱先生主持国家社会科学基金重点项目,计划出版由诸位同门学人完成的系列博士学位论文集合而成的多卷本英帝国史。这是一项浩大的学术工程,也是自己再思考帝国史的大好时机。现在,我依然带着那份忐忑的心情,重新审读当年的文章,深感其中有太多的地方需要修订,还更真切地领悟了当初先生们的宽谅意与仁爱心。为求真、求实和反映学界的新进展,也为铭记先生们的谆谆教诲,这次修订我做了应尽的努力。与十大几年前的旧稿相比,这里向读者呈现的新样,不仅参考、充实了一些新资料、新成果,而且修正、调整了谋篇布局,不过唯一不曾改变的就是一以贯之的中心思想:其一,英国民族国家的形成起步于15—16世纪,与英国的现代转型相吻合;其二,都铎时期的海外殖民活动,既构成英国民族国家形成过程的重要内容,也起到促进英国实现现代转型的推力作用;其三,将现代早期英国的殖民活动,放到现代社会转型和民族国家形成的宏观背景下考察,有助于加深理解都铎时期英国海外殖民活动的动因、依据、性质与特点,及其之于大英帝国建构的意义。

综而论之,都铎时期英国的海外殖民活动,涉及大英帝国的肇始或萌动,相当于大英帝国前史,因而本书涵盖的内容,主要是对英国早期殖民思想,民族国家与大英帝国的关系,重商主义的基本国策、新君主制和民间力量之于海外殖民活动的影响,以及从民族国家走向帝国之路等一系列问题的思考。其中,民族国家,或民族主义,是本文的立论基础,也是理解大英帝国启动的一个重要视角。基于此,本文认为都铎时期英国的殖民活动,和新君主制、宗教改革、重商主义等重大历史事件一起,共同构成了民族国家和社会转型这个历史大环境的诸多要素,正是在这些要素的作用下,大英帝国逐渐地生根、发芽,自然而然地形成、发展起来。当然,不论近代英国史还是大英帝国史,都有许多待解谜需要认识,惟愿本文能成为有兴致的读者前往其中探险、以期有所发现道路上的一块踏足石。

四十年前,我把历史选作专业来学习,完全是那个高考可以改变命运的年代不自觉选择的结果,而这一选择,也注定了终身职业。不能说自己在史学的海洋中能击水自如,有成就、有悟性,但持之以恒,一点点地向前探索,无疑会培养对史学研究的兴趣,还会偶有虽波澜不惊、却也值得欣喜的发现。这种感觉,或许,只对真正感知它的人才有意。

喜爱上英国史,我要感谢孔先生和戚先生,经孔先生引荐,我随戚先生最初接触英国史;戚先生虽为大家,几无门户陈见,多为勉励后学;我要感谢钱先生,不管在南大还是北大,先生与弟子间始终保持着学术联系,每每让我们从治学中受益。本文之所以能顺利完成,我要感谢我的夫人巫婴非,她的督促与鞭策,让我不至蹉跎岁月。

2014 年 7 月 25 日
谨记于盱眙都梁后山居
2018 年 6 月 22 日
补记于金陵月光书斋